质变

乘势大数据打通全渠道

陈立才 著

羊城晚报出版社
·广州·

图书在版编目（CIP）数据

质变：乘势大数据打通全渠道 / 陈立才著. —广州：羊城晚报出版社，2023.1
ISBN 978-7-5543-1150-9

Ⅰ.①质… Ⅱ.①陈… Ⅲ.①企业管理—市场营销 Ⅳ.① F274

中国版本图书馆 CIP 数据核字（2022）第 222818 号

质变：乘势大数据打通全渠道
ZHIBIAN：CHENGSHI DASHUJU DATONG QUANQUDAO

责任编辑　廖文静
责任技编　张广生
责任校对　杨　群
装帧设计　友间文化
出版发行　羊城晚报出版社
（广州市天河区黄埔大道中 309 号羊城创意产业园 3-13B　邮编：510665）
发行部电话　（020）87133824
出 版 人　陶　勇
经　　销　广东新华发行集团股份有限公司
印　　刷　广州市岭美文化科技有限公司
规　　格　787 毫米 ×1092 毫米　1/16　印张 16.5　字数 300 千
版　　次　2023 年 1 月第 1 版　2023 年 1 月第 1 次印刷
书　　号　ISBN 978-7-5543-1150-9
定　　价　88.88 元

目录

CONTENTS

02 第2章 人：客效质变

Chapter 2

03

第3章 货：品效质变

Chapter 3

目录 CONTENTS

04 第4章　场：坪效质变

Chapter 4

05

第5章 乘势大数据

Chapter 5

序 1

Perfore

一场瞄准体验和效率的修炼

许志华 / 数说故事副总裁

全渠道，无疑是当下的热词，翻翻各大公司的最新财报就可见一斑。全渠道源自全竞争，竞争从来无孔不入。但全渠道并不是新概念，已经存在多年，几经热闹和沉寂，可见这些年围绕竞争与生意探索的不易。作者陈立才（Jack）先生深耕行业多年，长期服务于各大品牌的市场一线，看惯各种竞争的风云变幻和新打法不断地定义再定义。很多我们现在习以为常的概念和打法，可能都是踩坑又踩坑之后的智慧结晶。

关于全渠道，其实有很多误解，单一个“全”字就够大家争议半天。关于渠道的多样性，Jack在书中有详细的阐述，相信随着技术的发展，还会出现更多新兴渠道。如果全渠道是指所有渠道的话，那没几家可以做到。所以，我们更愿意把它理解成尽可能多的渠道：消费者在哪里，渠道就应该铺到哪里，渠道的使命就是要靠近消费者，搭建尽可能多的通路来触达和服务他们。

全渠道又不是简单的多渠道，它强调各个渠道协调，无缝地协同工作。无论客户选择如何与品牌互动，他们都能获得一致的体验。

“一致的体验”是否意味着在各个渠道提供相同的产品和服务呢？并非如此，线上、线下、O2O，不同的渠道有不同的特点，不同的消费者有不同的偏好，即使同一个消费者在不同场景下也偏好不同。全渠道的精髓在于尊重并满足这些不同，所有渠道的互动都是希望更全面地了解客户、服务客户，不断优化体验和效率。只有不断优化体验和效率，消费者才能获得总分不低于原先的“一致的体验”。

毫无疑问，全渠道要实现如此复杂的系统性协调，没有数字化的助力将步履维艰。如何借助数字化让全渠道实现协同，不断优化体验和效率，这些年行业内做了大量精彩的探索，这也是本书着墨最多的案例所在。书中Jack围绕人、货、场，从人效、品效、坪效出发，详细拆解了近50个企业案例，值得大家细细品读。

近年来，我大量的工作也是通过大数据+AI来帮助企业实现数字化变革，对书中的一些案例也有幸深度参与其中，所以更知晓其中的艰辛和不易。案例是行业智慧的结晶，多读案例少走弯路。

我们常常把商场比作战场，现代战场的打法越来越陆海空天一体化，陆海空天的“天”无疑是最强大的，但大家容易发现，很多战争最常见的还是陆军对陆军的PK，最多是互射一些导弹，这最大的制约或许就是成本，ROI（Return on Investment）正是衡量最终选择哪种“打法”最重要的标尺之一。

始于商业，归于商业。所有的大数据、全渠道、数字化……都是工具，体验和效率的提升才是目的。

序2

Perfore

怎样和别人的经验相处？

王烈 / 思码集团创始人、董事长

从立才兄手里接过这本《质变——乘势大数据打通全渠道》，整整一大本，像是厨房案子上摊着的美味食材，而我心里惦记的是，为什么要吃？怎么做？怎么吃？要么，咱们在餐桌前先捋一下思路？

福之所倚，祸之所伏

如果你的企业成功了，你一定是找到了抓手，让生意上了快车道。你肯定要不断强化这个抓手，把它打造成企业的引擎，持续提供驱动力，甚至竞争力。它重要，你依赖它、投资它，最终，落入了“胜任力陷阱”——对单一要素的过度投入，限制住了自己。你强，但韧性差，只要有波动，影响到这个驱动力，企业便会置身高风险。

对于驱动力，我们需要一个组合：由单一引擎，变为多引擎，让收益稳定增长，让收益抗风险能力变强。做法呢？没有必要重新发明轮子，这世上99.9%的事别人都做过，多找找多看看，效率更高。很多时候，自己百思不解，不一定是因为自己的能力有问题，更可能是因为见识太少。《质变——乘势大数据打通全渠道》这本书，提供了很多见识。

以批判思维，做清爽思考

认知的惯性是：看到一个说法，默认的是先相信。这样节省能量。对简单的事，比如问个路，这样挺好。对复杂的事，更谨慎一些，辨别一下含金量还是必要的。有几类辨识的经验，分享一下：

第一是大厂的经验。小心那些顶着大厂光环谈经验的人。小心成功的企业，不是成功有什么不对，不对的是，企业成功了就什么都对了，连食堂阿姨都有话要讲，对此要谨慎。

第二是样本的问题。从两个方面看：一是样本数量少，小样本容易有误差；二是代表性不够，存在幸存者偏差。我们都在找成功案例，忽略失败的，这就有了样本的代表性不够问题。

第三是描述的问题。或者说，对成功经验的总结问题。这里面的逻辑问题更多一些，挑着说，就说三种可能的偏差吧：一是收集信息的偏差，二是简化带来的偏差，三是总结带来的偏差。

好经验不一定对你的症，也不见得适合你的体质。先找个思路分析一下，自己想要的是什么，自己应该要的是什么。可以套用一下《金字塔原理》里的SCQA，先想明白自己的事，再捋一下人家的经验是怎么回事，两相对比，匹配，这个事可以移植。具体的分析我倒是有个说明，太长，不像序言，立才建议我放到“后记”中，有兴趣的可以翻到后面看一看。

好了，都匹配，可以动手了。动手吧。

该是模仿，还是借鉴?

国画大师齐白石，把跟随他的人分成两种，叫“似我者”和“学我者”；毕加索也做了类似的分类，叫Copy和Steal。我们把“似我者”和Copy合在一起，称之为“模仿”——你怎么做我就怎么做；把“学我者”和Steal合在一起，称之为“借鉴”——我研究你怎么做，想清楚因果和模式，然后结合自己的特点，重新比画一个。这是两种不同的做法，但只是不同，各有适用领域，没有高低贵贱之分。

模仿，适合“貌似复杂实际简单”的领域，音乐美术书法，私域运营，新媒体投放，基于物联网的供应链优化，上SAP，统筹进销存。这些事乍一看很复杂，但确定性高。你跟着榜样做，别人咋做你咋做，做得越多，做出来的东西就越好。这就是成功经验最值得发挥作用的地方，但这类事也很难成为护城河。

借鉴，适合“貌似简单实际复杂”的领域。它的复杂体现在五个方面：非专项技术、量化评估难、重复次数少、影响因素多、影响有延迟。这五个方面，其实都指向了不确定性。在复杂问题下，经验往往不是一个好老师，它可能只是演示了如何应对这个问题的某一种可能性，还不见得是概率大的那种。

这类业务需要的是借鉴，它是把别人的成功当解题思路，用来激发自己的思路。

无论是模仿，还是借鉴，在企业中推行起来都不容易。人们怕的不是创新和改变，怕的是失败——失败带来的认知失调，损失厌恶带来的心理阴影。

一个新物种在自然界生存下来，用的是演化的方法。当情况复杂，有大量的不确定的时候，演化思维是目前已知的最优思路。你或许听过很多说法，比如：快速试错、迭代，最小可行性产品MVP，要“赛马”不要“相马”，鼓励“内部竞争”……这些做法的底层代码，都是演化思维。

演化思维，要求企业和生物一样，对不确定的环境保留些敬畏，追求的首先是生存，而不是捍卫哪一个想法。既然不能确定存活的条件是什么，那最好是以最小的成本、最大的数量，去积极地试错。面对复杂问题，押宝某一个点子，然后举公司之力投入，这不是演化思维，这是“买张彩票赌一把万一中了呢”思维，要慎用。

想以演化的姿态来推进企业发展，打造多引擎，不容易，有几个大关卡要过：

一、认可失败是大概率事件，不要一出问题就大惊小怪，就损失厌恶，这是个心理建设的问题；

二、掌握小碎步的主动试错，用低成本、多方案来试错、脱敏，用小代价换大收益；

三、在企业内部建立一个容错机制，以风险投资的心态，投资内部项目，为新项目建立安全隔离区，防止因为一个失败而出现连带的问题。

其实，这三个关卡能不能通过，还有更底层的心理建设：你是在透支未来，还是在投资未来。投资未来，那是长期主义者，而长期主义者最大的特征是：有余闲。心态上，资源上，组织上，都让能力发展超过生意的需要。而对立面，是“稀缺”心态——永远绷紧了弦，永远活在追赶销量目标和利润目标上。

希望我们都有机会做个长期主义者，为企业、为自己找到余闲，也希望你从阅读这本书中获益。

01

第1章

打通全渠道

1.1

新淘汰旧，是高淘汰低，是强淘汰弱

一个哲学问题：企业为什么会存在？

诺贝尔经济学奖获得者科斯，在《企业的性质》中给出了答案：“企业之所以存在，是因为它降低了社会的交易成本。”企业因高效率而发展，因低效率而衰亡。

一样的产品/服务，哪个企业能以更低价格提供到顾客手中，哪个企业就能在市场经济竞争中胜出。一样的价格，哪个企业能将更优质的产品提供到顾客手中，哪个企业就能在市场竞争浪潮中胜出。

为了能在市场中生存、发展，企业经营者、管理者不懈追求：让企业运转效率更高，让内部运转成本更低，让外部交易成本更低。重组生产要素，让效率更高的新组合去冲击、去淘汰效率更低的旧组合，让生存能力更强的生意模式去冲击、去淘汰生存能力更弱的生意模式。这是竞争生存的法则：新淘汰旧，高淘汰低，强淘汰弱。

新可以是新技术、新方法、新原料、新产品、新市场、新模式等。本书给读者朋友们分享的每一个案例，背后都凝聚着各案主的创新思想。“乘势大数据打通全渠道”，定义了本书的着墨范围。我们会更着重于探讨：快速消费品各品类、各品牌在数字化趋势中的发展，行业中基于新数字技术、新商业模式的各类案例，研究各种生意模式，研究生意要素的各类重组。书中每个案例是否能持续成功，我们难下定论，但我们赞赏、肯定每一个勇立潮头、变革求新的案主。

让我们来看看，过去几年生鲜零售市场的热度品牌——盒马鲜生。

先给个结果：盒马鲜生坪效（指每坪的面积可以产出多少营业额，1坪约等于3.3平方米）在5万元以上，超过同行平均水平2倍有余。在竞争激烈的零售市场，盒马鲜生是怎样做到的？

盒马

生鲜新零售 | 前店后仓五中心

餐饮中心
超市中心
物流中心
前店
后仓
粉丝运营中心
体验中心

基于数字技术的创新业务模式。对比市场中原有的各类零售商，盒马鲜生做到了突破性的升维思考、降维打击。下面是它的四点顶层设计，也是诸多突破中的关键四点。

综合坪效：一个终端，前店后仓五中心，一击多吃，尽可能提高坪效，提高线上线下综合坪效。

线上订单：线上收入要大于线下，单店至少获得5000+日订单的线上生意。

330配送：在门店3公里半径内实现30分钟配送，想买就能快速送到，想吃就能快速吃到。

信息生态：倡导App买单，线下支付后往线上平台引客流，建闭环信息生态，建闭环客群引养育留生态。

依此，线下终端不仅是终端，线上平台不仅是平台。经过升级设计，综合坪效的增加可以依仗“零售+场景”维度，线上订单增加“零售+网络”维度，330配送增加“零售+物流”维度，信息生态增加“零售+支付”维度。从而实现一样的场地面积，卖更多的货；一样的人员数量，有更高的产出。

升级后的零售，本质还是零售，还得面对零售经营、管理的本质。此外，最后的财务指标——净利润率在等待着考验盒马鲜生。目前的生意模式，能否实现比普通商场、超市更高的毛利率，更低的运营费用率？比如：因为客户群体更聚焦，所以单位面积内的客户会更少，是否能在目标区域内做到收入规模优势？客流成本怎样做到更低？强大的中央信息体系支撑，背后是费用投入；新模式对员工的要求远高于普通业态，也就意味着薪酬支出更多，仓储、配送能否实现比顾客到店购买更低的费率？

市场代有才俊出，各领风头各几年。消费品市场，一直在变化，一直在进化。总有一天，现在的新浪潮会被更新的模式、更强的浪潮所拍打。在这里让我们简要回顾，过去70多年中国零售渠道的发展史。

1950年7月成立的供销社曾经风光一时，大家口口相传“嫁人嫁给社男好”；

80年代，沐浴市场春风的杂货店、夫妻店如雨后春笋，遍地开花、生生不息；1995年第一家家乐福开业，定位一站式综合购物中心，在当时是行业中一声惊雷，客户趋之若鹜，大润发、沃尔玛、华润、百联、物美等零售巨头一路风光发展到2015年；进入21世纪前一年，“让天下没有难做的生意”的阿里巴巴成立，引领线上渠道狂飙突进，攻城略地，直到收购当时最成功的卖场大润发，不禁让人感慨大润发“打败了所有卖场对手，却输给了时代”；上面案例中的盒马鲜生，第一家店开于2016年，盒马鲜生的诞生宣告了线上、线下融合，以购物者体验为中心的新零售时代到来。一定还会有下一代，还会有下一个更高效的生意玩家到来。会是谁呢？

我们简要地梳理现有的渠道，发现至少有七种类型。现在的市场，渠道类型越来越多，边界越来越模糊，在一个个场景中满足着客户的需求。新拍打旧，新淘汰旧，本质是高效率淘汰低效率，先进模式淘汰落后模式。大多数时候，新生

意、新模式的诞生，都是更高性价比满足客户需求，新不一定完全替代旧，但新将推动整体向前，让市场更立体，更完善。

对于渠道，对于零售商而言，舒适的背后是停滞不前。好些销售人员总是习惯性地认为市场中竞争对手越少，自己的市场会越大，但是，假如没有了竞争对手，企业往往会停滞不前。一个卖场，怕的是5公里范围内的其他卖场；一个母婴店，怕的是同一个社区、同一个街道内的其他母婴店。竞争让我们向前，洞察让我们发展。真正的竞争对手并不是其他品牌，而是不断变化的客户需求。

全渠道思考，不一定是要进入全部渠道。每个品牌商在面对渠道的时候，都要多一重思考：我们要进入哪些渠道？我们能在哪些细分渠道中胜出？我们在哪些细分渠道中经营的性价比更高？大水漫灌相对是更轻松的，精准运营需要花更多的精力。在蓝海市场，跑马圈地是第一选择，而在红海市场，则要求精细运营。

1.1.1 康师傅：都搞数字化，营销效率搞起来了吗？

众多企业都在搞数字化，面对时代热点，不做点啥好像自己就落后了。期望每一个企业在做决定的时候，都能以终为始，多想想提高了哪个环节的效率，是不是让全链条交易成本总体下降了。

康师傅，从“前、中、后”构建并完善数字化体系。挑战新模式，争取高效率。我们一起来看看：以前也做消费者研究，现在新模式能做到更高效，更准确吗？有了终端的进销存数据，备货是更精准了吗？客户更满意了吗？DMS（Distributor Management System）和SFA（Sales Force Automation），有没有帮助降低渠道管理、渠道交易成本呢？区域爆破、商圈选择、渠道资源投入是不是费率更低，产出更高了？

前端冲锋，听着战报运输装备。产品研发，贯彻“以终为始”原则，根据消费群体偏好优化设计。通过抖音、微博等流量社交平台，洞察分析流行要素，并结合热点、平台交易情况分析消费主力偏好，进而调整产品包装、口味、规格、食用方式等。

同时，也与C端电商平台的大数据打通，利用数据分析模型和机器算法，根据消费者购物行为、兴趣偏好、广告触点、跨品类表现等指标进行动态分析，实现按客群划分、标签细分，从而在不同平台、渠道、场景采取不同的场景营销和活动玩法，更精准地触达消费者，也更高效地提升转化率。

另外，也与京东新通路、阿里零售通等数字化渠道伙伴实施战略合作，建设智能分销网络，链接线下小店的进销存数据，帮助线下小店分析商圈人群构成、附近顾客偏好、口味差异等信息以优化备货，进一步实施精准营销，期望实现厂商、平台、终端共赢。

中部巩固，上下互通形成合力。渠道管理方面，结合“师傅通”在线管理工具（包括DMS、SFA），对经销商和销售情况实施监控和管理。在赋能下游方面，将数字化管理工具链接到经销客户及批发商，不仅直接帮助其提升产品周转效率，还有效实现库存可视化。

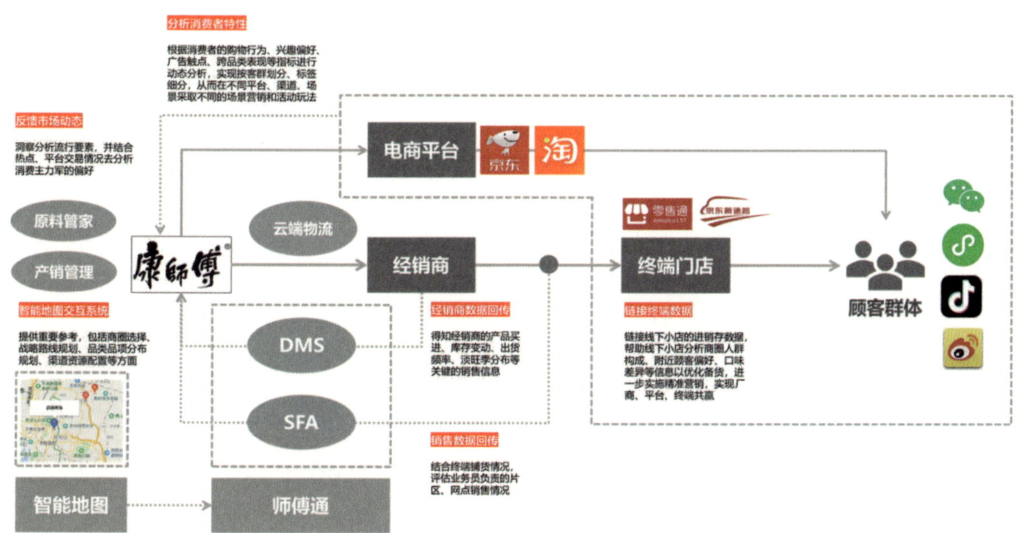

通过“师傅通”数据的同步更新，可以及时得知经销商的产品卖入、库存变动、出货频率、淡旺季分布等关键的销售信息，而根据上述信息，厂家可以评估经销商的忠诚度、资金实力、规模变动等信息，进而调整经销政策、拜访频率、合作协同度等多方面要点。

一方面，应用数字技术，厂家能够确保经销商库存水平良好，有效控制资金占用率，并且让渠道利润更加合理。保障经销商现金是充沛的，则可以强化经销商的人员雇佣、车辆投资，进一步形成合力，让产品触达更广、渠道渗透更深。另一方面，结合“师傅通”的SFA功能，也能结合终端铺货情况，评估业务员负责的片区、网点销售情况，有利于与业务基层反馈的信息进行匹配核对，更高效地发现终端销售机会和问题，采取差异化的响应式铺货。

“师傅通”的“智能地图交互系统”，也为决策提供了重要参考，包括商圈选择/爆破、路线规划、品类品项分布规划、渠道资源配置等方面。而在货物的运输管理方面，厂家还会利用可视化的云系统，保证负责人员能够直观而迅速地分析出订单需求变动，制订或调整补货计划，系统也会根据补货计划计算出车辆调度及派车计划，整套流程为的是确保对订单、运输的全程跟踪监控，高效协同各个物流运输伙伴。

后端谋划，复盘小结持续进化。上述两方面偏向对外数字化管理，产销管理、原物料管理则是偏向内部。结合对“师傅通”“运输云系统”“消费者分析”等板块数据分析与经验积累，厂家可以不断健全自身的产销管理体系，运用数字化手段寻找产销平衡点。目前产销管理体系已包括：季节销售曲线分析、促销增量分析、新品反响预测分析、客户需求变化分析、库存变动分析等。

基于上述分析结果，厂家同时可以完善ERP系统中的“原物料智能管家”板块，结合产销预测分析，能够更加精准地进行生产预测，预估原物料的需求总量、需求时间节点，并且也会与供应商实施电子数据的实时交互，确保协作同步，减少对接出错。这一系列的动作与流程，都有利于巩固原料稳定性、新鲜度和价格优势，强化规模性效益。

行业中的另外两个玩家，也在数字化路上前进着。

统一，搭建渠道数字化，努力完善BC一体化布局。在基础销售管理上，利用SFA数据管理工具，赋能一线业务，实时收集售点信息，及时调整销售策略。在分销管理上，利用“e商城”，链接280万+的终端、将近1万家的经销体系；在消费者触达上，利用“UP售货机”，为顾客提供24小时自助购物服务，并结合“俱乐部积分商城”，引导顾客注册会员并实施精准标签化管理，分析商圈人群，优化产品投放，在线优化营销活动，展开多元化的消费者互动，期望形成BC一体化。

今麦郎，与华为合作，形成“四横一纵”的数字化架构体系。围绕企业自身的“供应流”“生产流”“交易流”和“数据运营”，结合“数字化体系”，遵循“一云、一湖、一体系”原则，构建数字基础设施。其中，“一云”是指构建集团打通数据一朵云；“一湖”是指构建集团数据湖，通过IT、OT各类数据的采集、入湖，充分挖掘数据价值，通过数据实现管理创新、业务创新；“一体系”是指构建数字化治理体系和运营体系，通过管理手段来推进数字化转型的持续落地，围绕着研发、生产、供应、销售等核心业务领域开展数字化变革。

大家都做数字化，是做到了局部效率提升，还是做到了整体效率提升？是跟着数字化潮流做一做，还是匹配业务需求，应用数字化工具去达成？数字化是工具，是手段。在推进的过程中，我们需要不断反思生意是否按方向及目标在走，在前进。

1.2 守存量只是活着，**找增量才是未来**

贫贱夫妻百事哀，生意不涨事事难。

阳光灿烂修屋顶，风大雨大躲一躲。经营管理中总有需要调整、需要变革的业务，最好的时机就是持续增长、阳光灿烂的时候，而应该避免的时机是：停滞不前或业绩滑坡时。在增长中调整，更能稳定团队，凝聚士气，赢得支持；而在滑坡时调整，要面对更狭窄的空间，背负更大的压力，哪怕事情是对的，也可能因为总体业绩下滑，动摇军心，动摇根基。

对营销人员而言，增长是解决一切营销问题的入口，夸张点说，增长可以干掉一切。作为营销管理人员，一个基础的管理思想就是增长思想，让打胜仗的思想成为组织信

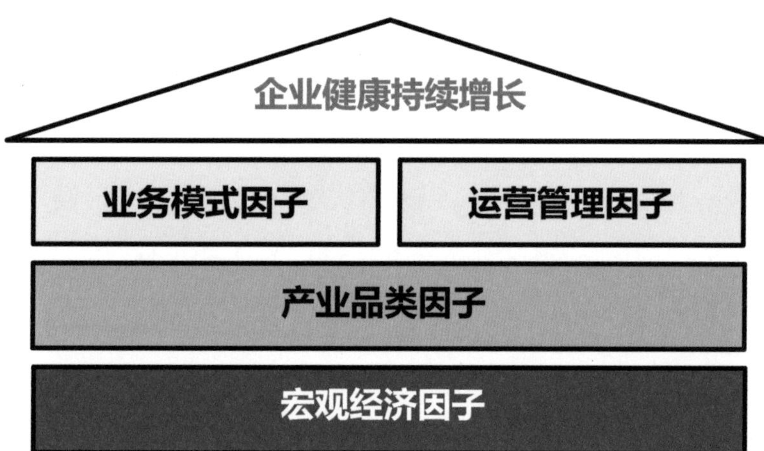

念，且要不断强化这个正面信念。

有基础信念后，我们看看生意增长的因子。影响企业增长发展的因子有四个：宏观经济、产业品类、业务模式、运营管理。产业品类，需要去发现，需要去挖掘。业务模式，需要去搭建，需要去重构。运营管理，则更偏向微观，需要去梳理，需要去打磨。这都需要创新的眼光，不断创新组合要素，将企业效率做到更高。

经济学家约瑟夫·熊彼特，在《经济发展理论》中定义："创新是建立一种新的组合，新组合意味着对旧组合通过竞争加以消灭，我们把新组合的实现称为企业""只有创新才能获得利润，利润来自要素之间的重组"。

创新的本质是效率的提升，必须在财务上更优才会持续活下来。生意模式，需要符合基础的常识，提供产品、服务所获得的毛利，要大于各类支出费用。很多伪创新，在时间面前会原形毕露，比如到家按摩、到家洗车，相同的收费，为客户提供更多的服务，当补贴撤去之时，就是项目倒闭之日。

在看完生意增长因子后，我们来看看微观生意的来源。

不管是品牌商，还是零售商，都希望自己的产品有更多的人关注，有更大的客流量；在被关注时，又希望自己的产品能满足客户的某方面需求，渗透客户的认知；当客户下单购买时，成功将认知转化为购买，这时候，我们又希望客户多买一点自己的产品，不管是本品还是关联产品，希望有更高的客单；当客户完成本次购买后，我们又惦记着客户以后多来，最好成为我们的忠诚客户，不断复购。

销售额 = 客流量 × 渗透率 × 转化率 × 客单价 × 复购率

销售的天职就是完成销售目标，在时间的长河中，不断挑战增量。打通全渠道的目的，就是让销售额创新高，就是让影响销售额公式中的五个指标创新高，或者部分指标创新高。

为了让五个指标创新高，可以从哪些维度切入？

至少有PROCT五个维度，产品（Product）、区域（Region）、团队（Organization）、渠道（Channel）、时间（Time）。新品类？新产品？新区域？老区域中的空白区域？新增人员？新增客户？新增渠道？新增终端？新增销售时间？淡季时间变旺？旺季时间延长？

在本书中，我们更多地探讨渠道（Channel）维度。在市场发展到一定成熟度，当我们重新审视时会发现：原渠道只是存量，只是活着的基础，新渠道有增量，是发展的未来。

当然，随着社会经济的发展，渠道类型不断丰富，全域全渠道分销对大多数品牌而言，只是理想模式，不一定是最经济模式。打通全渠道是一张蓝图，为了实现这张蓝图，我们一步一步向前走。

作为营销指挥官，如果将资源投入一个渠道，能实现产出最大化，就应该只投入这个渠道；如果将资源投入两个组合渠道，能实现产出最大化，就应该投入这两个组合渠道。

我们始终期望，自己的产品有覆盖全域的那一天，我们知道自己的产品能去到那里。在这一天来临之前，我们需要分级、分阶段工作，梳理渠道，设定优先级，逐步分销覆盖。在不同的拓展时段，将资源投入到效率更高的细分市场。

1.2.1 安井食品：增量在哪里？增长方案在哪里？

营销业务中总会有问题，最好的方案就是增长方案。让增长来解决问题，把精力、资源集中到怎么实现增长这个焦点上来。增量可以从哪里来？从行业趋势来，从品类趋势来，从企业开疆拓土来。

以预制菜为例，市场潜力巨大，从现阶段来看，属于规模效应与长尾效应并存的行业。当前预制菜的市场存量超3600亿元，每年复合增长速度在20%左右。也就是说，在未来10年内，中国预制菜市场可以成长为万亿元规模的市场。预制

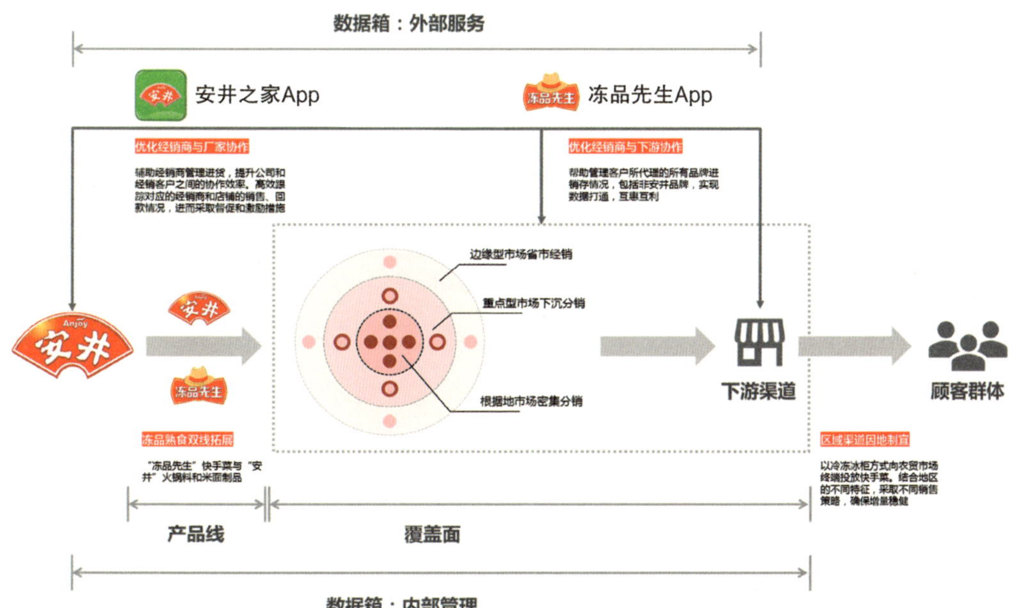

菜，是自带增量的品类。

行业第一梯队的安井食品，从产品线、覆盖面、数据箱三因素出发，在稳固存量的同时提升增量，体现在品牌产品、区域渠道、数据管理上。

产品线：冻品熟食双驾，结合市场需求，拓展产品线。几年前，就推出主打火锅食材、半成菜品的子品牌“冻品先生”。在第二年，为了更加贴合市场需求，聚焦打造“冻品先生”快手菜。目前“冻品先生”快手菜主要包含手抓扇子骨、黑椒牛仔骨、天妇罗鱼虾、佛跳墙等菜品。开发品类基本都是家喻户晓、适用于BC端、加工难还原鲜的菜品。火锅料和米面制品，以及“冻品先生”快手菜，正在深度满足菜肴市场的各类型顾客需求，加快全系列产品的终端布局。

覆盖面：区域渠道因地制宜，从起初的“冻品先生”连锁店+经销商资源推进预制菜布局，逐步转向拓展农贸市场快手菜，投入冰柜，占领终端陈列获得市场。这样做，不仅有利于在专柜直接引导消费，还确保了产品价格在这个相对封闭的渠道内保持稳定，产品不会在流通批发渠道拼价格。另外，针对不同的市场进行分层分级分类管理：根据地市场密集分销、重点型市场下沉分销、边缘型市场省市经销。结合地区的不同特征，采取不同销售策略，确保增量稳健。

数据箱：信息为经营管理服务。主要体现在内部管理、外部服务两个方面，具体举措分别如下：内部管理方面，通过系统实现数据可视化。应用数据平台，预警、预测、挖掘、洞察，实现企业数据透明化和平台化管理，降低运营风险，提高企业整体运营效率。借助系统，企业内部报表生成时长最快可缩短至3小时，销售预测准确率也可达80%以上。外部服务方面，推出两个App，推进经销商由行商向平台商、终端商转型，更深层次地提升渠道管理效率。为最终实现高效获取600多个经销商和大型终端客户的销售信息，积极推进。

“安井之家”App主要辅助经销商管理进货，提升公司和经销客户之间的协作效率。通过App可以实时查询进货和发货、促销政策、销售具体数据，提高经销客户的进销存效率，评估经销客户信用度，并为差异化赋能经销商提供数据参考。由于全国各地经销商的管理水平参差不齐，对数据信息的敏感度也普遍不高，在对经销客户数据长期标准化管理的基础上，可用移动报表的形式向经销商展现包括供货可用额度、销售清单、历史销售、对账核销等，帮助客户实现手机在线阅读、在线经营。

对于一线业务员而言，App提供了查看销售情况的便捷手段。结合看板中的销售目标、实际销售等关键数据，业务员可通过手机报表，高效跟踪对应的经销商和店铺的销售、回款情况，进而采取督促和激励措施。

“冻品先生”App，则是辅助经销客户管理订货，帮助提升客户和下游之间的协作效率。由于经销商平均拥有30～60个二批客户，传统以手工记账的方式会导致管理效率低，App的推出正好赋能经销商管理订货，可以帮助管理客户所代理的所有产品进销存情况，包括行业各品牌，实现数据打通，互惠互利。

因业务需求而应用数字化，因数字化而提质增效。存量、增量，得到双重保障和提升。增量，是基于产品在区域渠道中销售获得。要想持续获得增量，就需要持续优化匹配客群的产品矩阵，匹配需求；就需要持续优化渠道合作模式，降本增效，赢得市场。

1.3
把蓝图变为现实，**是一场新的长征**

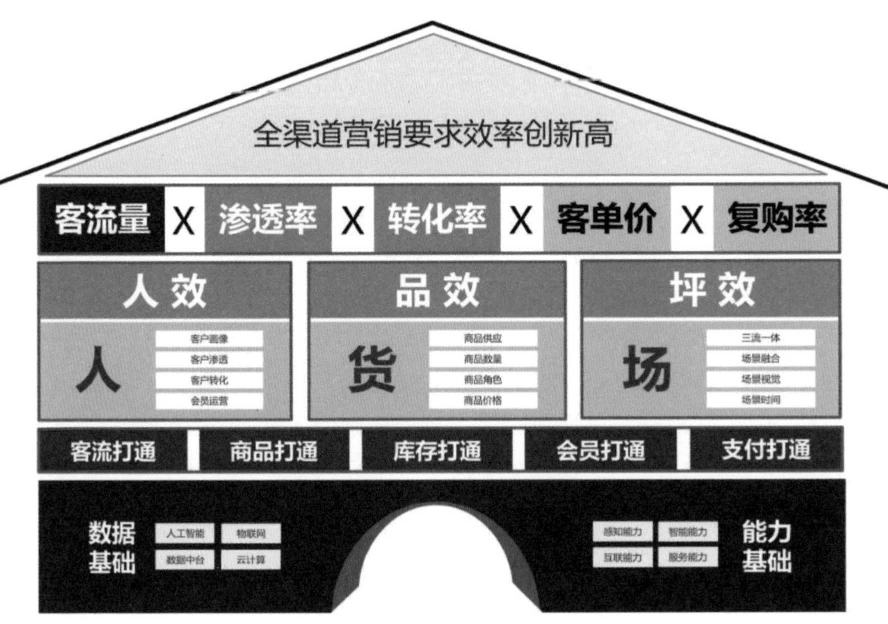

打通全渠道是一场渠道变革，渠道变革的最终目的是为追求更高的营销效率，追求营销的一次质变。在现有条件下，打通全渠道意味着打通五个方面：客流打通、商品打通、库存打通、会员打通、支付打通。

客流打通：一个点的客户，能引流到多个点。客流在各类场景共育、共享、共赢，客户在不同的渠道触点、购物场景的购买需求都能被及时满足。线下的客户能够导流线上，线上的客流能够导流线下，比如盒马鲜生；旗舰店的客户能够导流社区店，社区店能够导流旗舰店，比如老百姓药房，从而实现客流在渠道之间、渠道内部打通。

商品打通：一件商品，能呈现在N个需求场景。让商品更多地出现在客户面前，想要的产品就在眼前，能看到，能触到，能买到。既能在实体店谈心时，买到一杯咖啡，也能在路上，通过手机预先下单这杯咖啡；既能在逛购物中心时，买到一套护肤品，也能在SPA（Solus Par Agula）时，买到即时有好感的某款润肤露。客户在哪里，匹配的商品就在哪里；客群在哪里，匹配的分销组合就在哪里。

库存打通：一箱库存，能即时知道哪里需要它。北京客户想要某款限量版洋酒，商家不仅知道在上海店有一瓶，还能快速将这瓶酒送到客户面前。在渠道各层级之间，在不同的渠道之间，在同一层级渠道的不同触点之间，库存实现共享共用。

会员打通：一次注册，全触点通用；一点更新，全触点更新。现在技术能做到购物即会员，支付即会员。海量的会员信息、购物信息汇聚到数据中心，各个触点都能合规调用，针对性满足客户需求，做更好的CRM（Customer Relationship

Management）。高端酒店会员，在不同城市的酒店住宿，不用第二次交代，酒店都知道其要求房间湿度不能大于50，喜欢碧根果，不喜欢阳桃，知道其喝冰泉，不喝矿物质水。

支付打通：一个平台，能即时处理N个环节的账目。会员在不同的购物场景都能便捷、安全支付，既可以在App平台支付，也可以现金支付；既可以在网页平台支付，也可以收货后扫码支付。品牌商与经销商之间、经销商与零售商之间、品牌商与零售商之间的销售、费用都能准确高效核算、核销。在厦门某卖场，营养顾问卖出去一瓶天然维生素，客户现场支付拿到产品后，广州品牌商也已经远程支付了10元推广费给营养顾问。

渠道打通有横向打通和纵向打通。横向打通是指同一层经销网络，不同经销商之间打通；同一个零售系统，不同终端之间打通。纵向打通是指生产商、品牌商、经销商、零售商、购物者之间的打通。渠道打通，可以是部分要素打通，也可以是全要素打通。

以终为始，打通全渠道，是为了更高的人效、品效、坪效。

打通全渠道，就是让营销效率创新高，让客户获得性价比更高的产品，让客户不受约束，畅享购物。

想看的时候，就能看到，想买的时候，就能买到，凡是触点都可以购物。在便利性一样的情况下，价格更优惠；在价格一样的情况下，产品质量更好；在产品一样的情况下，服务更完善，让客户买得更便利，更划算，更愉悦。

以前更多是多渠道销售，现在的趋势是全渠道销售。

购物者买一种商品，有认知、体验、购买、收货四个关键环节。多渠道销售，这四个关键环节都单线程发生在同一个渠道；而全渠道销售，这四个关键环节则有可能分别发生在不同渠道。

认知是向客户分享产品适用场景、产品功能、产品优点等，让客户懂得产品；体验是与客户现场互动，让客户现场触摸、感受、试用，让客户喜欢产品；

购买是让客户决定购买，通过各种便捷、安全的方式完成支付，让客户拥有产品；收货是将产品及时、快速地送到客户面前，让客户拿到产品。

分享一个宝宝妈妈买奶粉的案例，来说明其中差别。

四个环节发生在母婴店这一个渠道：宝宝妈妈买婴儿奶粉，营养顾问在母婴店向宝宝妈妈介绍产品卖点，刷新其认知，也让其在现场触摸、品尝奶粉，接着宝宝妈妈在店里支付购买，并从店里带走奶粉实物。

四个环节发生在不同的渠道：宝宝妈妈买一款奶粉，在卖场路演活动中接受了产品的特点，在母婴店中接触、品尝了奶粉的细节，在某电商下单支付购买这款奶粉，由物流平台直接配送到家。

随着技术的进步，购物各环节能够被拆分得越来越细，这些环节可以全部在一个场景完成，也可以在若干个场景融合完成，营销活动“以购物者为中心”将体现得淋漓尽致。

无缝购物，“面子”体现为认知、体验、购买、收货四个环节，“里子”体现为信息流、资金流、物流。客户感受到的是“面子”，企业需要打造的是

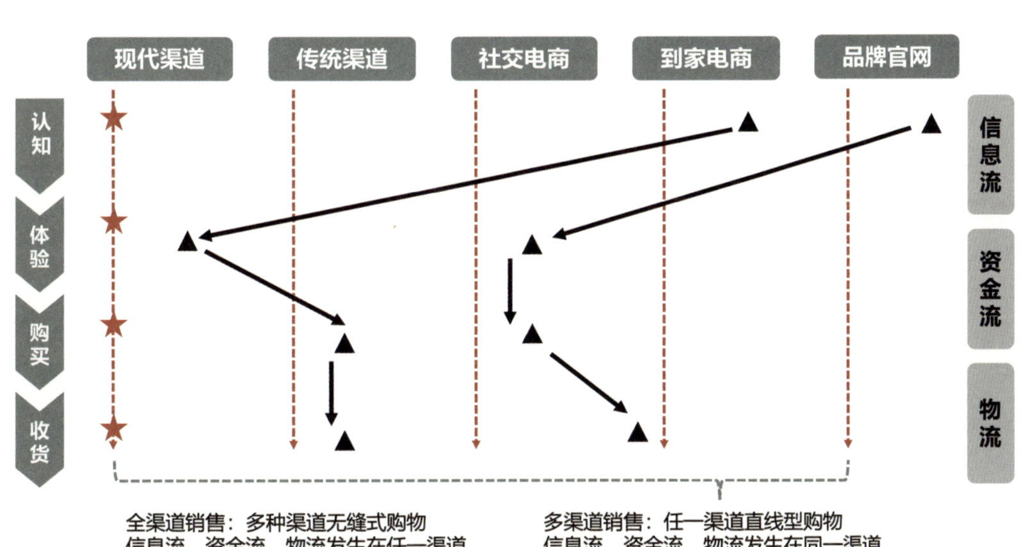

"里子"。

在"里子"层面，物流已成为打通全渠道运营的重要一环。以前物流是成本中心，如今已经摇身一变，定位为利润中心，总仓、分仓、前置仓等都成为一种选择，各品类不同产品之间的仓储、配送组合更丰富，让效率进一步提升成为可能。

库存打通后，可以帮助品牌商、渠道商更快速完成订单履约，将附近的商品最优化送给周边物流发货。发货之后，客户可选不同的收货方式：现场自己收货、接收点寄存后收货、配送到家收货、配送当面收货。

数字技术、网络技术的进步不仅推动消费品渠道质变，也在推动着生活中的各方面。以上全渠道融合购物，被拆解主体是客户需求端，拆解的内容是客户的购物全旅程行为；而在拆解融合中，被拆解主体也可以是业务供给端，拆解的内容是销售的服务全旅程行为，比如房产物业交易。

贝壳作为一个物业交易平台，在发展中引领行业，一个重要创新就是拆解交易环节。以前，找房源、维护业主关系、带客人看房、带客人成交等全链条基本都是一个经纪人完成的，一套房子对一个经纪人的收益来说，要么是0，要么是1。

贝壳做了一件事，将整个链条拆成10个子环节，并用数字化、系统化的方式记录下来，让在贝壳生态中的从业者都能获益，比如房源信息录入10%，收房源钥匙5%，实地勘察5%，签委托书5%，房源维护人20%，房源首看人15%，房源推荐人15%，客源成交人25%。这样，一套房子对一个经纪人的收益就由各环节百分比构成，一个人可以获得全部，也可以获得部分，不再是0或1。

拆解一套行为旅程的各个环节，让各个节点更灵活顺畅运转，让总体效率提升。

1.3.1 星巴克：打通全渠道，要打通五方面

打通全渠道，要打通五个方面：客流、商品、库存、会员、支付。当然，对于不同企业来说，是不是要全部打通？是不是要同时打通？这里没有标准答案，

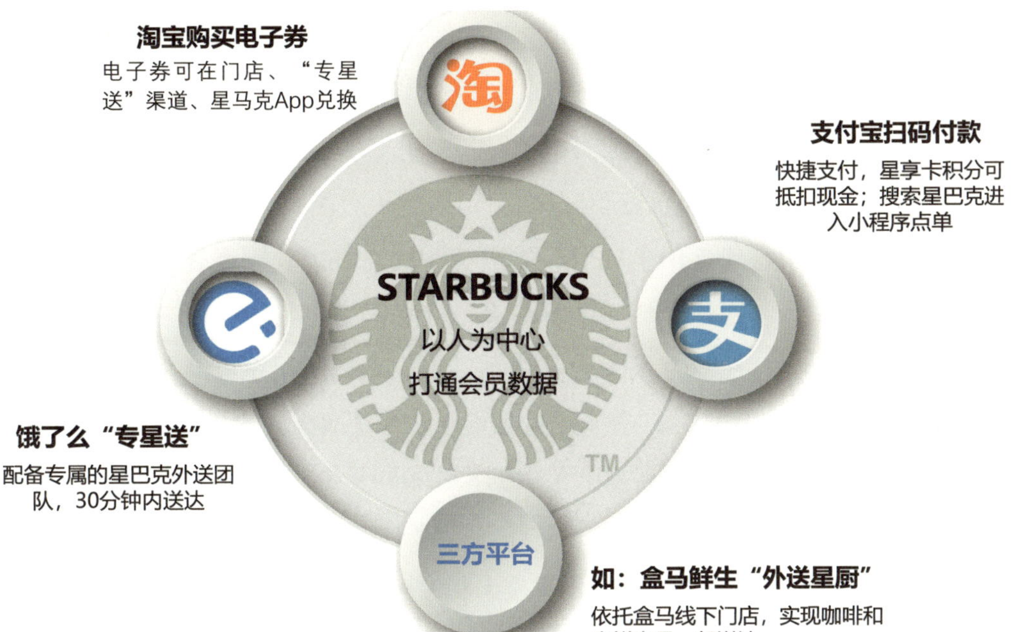

因“企”制宜，根据实际情况来。

在实体零售时代，线下门店是链接品牌与用户的“场”。

星巴克进入中国市场20多年以来，绑定商业地产，着力打造商务社交及休闲的“第三空间”，在中国市场取得了巨大成功，虽然市场挑战者众多，但均不能动摇其增长。初期，把“场”作为链接品牌与用户的触点，在饿了么和美团崛起的初期，拒绝与这些外卖平台合作，认为外卖运送会破坏咖啡的口感，以及“第三空间”才是提升用户黏性的最重要触点。

在移动互联网时代，“场”的形态发生了巨大改变。

瑞幸咖啡依靠“线上点单、线下取货或门店配送”的模式，将咖啡购买触点迁移到线上，并且以“人”为中心进行商业运作，给消费者推送大量优惠券，促使消费者自发裂变带来用户增长，在中国市场迅速扩张。

被瑞幸“追着打”后，星巴克选择和饿了么平台合作，推出“专星送”咖啡外卖服务。为了更好维持外卖咖啡口感，做到和门店一样，平台规划了30分钟送达服务，以及专门的配送包装和配送箱。在“专星送”推出一年后，外卖服务就覆盖了全国100多个城市3000多家门店，外卖销售额占比达到6%，并且外卖这一新的用户触点，一年内带来了10%的会员数量增长，其开始重视以“人”为中心的运作模式，开始一系列数字化变革。

以“人”为中心包含两个层面，发散和归拢。发散，围绕客户打造更多触点；归拢，将触点产生、收集的信息汇总到一个数据中心。

联合阿里巴巴打通双方线上会员体系，不仅依托阿里系电商平台、支付平台、外卖平台、线下门店，打造多元化触点矩阵，获取庞大的用户流量，而且对阿里平台开放其积累超700万付费会员数据，让不同平台的用户能够享受一致的积分和会员服务，这意味着什么呢？你到门店里喝咖啡，可以用App下单，可以用支付宝付款，还能在付款的时候使用星享卡积分来抵扣现金且无须跳转平台。

在饿了么、淘宝、支付宝搜索品牌名，线上外卖，快捷成交，同时自动累积星星到自己的星享卡上，以提升会员等级。还可以在以上各种平台下单购买各种礼品并完成积分。除此之外，还与盒马鲜生共同打造“外送星厨”，你用盒马鲜生App购买蔬菜和海鲜的同时，顺便下单一杯手工制作咖啡，附近盒马鲜生的星厨伙伴接单即调，然后将咖啡和生鲜商品交由快递小哥放进冷热分离外卖箱，限时将商品送达客户地点，还能同时完成星巴克和盒马鲜生的同步积分。

联合阿里，通过多元化支付方式，以支付为触点打通不同平台间会员体系，实现线上渠道的融合互通，还将所有平台积累的数据统一起来，形成大一统的数据体系，为会员提供端到端服务，进一步提升会员体验感，创造品牌价值。

以上案例，主要是围绕着五个打通中的“会员打通”，而打通全渠道，要打通五个方面。每一方面的打通，都意味着从业者巨大的努力和付出。首先，要看企业经营方向，是否要走这条路。之后，就算有了决策者的强大意志，加上持续不断的资源投入，还需要时间融合，这是一个系统性工程，如果决定了要做，就要做好长征的准备，要准备充足的弹药，这不是容易的事。

02

第2章

人：客效质变

2.1 不是铺得越大越好，**而是抓得越准越好**

渠道全图，是让我们可以看到渠道的全貌，看得更全。数字化工具，是让我们可以知道哪里的细分市场更肥沃，抓得更准。就像打仗一样，眼中有全局地图，作战有具体目标。

以前，品牌的渠道合作伙伴更多是差价思维，经营出发点是为获得更高的进销差价；而随着数字技术的发展，乘势崛起的品牌更多倡导价值思维，匹配新思维的渠道合作伙伴，以获得更多的目标客群为追求。差价思维，在供小于求的蓝海市场，可以最大化渠道利益链。

现在，消费品中大多数品类已进入供给饱和的红海市场，这时候谁获得客群的欢心，谁才会有市场，拥有客群才真正体现价值。品牌、渠道、终端真正的营销对手，是不断变化的客户需求。

维度	数据类型		数据源	
场	基础POI数据	房产小区（住宅、公寓、别墅、Loft、宿舍）	BAT等地图厂商	高德、腾讯、百度、四维图新……
		写字楼（甲级写字楼、普通写字楼）	垂直门户网站	安居客、链家、房天下、58同城、贝壳、住建委
		医疗保健（三甲医院、专科医院、医保药房、疾病预防）	政府网站	卫生计划委员会
		教育服务（高等院校、职业技术学校、培训机构）	政府网站	教育部（学校）、工业和信息化部、房管局等公共信息渠道
	品牌POI数据	超市、便利店、化妆品零售、3C、服饰、珠宝首饰、药店	多数据源组合	腾讯、高德、百度、大众点评、美团、饿了么、品牌官网……
	商业项目数据	商业项目（购物中心、独立百货、酒店、步行街、美食城）	多数据源组合	联商网、高德地图、腾讯地图、携程、飞猪、58同城……
	城市宏观数据	各城市及人均GDP、社会消费品零售总额、人均可支配收入、金融机构存款余额等经济及社会发展指标	政府网站	政府公报、统计局、银保监会、统计年鉴……
人	人口规模数据	常驻人口、流动人口、居住人口、工作人口	BAT地图数据、运营商、App SDK多数据源整合	腾讯、移动、联通、极光、个推、高德……
	画像数据	性别、年龄、职业、消费力、偏好……		
货	到家数据	品牌、产品、销量、销售额……	到家App数据、品牌自建数据库、个护美妆、个护清洁库	美团、京东到家、淘鲜达、多点、饿了么……
	门店类型	卖场、超市、便利店、化妆品零售店		
	SKU数据	产品、类型、品牌、规格……		

价值思维的基石是客户。作为品牌商，我们希望找到服务商定位的渠道合作伙伴。为了更好地赋能渠道合作伙伴，可以应用包括数字化在内的各种方式，深挖客群分布，定位客群目标，分析客群标签，满足客群需求。这里，我们的用词是客群，也就是客户群体画像。

目前，三方商用数字化手段，能到群体，不能到个体。如果需要针对客户个体的营销服务，需要在商业服务过程中，经过客户允许后采集，建立企业级的CRM系统。接下来，我们先看客群，再看个体。

通过各种技术手段，采集商用数据源，包括渠道中人、货、场三类。人，包括人口数量、人口年龄、消费能力等；货，包括到家的品类、品牌、产品数据，也包括提供终端服务的门店数据等；场，包括城市宏观数据、基础POI（Point of Interest）数据、POI数据、商业项目数据等。

有了准确的数据源支持，分析将更准确。目前已经应用到诸多的商业场景，比如商业选址、潜力门店分销、已覆盖终端资源投入等。

比如某头部珠宝商，需要在50个城市开店，新开门店100家。以前，通过大量的人员投入，消耗几个月的时间，实地走访，拉网调研，才能选出100～200个备

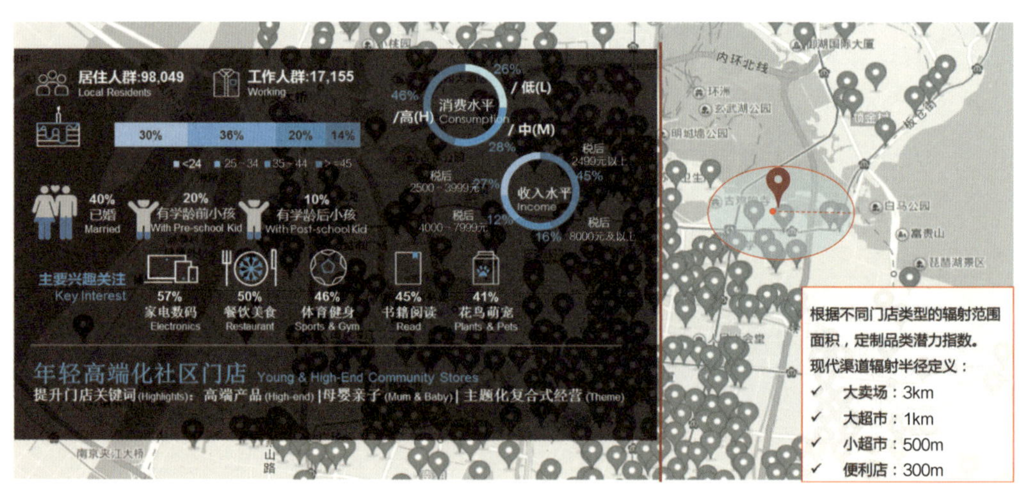

选地址。现在，可以通过数据建模方法，采集客群数据，匹配目标画像，能在几周内精准完成足够数量的选址。

思码曾经服务某头部奶粉企业，需要在华东、华中四个目标省份，选择分销5000家母婴店。以前的做法，自上而下定终端目标数量，再自下而上报目标网点名，中间很可能因为业务人员客情原因、个人判断能力差异，而上报系列不理想的终端，但总部难以查证。现在的做法，目标数量、目标网点名，都可以通过自上而下的方式由总部下达，时间更短，准确度更高，沟通也更流畅。

这会给部分绩效较差的业务人员提出挑战，挤压部分水分，不能再因进店难易程度而选择，只能根据门店潜力而执行。当然，数据也不能做到百分百准确，但已经比自下而上报备的方式更准确。导购、陈列费、推广费等终端资源投入的逻辑类似。

数字化的应用，不仅可以优化以上营销业务中的销售管理，还可以实现市场洞察、产品挖掘。例如，欧莱雅搭建的中央数据平台，就可以应用会员信息，深度挖掘客户价值。

构建并完善CDP、SCRM等技术应用，通过数据资产可以分析会员价值，根据地区特性、人群偏好、渠道特质等适配和开发产品。如C2B创新案例：巴黎

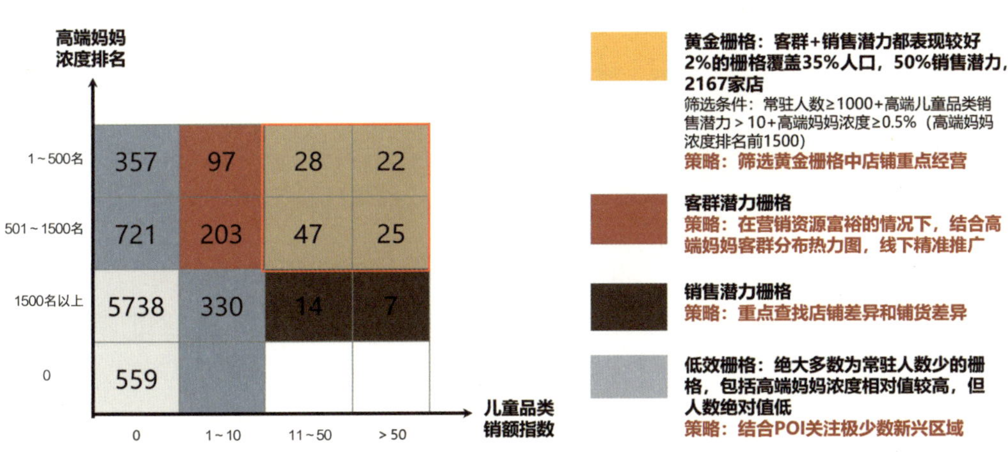

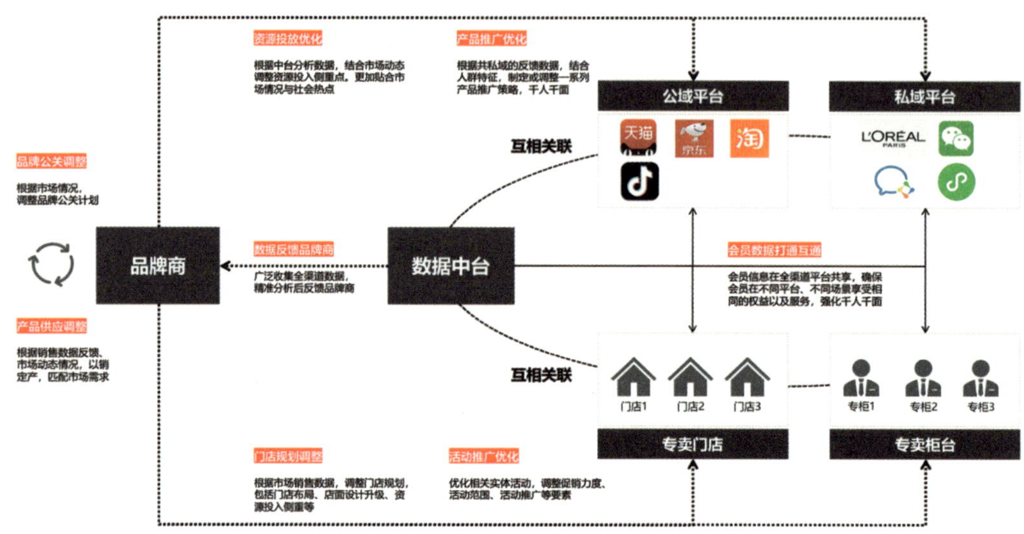

欧莱雅零点面霜。通过数字化技术，在59天多渠道挖掘超1000名消费者关于面膜的需求，得知大多数消费者最关注如何修复熬夜引起的肌肤损伤后，迅速投入研发，结合多媒体渠道，推出零点面霜，上市当天已销售超10万件。

打通不同平台上的数据共享，实现互联互通。无论小红书、微信，还是微博，商城封面都是会员入口，进入后，可同步呈现会员信息。有需要的话，中央平台可以对每一个用户提供个性化服务，对每一类用户提供精准服务。

2.1.1 匠社：找准客群，玩转私域流量池

匠社，是国内新兴白酒品牌，用2年时间，实现了4亿元销售额。用私域深度链接客户，做深关系，精耕复购，裂变粉丝，招募分销代理。从负责人如何引流后了解客户，提高客流量和渗透率，如何维护客户，提高转化率、客单价，到如何激活静默粉丝，搭建会员系统，提高复购率，把运营每一环节打磨清晰，设置全链路SOP和工具，系统就会自动运行起来。

主要引流方式，是多渠道投放产品销售和活动营销界面。

（1）付费广告引流：百度、头条、微信、网站等广告投放；

（2）词条官号引流：发布“匠人”词条，把合作和发布的产品加进去；

（3）自媒体引流：快手、抖音短视频与直播运作；

（4）软文平台引流：多平台发布软文，打造口碑和搜索结果。

比如线上的电商平台店铺、达人带货自播圈粉，线下实体店倒粉、街头地推，或打造清晰的人设，再组合BD、TT等付费广告平台，让受众听到、接触到品牌。

运用多渠道广告推送，把29.9元引流款小瓶酒投到市场，引来一批消费者心动购买。我们不妨把29.9元的引流款产品看作是“理由瓶”，作用就是提供理由，合情合理地进行首次触达。这一步就像在棋盘里走“卒”，冲锋在前，与流量短兵相接，收获流量。

有了第一单成交的顾客，拿到了货到付款表单，重要工具“电话”出场。电话联系购买者核对购买信息，告知物流情况、做好售后服务并实现活动提醒，用优质服务和更大优惠吸引加微信。遇到有成单意向的粉丝，用限时促销、亏本换体验、活动仅限 3 天、超级优惠等理由建议客户多买几箱，提高客单价。

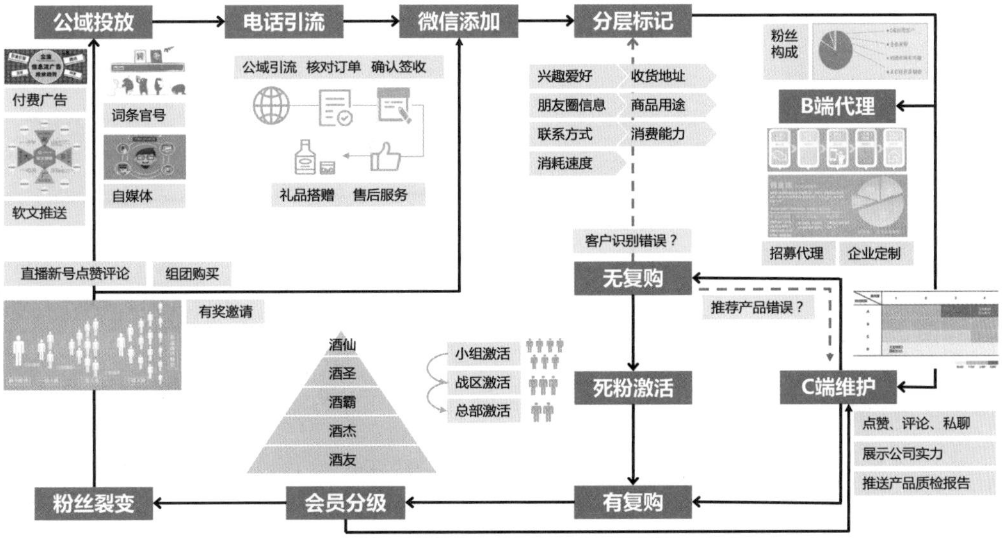

在CRM客户关系管理系统上，通过初次购买金额、客户朋友圈、电话号码、收货地址等信息，尽可能详细地打标签，备注粉丝的关键信息和聊天内容。利用朋友圈分组可见功能，推送不同金额的促销活动。

同时，根据粉丝标签，维护客情，建立好形象，把服务态度传递出去，让粉丝对品牌产生专业认可。因此，每一次跟客户的联系，都是一次信任关系推进，最好可以设计标准的沟通流程手册作为指导。

维护C挖掘B，双线盈利。维护客情，员工通过聊天，识别挖掘B端客户。对小B端的客户赠送课程转化，课程中讲解兼职价值，重点突出“零风险、无投入、赚点酒钱”等广告语，吸引粉丝完成裂变。客户通过线上分销，购买会员包，获得朋友圈素材，传递到身边的朋友，购买后获得佣金或者酒品赠送。同时，也会教他们建立微信群，管理好自己的私域，做好客情维护。足够的利益驱动，加上到位的合伙人培训与管理，就是做好小B端客户的重点。也有一些企业有定制需求，用个人专有署名酒来招待客户和朋友，体现公司实力。重点关注这些公司高管和企业主，向他们分享定制服务，实现大客户的转化。

比不断引流更经济的方法，是充分挖掘现有流量。对静默粉丝设计“战区激活法”，如果粉丝在销售A手中没有成单，三个月后就转到了小组池。小组

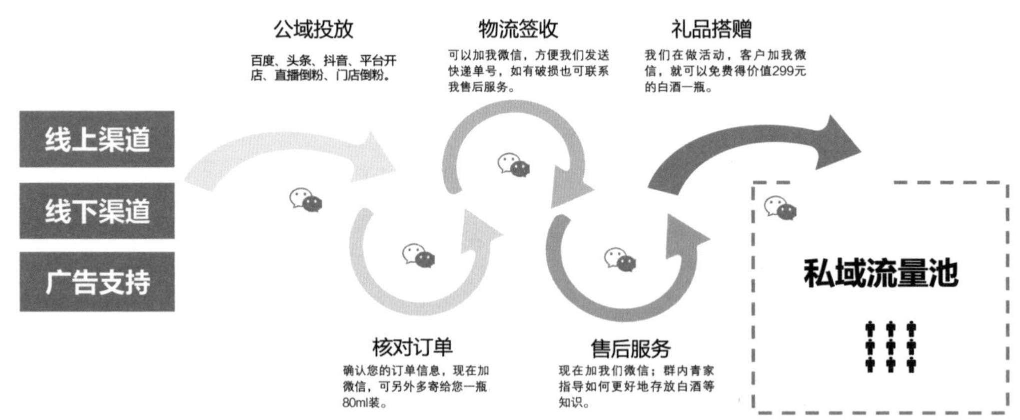

里其他同事可以尝试激活，如果还没有成单，继续转到大区池和总部池。每位销售同事的风格技巧不同，让静默粉丝流动起来，尽可能找到适合他们的销售B。

引流方法不断在进化，底层逻辑没变：不断精准化客户画像，提供精准的产品和服务。私域，大幅度压缩了渠道深度，产生了更直接面对客户的各类场景。这时，要直面客户更高的诉求，能否持续提供让客户满意的产品？能否持续给客户提供满意的服务？

2.1.2 Q饮品：私人定制，会切走一块蛋糕

随着社会总体消费水平提升，各品类不断有更多的消费者追求差异化、多元化、个性化。“企业生产什么，消费者就买什么”空间在不断被压缩。

借助智能化数字化技术，重构从供应端到消费端的闭环链路。同时，实现顾客的定制化需求可视化、信息化，整体新产品开发和订单交付时间均降低50%。数字化技术的提升，高效满足了顾客需求，也高效满足了常规生产要求。

定制，局部生意带动整体增长，有补充，有引领。

融合互联网平台，推出啤酒产品小批量、个性化的产品私人定制平台，以满足消费者需求为核心，搭建了从产品研发、生产计划到准确供应的全链条数字化。顾客通过手机下单后，可选择使用场景和心仪主题，将照片样式上传即可在线预览3D效果，同时也能链接到线上设计师，进行一对一的在线服务，确保定制过程所想即所见，所见即所得。15箱（330ml×24罐）即可定制下单，15~20天即可在家收货。

一方面，满足了B端企业定制团购；另一方面，也高效满足了C端消费者生日、婚礼、宴会等场景下的个性化需求。凭借“端对端”平台，直接触达消费者，这样不仅能够加强厂商与消费者之间的黏性，也能精确获悉消费者需求。将产品创新的全过程赋予数据技术，并实现订单进程的可视化监控。

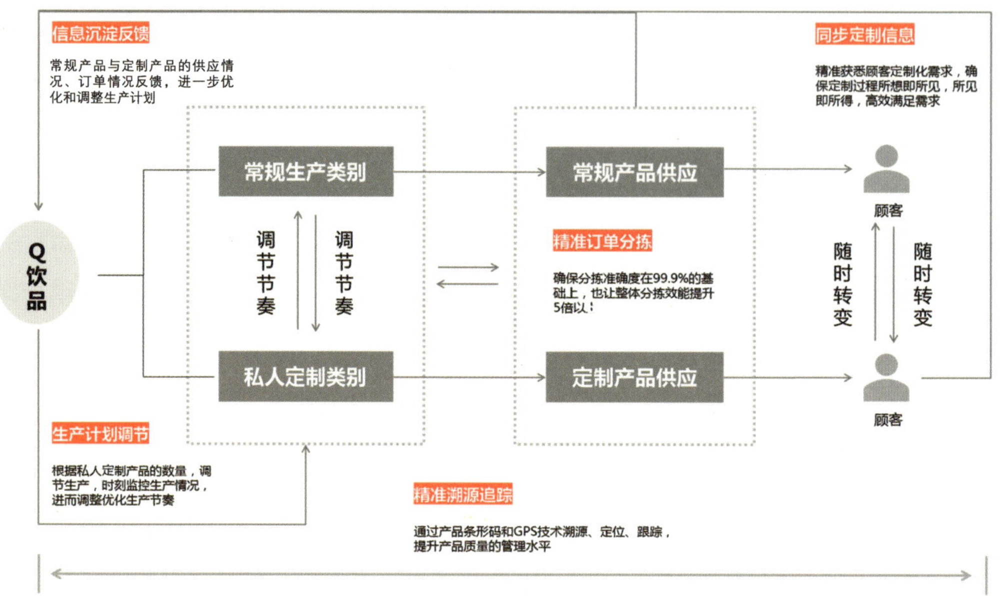

数智枢纽保障管理优化，能融合，能借势。

工厂内的常规生产线每小时可生产6万～8万件产品，个性化定制品的最低起产量为360瓶（罐），如果仅依靠传统的排产监控，挑战极大。而借助大数据技术，厂商的生产设备可以从云端计算系统直接点对点获取数据，准确地在常规生产品中筛选出个性化定制品，并且时刻监控生产情况，进而调整优化生产节奏，真正实现智能化工厂的数据打通。智能操作，结合柔性生产模式，也实现了在一条生产线上高效制造出不同类型的产品，同时满足厂商常规生产需求和私人定制需求。

分拣包装方面，由于融合了信息化、数据化的技术，在确保分拣准确度在99.9%的基础上，也让整体分拣效能提升5倍以上。质量管理方面，融合数字化技术对啤酒生产、流通、售后实施全生命周期管理，并且可以通过产品条形码和GPS技术溯源、定位、跟踪，提升产品质量的管理水平。

结合数字化的智能技术，真正实现多方面跃升。在研发层面，将消费端的需求标签化、可视化、数据化，不仅能高效满足顾客需求，还能促使经验沉淀，加快新品开发、测试、上市的速度。在生产供应方面，借助大数据系统精准预测和匹配订单需求、优化生产计划、高效生产执行、物流精准配送，做到供应更优，效率更高。

饮料、家居、首饰、箱包、服饰、婚礼等都可以私人定制，不过，不是所有企业都适合开展私人定制业务。开展定制业务的前提是：财务账能算得过来，生产线能跟得上，营销系统能支持得上。

2.2 引流育池，在有鱼的地方钓鱼

查理·芒格有一句话对我影响至深：在有鱼的地方钓鱼。努力得找准方向，生意得找准客群。忙忙碌碌的大街上都是人，但肯定不会都成为我们的客户。在找到有鱼的池塘后，我们提供产品时，要从鱼的角度考虑，而不是从渔夫的角度出发。

案例A：前段时间，保利大都汇办公楼下新开一家日式餐饮店，装修典雅，座椅不多，空间很大，进去后让人感觉来到一家高级法餐厅。拿菜单一看，主打28/38/48元工作餐套餐。典雅的空间，适合聊天，翻台率会低。28/38/48元工作餐套餐要有足够流水，翻台率要高，才能生存。结局只能是倒闭，因为预设的客群，养不活这生意。

案例B：有位朋友，打造一款App，整合一批营养食品供应。App关注中老年用户的身体健康，联通体检中心等机构，打通健康秤等设备，综合测评用户身体状况。根据用户健康数据，App可以实现个性化产品推荐。这生意能行吗？早停止，早解脱。习惯用App的年轻人、中年人居多，老年人用得少。就算老年人用，老年人也不会轻易在一个App下单购买。预设的客群，不会按预设的生意模式去走。

案例A和B，要处理的因素少一些，可以用简单的、定性的方法去处理。随着生意越做越大、越做越系统，可以借用更高效率的数字化工具来描绘客户画像。客户群体画像，可以通过三方商用数据建立；客户个体画像，则需要企业CRM系统来描述。客户群体画像，更多用于选址、选店、投终端资源；客户个体画像，更多用于千人千面的精准营销。

为了建立企业的客户数据池，需要在公域平台、渠道终端等各个客户触点建立引流机制，常见如登记入会、扫码入会、支付入会、礼品入群、红包入群、服务入群等方式。有了客户数据池，随着不断地交流互动、购买支付、服务互动，将留下大量的数据源，而数据源的本质是客户资产。

这里做个说明，引流育池、补贴引流只是获客的手段，只靠补贴不能建立一个生意模式。生意要赚钱。一分钱的酸菜鱼，一分钱的面膜，免费打车，免费送的饮料，可以在短时间内获得客户，尤其是想要占便宜的客户，但要想作为生意持续运营下去，就需要有合理的毛利率，在合理毛利率的基础上，能提供有竞争力的产品。

通过分析、归类数据，转换为客户的一个个标签，让客户在多维度被细分定位。比如：某综合电商平台给每一个ID都打上了2000多个标签，在下一步推广活动中细分应用；又如：某药店连锁给每一个会员打上静态标签223个、动态标签488个，进而全方位地分析个体画像，针对性提供药品组合、周期服务、主题活动等信息。

有了数据池，有了标签，下一步是组合标签、应用标签。满足标签组合的

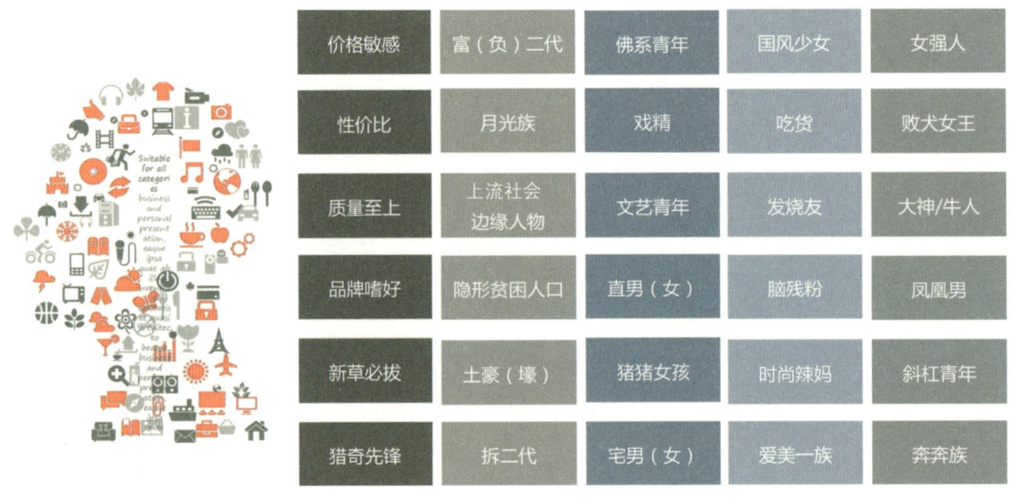

人，会被虚拟定位为某一类人，由系统识别客户购物需求和偏好，由数据深入挖掘消费心智，实施精准营销。比如某头部日化品牌，通过标签组合将客户分为国风少女、败犬女王、拆二代、爱美一族等30多种个体画像。

“你依然是你，你也是我眼中的你。”客户，依然是客户本身，依然过着个体如常的生活。只是在数据维度，这名客户被不同品类的品牌商定义出不同的虚拟画像。在某个细分领域中，如彩妆、软饮、休闲食品、眼镜等各个细分品类，品牌商比客户更了解客户。“你就是喜欢啫喱红，只是你还不知道。”

通过标签，重新构建客户个体画像，下一步是要针对个体画像，引导客户更深地认知自己，推线上线下活动，发量身定做文案，发令其心动的促销信息，销售配套产品组合。

比如某日化品牌，针对猪猪女孩，推的是精致、可爱、热门；针对女强人，推的是气场、艳丽、淡雅；针对猎奇先锋，推的是新奇、颠覆、个性。尽量帮客户实现“鱼游潭底、驼走大漠、鹰击长空”的适配感，我们懂你。

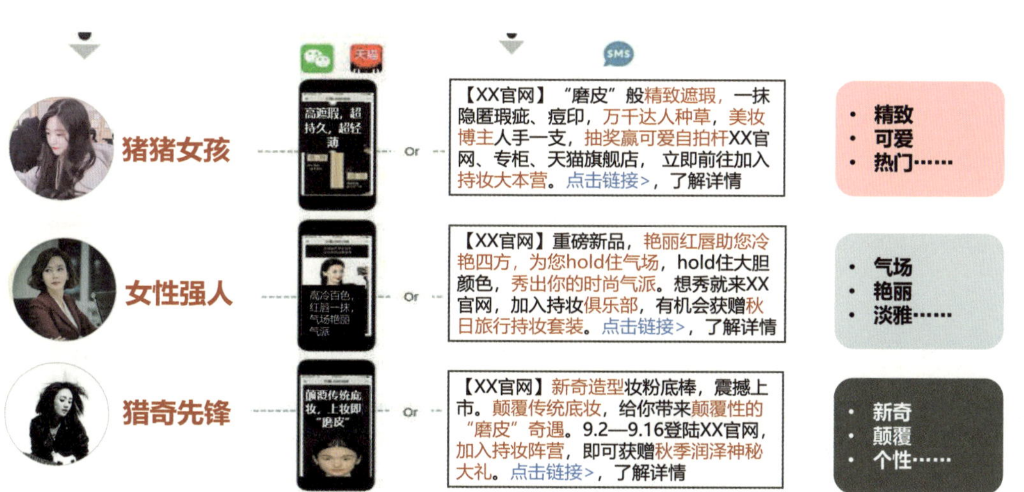

2.2.1 好礼家：双线闭环联动运营私域

好礼家海鲜餐厅，在山东拥有2家门店，坚持6年打通打透私域运营，目前5000万元的年均销售额，50%以上都来自私域。好礼家的私域打法，遵循的是“双线闭环联动”思路。

门店倒流“带标准”。门店均设有客户经理，在顾客享用餐食时，客户经理会主动询问顾客享用情况，例如关心顾客是否满意味道，是否认为菜肴有优化空间等。进而会告知顾客店内搞活动，比如老板送新鲜食材、体育彩票抽奖等，参与条件是扫描好礼家公众号二维码，关注后公众号会自动弹出个人微信二维码，再要求顾客添加此个人微信，之后同步沉淀到企业微信。

为了驱动客户经理添加更多顾客，好礼家也制定了激励标准：每日目标是添加进店客流的1/3，通常是200人左右。同时设定“三阶”奖励区间，未达1/3的，

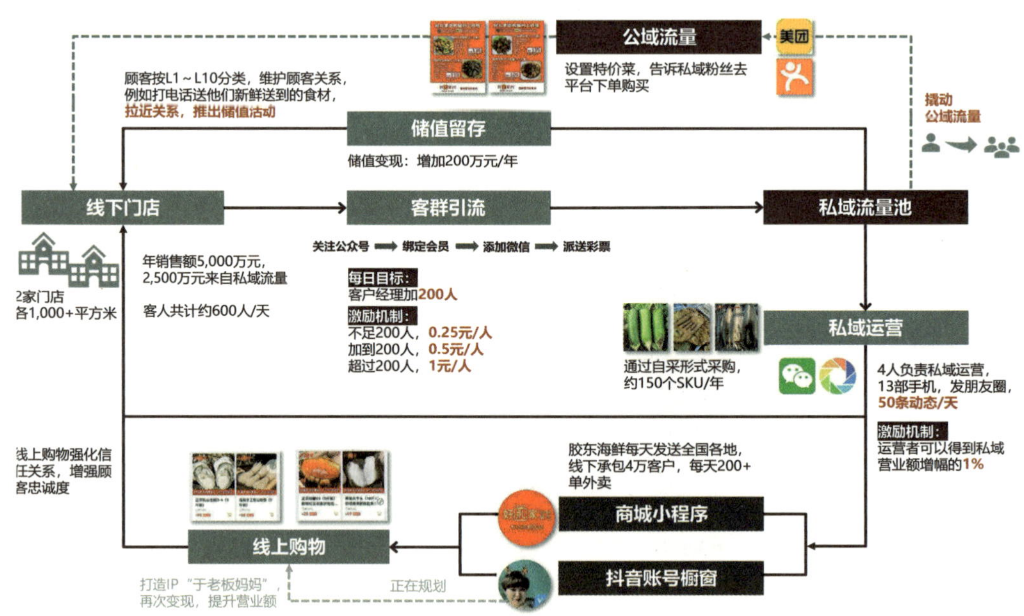

按0.25元/顾客计算绩效；达到1/3的，按0.5元/顾客计算绩效；超过1/3的，按1元/顾客计算绩效。私域引流的动作标准化，客户经理添加顾客的效率更高，并且结合目标线激励，客户经理内核驱动力也更加强劲。

线上运营“带节奏”。成功引流到私域后，采取发朋友圈推品方式，促使顾客成交转化。推广的产品均通过自采获取，通常推广的是一些应季产品，推广思路为：当作爆款主推+增加相关动态+集中时段节点。比如，现在主推的是2000箱芋头，就需要在这段时间集中精力主推芋头，每天调整话术模板发出，控制在10条朋友圈内，其他常规推广品套“九宫格”模板发出即可。

朋友圈推广方面，也配有专项负责人，可获得私域次月营业额增幅的1%。高绩效激励和强推广节奏，促使线上运营有条不紊地高效进行。

生意反哺“带闭环”。线下客流成功引导线上后，筛选出已经成交的顾客，逐步提升忠诚度后影响其持续消费，包括线上和线下消费，同时促使顾客影响身边的亲朋好友，成为好礼家门店顾客。

其还会根据顾客的消费频率和消费金额，将客户按照L1~L10等级划分，评估消费能力后，让店长及前台对其推广储值活动，完成顾客的价值沉淀。采取线上

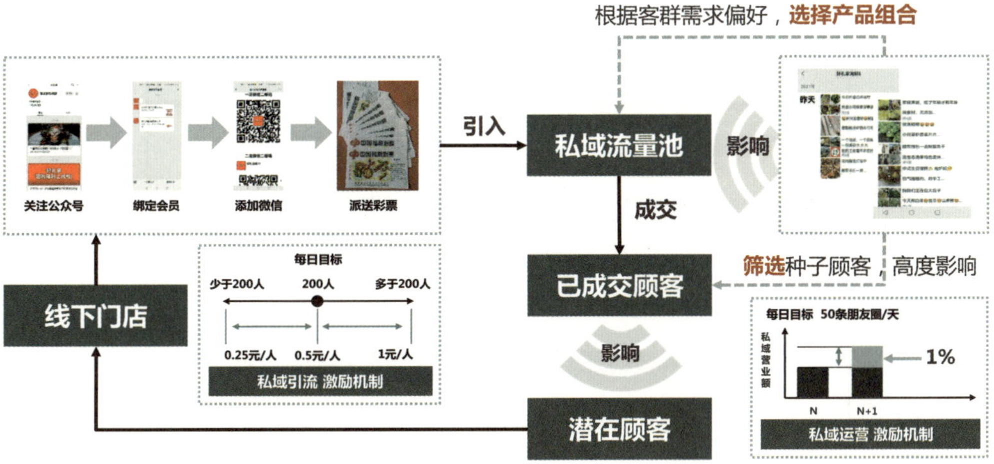

线下互相联动，促使线上生意再次反哺线下门店，形成经营闭环。

麻雀虽小，五脏俱全。好礼家模式，门店较少，但是一个很好的生意参考。尤其是零售类企业、餐饮类企业，可以打通上游产品供应，也可以延续服务下游客户，原有的线下门店生意照常运营。零售，本质是通过服务赚进销差价，而复制优质服务的难度很大，这是生意发展的一个关卡。私域，是建立在个人与个人信任基础上的渠道，要想生意持久，产品就要经得起考验，得有让客户买了还想再买的硬实力。

2.2.2 姿美堂：天猫微信，串流闭环自强化养育

姿美堂，通过搭建经营闭环强化生意。结合神X系统，采取“天猫引流微信，微信反哺天猫”的闭环策略，实现单月销售额超5000万元。这个经营闭环，分三大板块：引流、运营、反哺。

引流：一赠一服。天猫店铺的月均成交用户为30万～50万，能够引导至微信号的比例为45%左右。引流到微信，通常有两种方式，分别是赠品引流和服务引流。

赠品引流，是通过赠送个性化的附加值产品吸引顾客，将顾客引导到微信

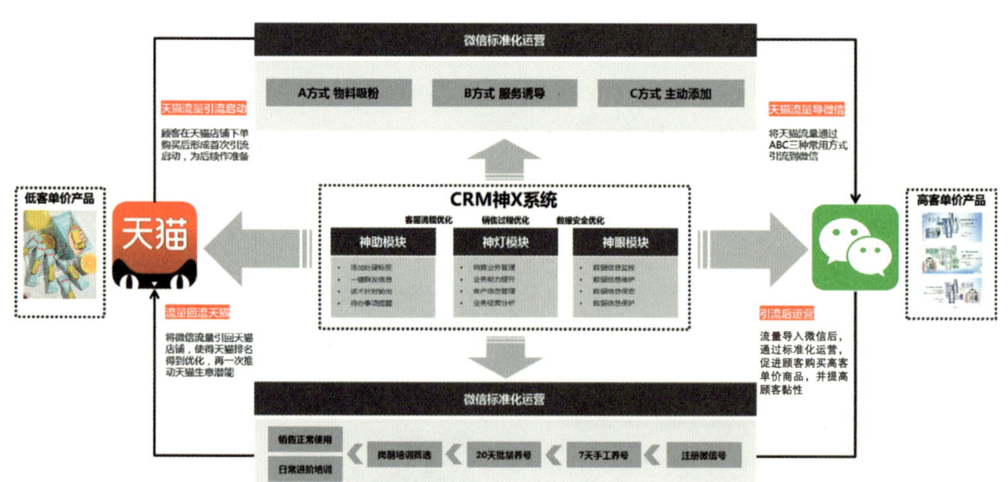

号中。例如，顾客购买酵素粉产品后，发出对应包裹内，有物料提醒添加微信号领取与减肥相关小礼品。

服务引流，通过提供个性化增值服务，将顾客引导到微信号。例如顾客购买维生素E软胶囊产品，可以提醒顾客添加专属客服微信号，接受系统指导，从而更高效地实现保健保养效果。由于这些流量是经过首次购买的用户数据，购买需求和动机已经得到验证，因此通过个性化方式吸引顾客添加微信成功率很高。

运营：炼磨操出。制定系列可复制运营SOP，分四步：规模炼器、批量磨刀、分阶操兵、分批出阵。

规模炼器，是指注册微信号。注册时注意，确保每台手机提前保存30~50位非重复联系人，其次是选择不同地点注册，距离统一超过1.5公里并且确保注册时间间隔超过20分钟，一天内注册不超20个。以上动作都是为了增强账号活跃度和提前部署封号后的解决方案，这是第一步“炼器”。

批量磨刀，是指打磨微信号。注册账号后，每个账号均需添加3位以上满足解封条件好友，并且在一周内定期浏览微信功能界面，或者简单分享、转发动态、手动互聊等。一周的手工养号阶段过后，即可借用群控系统实行一个月的自动化批量养号。这个阶段结束后，就可以交付给销售人员使用。这是第二步，磨刀。

分阶操兵，是指分阶段分重点地培养销售战队。成功启用微信号后，会正式进入运营阶段，而运营、成交需要系列可复制标准流程。可根据阶段化培训，分阶段侧重，递进式提升销售人员的产品知识、行业现状知识、专用术语、销售话术、成交技巧等。用“套模板”的培训形式，高效赋能销售战队。这是第三步，养兵。

分批出阵，是指销售战队的实战，真正面对顾客促成交易。销售实战，包括实习战和上岗战。实习战，是销售新手在培训结束后，正式编入销售小组前，对接静默粉丝、周边人群，以最低犯错成本锻炼销售新手的销售对接，包括产品知识、销售话术、对接流程等。上岗战，是销售新手经过实习战考验后，正式编入

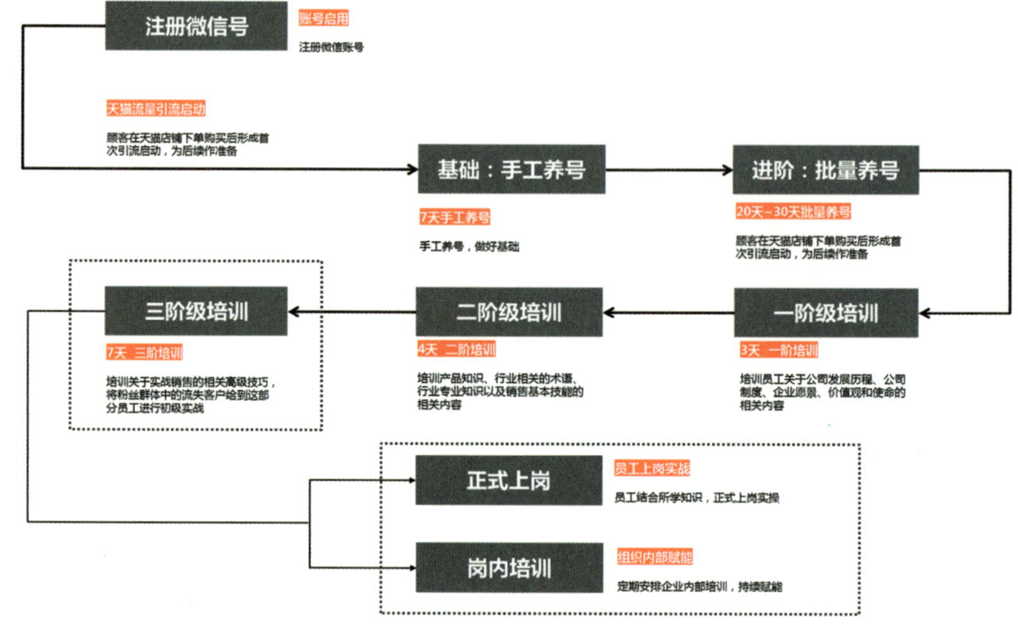

销售小组，对接核心人群，甚至是原点人群。在实战过程中，会定期组织赋能培训。这是第四步，出阵。

反哺：串流养育。微信客服通过运营朋友圈、与顾客互动沟通，能够逐步强化顾客忠诚度，提升复购率。微信端的直营，面对的是忠诚度较高的顾客，因此可主推高客单价产品，实现利润最大化。

天猫流量，引导到微信后，再定期举办活动，将沉淀到微信的流量再次引到天猫，推高店铺在天猫的排名，顾客大多会购买低客单价产品。因为品类等影响因素，在微信易出高客单，而天猫低客单占比更多，这个差异化也让闭环更加牢固，各环节定位更加明确。建立高低阵地，服务立体（圈层）客群。在这里，高、低单价都是生意，只是实际运营生意所形成的结果，更多体现的是不同人群不同场景，匹配的产品不同。

以上这套打法，目前已实现销售团队人均单产达到10万~15万元，避开了百度、头条等高成本流量领域，用串流闭环实现良性循环。良性循环的前提，是两个稳定的流量生态，而这一点，变数很大。

2.2.3 茶尖尖：小门店也能玩转大育池

一个湖北十堰奶茶品牌，依托小店面打造公私流量矩阵，实现流量大育池闭环运营。在开店的两年时间里，平均每家门店能做到200多万元销售额。其主要有三个差异化打法。

一是双线对比选址。门店会选在社区，不会开在商场和车站等人流量大的位置，从而节省门店的租金成本。不进商超，能够节省下30%的租赁成本。在节省租金的同时，为了保证门店客流量，选择门店具体位置时，会综合参考线上和线下的流量数据。

线上数据参考两个指标：美团大客户服务中心数据，外卖及社群下单量数据。获取线下流量数据靠三个传统方法：（1）安排员工进入附近小区，收集更多小区电表数据，如果遇到进不去的小区，也会设法通过小区居民获得一些电表数据；（2）派员工在附近小区门口蹲点，拿秒表计人数，算社区人流量；

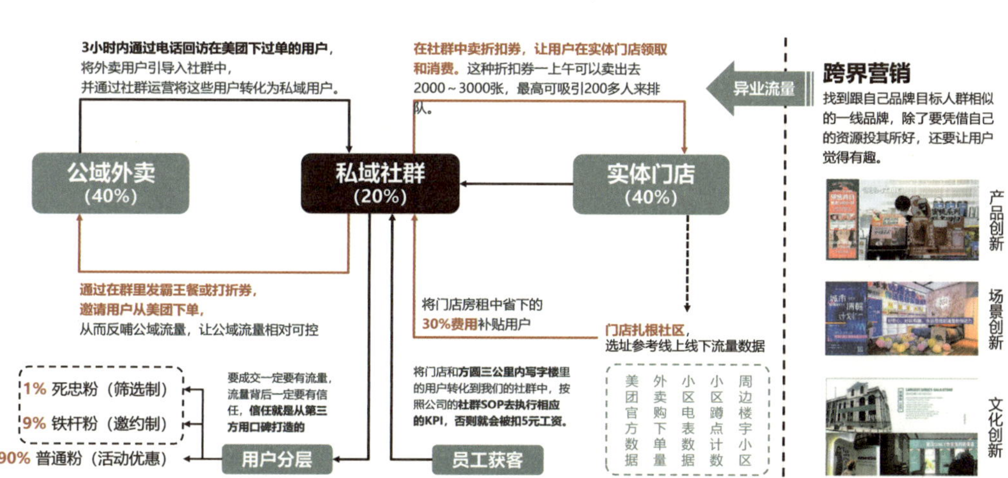

（3）计算周边小区数、楼房数。线下数据收集，3～5天可以完成。最后，通过三个数据，预测线下店客流。如果待开门店达到一定量，市场上有经济、高效的数据化工具，能实现终端网点潜力分析。

二是融合私域流量。私域流量有两种打法，模式一：公域外卖和私域社群相结合。用户在美团下单后3小时内，员工会通过电话回访该用户，通过福利派送吸引用户进私域群，进而通过用户运营将其转化为高黏性私域用户。比如，下雨天、客流少的工作日，可在社群派发打折券、优惠券，甚至免费餐券等。也可以邀请社群客户从指定平台下单和评价，一定程度实现反哺公域平台，也能拉高线上流量、平台好评率等。

模式二：实体门店和私域社群相结合。在私域社群中卖折扣券，并且这种折扣券只能到店领取和使用。有时候一上午就可以派出去2000～3000张折扣券，最高纪录可吸引200多人来门店排队。由于门店能够更大程度地提升用户体验感和信任度，所以始终把线下门店作为流量运营的核心。闭环运营实体门店、公域平台、私域社群的整体流量，前置了互动，锁住了客户，也能优化调节渠道分流。

三是“1-9-90”分层运营。首先，根据用户下单所属地将线上用户拉进对应区域门店社群。其次，将社群用户分为三类，死忠粉占1%，铁杆粉占9%，普通粉占90%。1%中包括部分KOL（Key Opinion Leader），当有新品上市、产品公测时，邀请这批粉丝参加。提前品尝，专线互动。KOL的影响力更高，是普通客户的N倍，可以在客户群建立影响力，吸引目标圈层流量。

另一部分，来自投诉的客户、差评的客户。品牌之所以有溢价，是因为有更好的服务。不怕差评，怕的是处理不好差评。客诉出现的时间，同时就是提升品牌的好时机。9%的铁杆粉在社群里属于羊毛党，会被福利所吸引，并且乐于分享，筛选出的这部分用户可以帮其带来很好的传播效应。90%的普通粉则属于普通用户，在群里基本处于静默状态，在群里派送福利从而提升他们的购买率。

销售收入，堂食占四成，公域平台占四成，私域社群占两成。三部分的销售占比，是可以调节的，有时候，要保护堂食占比，不能太低，线下门店与消费者做面对面互动，用户参与度更高。

另外，经常和一些曝光度高的品牌做跨界营销。比如，做过一款江小白味道的奶茶，江小白在其湖北官网和官微帮茶尖尖做推广。茶尖尖还跟自如合作过一个“卧室吐槽大会”，在门店里放自如卧室产品，比如床、镜子、木头桩，客户可以一边喝奶茶，一边吐槽。因此，自如也在其官方渠道帮茶尖尖免费曝光了两个月。把节省下来的获客成本，用来长期持续地给用户派送福利，并且会通过异业合作的方式，引入跟自己目标人群重合的品牌流量，这也会让用户觉得有趣。

如此，流水来源于公域、私域、实体，再辅以跨界营销模式，小门店也可以玩转大育池，且相对经济高效地圈稳了客群，让生意能够持续良性运转。一个考验是，茶饮生意潮起潮落太快，要让产品持续受欢迎，得有跟上潮流的洞察力。

2.3 原点人群，是我们出发的初心

不忘初心，方得始终。我们的产品、我们的服务，客户是谁？客户因什么而购买？

一瓶2万元的洋酒LY13，客户是谁呢？客户在意什么，会因什么而开瓶？

一家牛扒店，人均消费68元，开在哪类地点更合适，客户是谁？客户在意什么，会因什么来就餐？另外有三家牛扒店，人均消费128元、368元、968元，客户分别是谁？客户在意什么？

一瓶面部精华液，A品牌50ml卖938元，B品牌50ml赠22.5ml卖349元，C品牌50ml赠一瓶卖169元，他们的客户分别是谁？客户在意什么，会因为厂家做什么活动而购买呢？

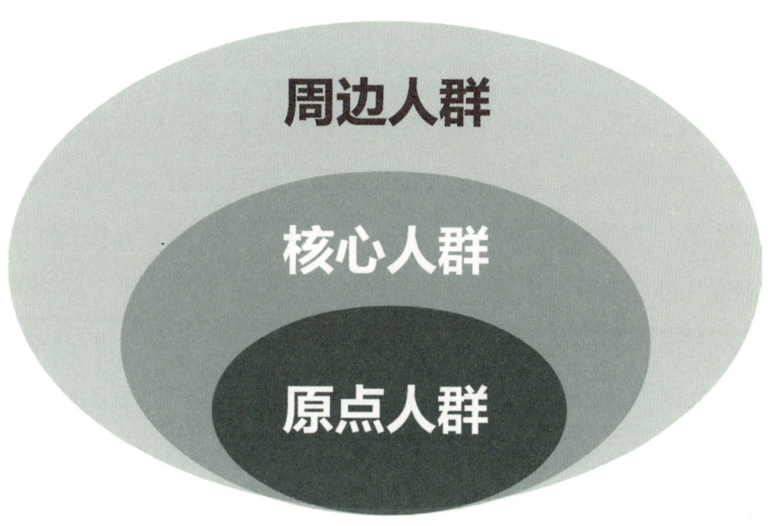

从品牌人群角度看，客户可分三种：原点人群、核心人群、周边人群。

原点人群，最容易引导出批量消费的人群，是品牌传播源，自身就拥有让人信赖的力量，如行业专家、网红KOL、重度发烧友，比如耐克初创期的原点人群是专业运动员。核心人群，是主要用户群体，这部分人群的购买力是推动产品销量、利润等经营指标的主要力量，比如飘柔追求的是年轻、现代、追求自信的女性，云南白药牙膏主要适配牙龈出血、口腔溃疡人群。周边人群，是环绕品类、品牌的游离人群，具备购买产品的潜力，但黏性低，比如普通工薪阶层偶尔也喝茅台、五粮液。

雷军说：“因为米粉，所以小米。”品牌成功，离不开原点人群——手机发烧友。这类人对新事物接受能力强，价格敏感度高，追求潮流。切入市场的手机，恰好满足了他们的内心需求。100位极客发烧友是原点人群，一大批追寻“高配置，低价格、科技风”的人成为品牌核心人群。

通过各式各样的活动，吸引大量人群进入米粉圈层。互动方式包括微博、微信、论坛等平台，同时联动线下场景。较具代表性的是“爆米花”活动——用户见面会，“爆米花”活动已形成一个体系，包括官方组织的粉丝见面会、用户自发组织的同城会，以及一年一度的“爆米花年度盛典”。另外，还效仿车友会模式，提供让手机发烧友相互交流的机会。“爆米花”活动从用户体验感出发，提升整体用户的参与度，提供用户展示自我、结识良友的体系，从而让用户自发渗透亲朋好友，使其成为企业品牌的核心人群，甚至是原点人群。

OATLY燕麦奶，切入市场优先立足原点人群，逐步渗透到核心人群。初期，消费者对燕麦奶接受程度较低，仅聚焦产品本身，容易水土不服，不利于市场扩张。OATLY聚焦“一类、一品、一城”的市场策略，核心理念为聚焦一个品类“咖啡”，聚焦一个产品“咖啡大师燕麦饮”，聚焦一个城市“上海”。选定上海精品咖啡店，以喜爱精品咖啡的白领阶层作为原点人群，推出“燕麦咖啡”，精耕细分市场。借助渠道优势，逐渐占领顾客心智，重构顾客对燕麦奶的认知，再加上原点人群的渗透影响，大众对燕麦奶的接受度不断提高。慢慢地，走出咖啡店，拓展到更多场景，比如米氏餐厅、ATELIER酒吧、满记甜品等，均有富有自身特色的OATLY燕麦奶成品。

除了驱动原点人群影响周边人群，不少品牌还会制定挽回周边人群的营销策略。周边人群有流失风险，也有机会转变为核心人群。美妆行业在这方面尤为明显，如欧莱雅、雅诗兰黛、SK-II等，均具备成熟的顾客回访体系，针对不同特征的客群，划分顾客价值等级，统计分析顾客反馈、采取个性化话术与形式（电话回访、短信提醒、E-mail提示、平台提示等），将客群由“周边”过渡到“核心”甚至是“原点”，从而高效激发生意潜力。

我们期望走得更远，服务更多的人、更大的客群，也期望始终聚焦初心，不忘记原点人群，不忘记为什么而出发。当我们清晰化产品客户是谁后，下一步要搞清楚客户为什么而购买。

针对为什么而购买的研究，线下市场更多通过消费者问卷调研、访谈沟通来研究，而线上可以应用丰富的、海量的数据进行挖掘。顾客线上购物行为，会转变为一个个数字、一组组指标呈现在市场研究者面前。

2.3.1 电商：搭建指标工具库，挖掘数据资产中的宝贝

对客群分类，然后用指标对客群、客户分析。在线上渠道，数据的可获得性比线下渠道更容易，所以分析可以更精准。分类方法很多，这里给出一种参考。将分析指标分为总体运营指标、网站流量指标、销售转化指标、客户价值指标、商品类目指标、营销活动指标、风险控制指标、市场竞争指标，一共八大类。

电商有这么多数据，可应用这么多指标，能用来做什么呢？拿来就能用吗？指标摆出来，只是开始，要想为砖为瓦搭建体系，转化为商业价值，还得再下个性化苦功夫。

经常面对一个问题："我们产品上市很多，可爆款寥寥无几甚至没有，能不能请你们做一个项目，快速推出爆品呢？"说实话，能有一推一个准的爆品方法，肯定不能告诉你。不仅不能告诉大家，还必须在上面写上"秘笈"两字，挖坑埋起来珍藏。甚至为避免被找到偷练，还得写上"欲练此神功，必先××"。

爆品，是天时、地利、人和组合的概率问题，得看缘分。我们很难推出爆品，但可以梳理出一套爆品小结——推动产品销售增长的要素、标准、流程、工具，并组成模型。

比如：批量出新品，市场做筛选，营销做强化。怎么筛选新品，波司登、飞科值得研究，在线下规模化推广新品前，先做直播，利用直播间各项指标综合分析，寻找潜力爆款。飞科观察直播时用户的互动频率、在线人数、销售数据等指

一级指标	二级指标	三级指标
1. 总体运营指标	**流量类指标**	独立访客数（UV）
		页面访问数（PV）
		人均页面访问数
	订单产生效率指标	总订单数量
		访问到下单转化率
	总体销售业绩指标	成交金额（GMV）
		销售金额
		客单价
	整体指标	销售毛利
		毛利率
2. 网站流量指标	**流量规模类指标**	独立访客数（UV）
		页面访问数（PV）
	流量成本类指标	访客获取成本
	流量质量类指标	跳出率
		页面访问时长
		人均页面访问数
	会员类指标	注册会员数
		活跃会员数
		活跃会员率
		会员复购率
		会员平均购买次数
		会员回购率
		会员留存率
3. 网站销售指标	**购物车类指标**	加入购物车次数
		加入购物车买家数
		加入购物车买家数
		加入购物车商品数
		购物车支付转化率
	下单类指标	下单笔数
		下单金额
		浏览下单转化率
	支付类指标	支付金额
		支付买家数
		支付商品数
		浏览-支付买家转化率
		下单-支付金额转化率
		下单-支付买家数转化率
		下单-支付时长
	交易类指标	交易成功订单数
		交易成功金额
		交易成功买家数
		交易成功商品数
		交易失败订单数
		交易失败订单金额
		交易失败订单买家数
		交易失败商品数
		退款总订单量
		退款金额
		退款率

一级指标	二级指标	三级指标
4. 客户价值指标	**客户指标**	累计购买客户数
		客单价
	新客户指标	新客户数量
		新客户获取成本
		新客户客单价
	老客户指标	消费频率
		最近一次购买时间
		消费金额
		重复购买率
		重复购买间隔
5. 商品类目指标	**产品总数指标**	SKU数
		SPU数
		在线SPU数
	产品优势性指标	独家产品收入比重
	品牌存量	品牌数
		在线品牌数
	商品上架	上架商品SKU数
		上架商品SPU数
		上架在线SPU数
		上架商品数
		上架在线商品数
	商品首发	首次上架商品数
		首次上架在线商品数
6. 市场营销指标	**市场营销活动指标**	新增访问人数
		新增注册人数
		总访问次数
		订单数量
		下单转化率
		ROI
	广告投放指标	新增访问人数
		新增注册人数
		总访问次数
		订单数量
		UV订单转化率
		广告投资回报率
7. 风险控制指标	**买家评价指标**	买家评价数
		买家评价卖家数
		买家评价上传图片数
		买家评价率
		买家好评率
		买家差评率
	投诉指标	发起投诉(申诉)数
		投诉率
		撤销投诉(申诉)数
8. 市场竞争指标	**市场份额相关**	市场占有率
		市场扩大率
		用户份额
	网站排名	交易额排名
		流量排名

标，综合判断新品表现；波司登则先进行“波司登风衣羽绒服”沉浸式大秀，并配合走秀节奏发布链接，吸引用户停留在页面，大秀直播结束后，立即启动新品

轮播，利用这部分“有意愿驻留”的用户，锁定潜力主销款。

用数据指标，“看见”消费者。测品过程中，飞科通过分析用户画像，发现小飞碟剃须刀这一新品的一大客群是“有送礼需求的女性消费者”。明确了购物者，再找升级转化方法，离成交就近了一步。飞科将产品包装盒升级为大礼盒，又附赠手袋，并在直播时增加面向女性消费者的话术，话术特地强调产品“适合送礼”的特点，同时增加送礼场景的创意内容等。此外，飞科还利用抖音电商的付费流量，优化流量投放的人群画像，将新品精准投放给女性消费者。

用数据指标，“吸引”消费者。与明星达人直播间合作时，波司登则并未指定主销款，而是让达人根据粉丝偏好推出预选款。在直播时，根据在线观看数、停留时长、评论数、点击购物车数等指标，迅速找到在该直播间最受欢迎的主销款。产品通过验证后，波司登可以立刻结合当晚直播复盘，迅速优化直播脚本。比如，除了强化对产品面料和工艺的介绍，还通过主播试穿来凸显“3D立体剪裁更符合亚洲人身形”。

用数据指标，“对话”消费者。除了直播测品，达人短视频、达人直播间等方式都可以用来有效收集用户反馈，拿到这些数据，“校准”新品打造思路，后续的营销投入即可更有章法和节奏。

用数据指标，“联动”消费者。类似的筹备思路，同样出现在一加。新品推出前，其通过站内引导预约直播、站外预告引流，并与科技、摄影类媒体合作，吸引兴趣人群。此外，也提前发布短视频、进行自播，累积大量对数码科技感兴趣的用户。

潜力爆品测试、消费者洞察、目标客群积累、人群画像优化……电商数据的易获得性，恰好具备帮助品牌高效测试、综合各项指标分析市场反应的能力。接下来的问题是：如何放大品牌声量，并将声量转化为实实在在的订单？方法之一，是各种内容营销活动。

先获得声量。波司登先打造不带货的新品发布会，来树立高级感形象，然后打造“风羽时刻趣味贴纸挑战赛”，并在降温期、万圣节上线应景话题，其中，“万圣节气氛到位了”话题在首发后一小时就登上了热搜榜TOP 1。一加作为智能手机品牌，把传播的核心放在新品的核心卖点上，其联合多个领域的头部达人来体验哈苏相机的拍摄质感，引发了大量的讨论和UGC创作。飞科则主要通过与不同达人合作创作内容，以及自主创作产品讲解和小剧场两个方向的内容，来推动多元化的内容传播。

再转化声量，及时成交。利用各种杠杆放大声势的同时，真正的关键，是承接流量增长。品牌需要将流量及时“收获”，转化成实际订单。电商丰富的营销玩法和达人选择，都在品牌爆发过程中进行助力。肯德基为满足不同群体需求，基于Double Down肉霸堡设置了双人餐、3～4人餐等多个套餐+小食组合、明星专属SKU（Stock Keeping Unit）及周边权益。一加则在新品发布会当天，利用举行新品发布会的热度，自播预售+罗永浩直播间销售，将声量爆发和转化合为一

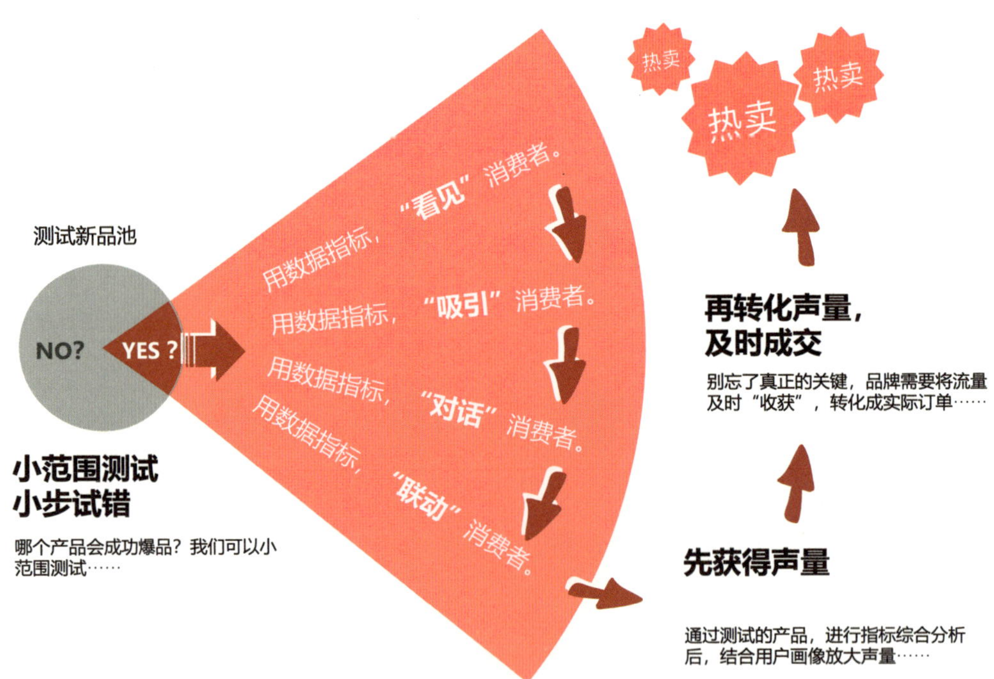

体，流量得以高效利用，新机售罄率达到100%。

这里增长故事并未结束，一款新品从爆发走向“长红”，品牌还需要不断吸取经验、更新经营策略。比如，打造爆款的过程，也是拉新增长的过程，面对源源不断的新客涌入，学会良性运营和持续转化也很重要。

整合各类数据源、应用指标，可以分析颗粒度细至时、分、秒的产品销售情况。有了各类会员指标，我们可以了解每一类会员复购率和平均购买次数，甚至是每一个会员的倾向。通过处理分析消费者喜好、消费能力、最近购买行为的数据，并将其制作成输入数据，输入回归模型中，预测不同产品的销售。商家不仅可以知道现有顾客价值，预测未来顾客价值，还可以发现顾客特点与其商业价值之间的关系，等等。以上，只是大量分析应用的小部分，根据生意需求，可以做各种针对性的定量解决方案。

2.4

活跃度，
要客户且要活跃客户

打通全渠道，意味着客流、会员、商品、库存、支付五个方面的打通，也意味着人效、品效、坪效的协同提升。通过客户群体画像，圈定客流，选定渠道，引导渠道间客流打通；通过客户个体画像，圈定客户，获得会员，引导渠道间商品打通。

支持搭建客户群体画像、客户个体画像的基础，是客户数据池——这份宝贵的客户资产。下一步，如何挖掘这资产价值？可以用RFM，由美国数据库营销研究所的Arthur Hughes提出的一个模型。在本书中，我们在RFM基础上新增一个周期跨度指标L，组合为RFML。作为客户数据资产分析的其中一把铲子，它能具体化、定量化帮助营销人员分

析，完成客户资产挖掘、增值。

R：Recency，活跃度。至今最近购物天数，上次来购物是哪天？离上次来多少天了？已经多少天没来了？

F：Frequency，忠诚度。周期内购物频率次数，一个月来几次？多少天来一次？

M：Monetary，购买力。周期内每次购物金额，一共花了多少钱？特价商品占比？高单价商品占比？

L：Lifespan，贡献期。购物生命周期长度，在同类客户中，是更长，还是更短？

先说第一个：活跃度（Recency）。

平台的价值来源于足够多的活跃客户。好多小区都搞物业App、社区App，认为小区人多可以卖各种消费品，挖掘小区住户的商业价值。在这里，先下个判断：这些投入大多数都将是竹篮打水。因为这些App上，很多住户却很少用户。大家用物业App的目的可以是缴纳物业费、服务投诉等，却很少作为购物平台。

问题的关键是：低频。住户一个月有几次打开这些App？ 低频的流量入口，做不了低价值、需要靠周转获得收入的快消品生意。在平台上，在模式中，活跃的目标用户才能养活企业。

支付即会员，一次购买记录就可以保留客户信息（在允许的前提下），吸收为会员。会员可以用三种方式划分：存在状态、消费等级、综合价值。存在状态主要考虑R，将在活跃度章节分享；消费等级主要考虑M×F，将在购买力章节分享；综合价值是从RMFL综合判断客户的贡献。

零售生意，需要活跃客户，从业人员要去分析客户的存在状态。根据活跃度，可以将客户/会员分为六种存在状态，分别是：非会员、新会员、活跃会员、游离会员、沉睡会员、流失会员。存在状态主要根据最近一次购物时间来定义，比如1个月内有消费记录的定义为活跃会员，1~3个月内有消费记录的定义为游离会员。购物时间间隔是1个月、2个月，还是3个月，需要分析不同品类的购物习惯来确定，比如高血脂高血压药品是以28天为一个购买周期，婴儿奶粉以1~3个月为一个购买周期，纸巾、化妆品、白酒、牛奶、饼干等各不相同。

某消费品客户案例：

存在状态	时间定义
非会员	未注册
新会员	注册 1 个月内
活跃会员	1 个月内有消费记录
游离会员	1 ~ 3 个月有消费记录
沉睡会员	3 ~ 6 个月有消费记录
流失会员	超过 6 个月没有消费记录

客户的活跃度，可以通过互动提起来。比如，我们服务的某个零售客户，以首单消费为起点，定期进行交互，维持新会员活跃度。分类场景，按不同触发时点，和客户交互沟通。

2.4.1 周黑鸭：一起聊聊那些感兴趣的人和事?

支付即会员，客户下单成为我们的会员，怎么样让客户保持活跃度呢？我们来看一个案例：周黑鸭。

首先是积蓄会员的阶段。

线上购买场景，品牌提出“扫码注册，享终身福利”的口号。用公众号和微商城，增加二维码等流量入口。比如公众号菜单栏增加“粉丝专属福利”窗口，公众号图文也会出现“注册会员，领取5重福利”。而在商城首页，有会员专属福利，吸引顾客；商品详情页有“注册会员领优惠券”的标语；支付后弹出“注册会员，领取5重福利”，多次引导客户成为会员。

到店购买场景，为门店制作会员注册台卡，并派发每日会员数任务，借助排行榜等竞争奖励制度，刺激导购邀请客户注册。到家场景，借助包裹卡，印制“注册会员，领取5重福利”标语，刺激顾客扫码注册会员。为了做好会员管理，还可以在这些二维码上花些心思。比如，顾客扫码后可以自动为用户添加渠道标签，每位会员来自哪个平台，一目了然。用这一方法，品牌会员数量在两周内增长16.5倍。

有了会员是第一步，怎么让会员活跃起来呢？

针对长时间未下单会员，发送一张0元兑换产品的优惠券，并设置有效期为5天。针对未核销的优惠券，系统在2天后发出优惠券到期提醒；若顾客仍未下单，一周后，系统会推送产品秒杀活动。如此，重复刺激会员完成首次下单。

针对近期有下单记录的会员，下单后会收到下单感谢、产品食用提醒和储存建议。一周后，系统自动推送1分钱秒杀大额优惠券的活动，如果客户购买优惠券，但是未下单核销，3天后就会收到优惠券到期提醒。

用不断优化的客户关怀，品牌30天的复购率提升479%，复购周期整体缩短了1/3。系统是怎么分辨不同顾客，对不同顾客给予不同关怀的呢？其实，系统通过给优惠券设置领取标签，判断客户是否下单、是否领券、是否核销券等行为，已经实现了这些用户的分类分级。

扩大会员池，会员信息标签化，会员服务智能化，品牌消息个性化，聚合在线点单、到店核销、快递到家、外卖到家、社区团购等多个消费场景消费，通过系统将所有会员聚合在一起，分类分级做好会员全生命周期关怀，这不失是一个拉长会员贡献周期，提升会员贡献频次的好方法。

除此之外，异业合作也是个不错的方法。其精髓在于，找到你的顾客最感兴趣的点。

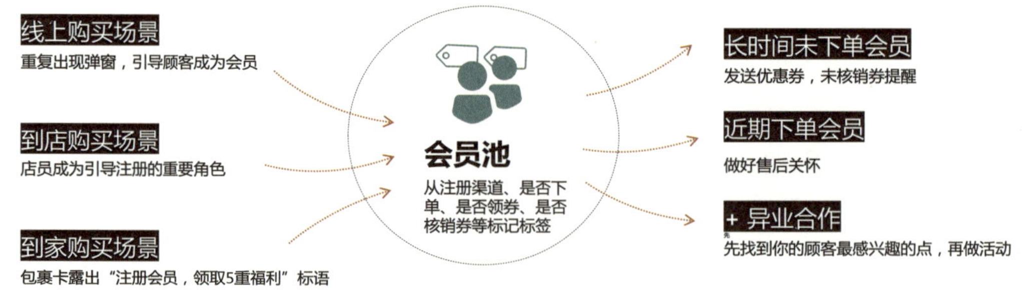

顾客感兴趣的是什么?

一次会员调研发现，某区域相当比例的会员同时也喜欢光顾某咖啡店，联合咖啡CXX，发起“咖啡遇上馋嘴零食”的异业合作活动，并在CXX的私域内发布活动海报，扫码添加“福利官”，就能免费抽取到爆款产品，再送15元代金券，活动启动仅一天，就带来了1万+新会员。

微信、支付宝是会员常用的两大核心支付场景。与支付宝合作，在会员中心、搜索框、猜你喜欢等流量位，投放小程序入口，用户感兴趣点开进入，可直接跳转到小程序店铺，完成下单。

再比如：近几年饮品新势力NXDC，会员通过小程序下单时，如不需额外纸巾或包装袋，减少的消耗可转换为7g蚂蚁森林绿色能量，通过品牌的影响力号召会员助力公益，也让用户体会到绿色消费的自豪感，提升了品牌好感度和用户黏性。活动发起后，不少粉丝通过微博发起评论说各种惊喜，很感兴趣也很支持这项环保活动。

此外，还推出包月优惠券等，让用户与品牌产生高频支付互动；投入生活号运营，将品牌最新信息与活动发布出来，提升用户留存，提高活跃度。

2.5 忠诚度，要客流且要客愿意留

再说第二个：忠诚度（Frequency）。

曾经合作过一个卖场，和店长沟通的时候，店长提到他们这个门店的客群定位为白领、骨干、精英群体，希望吸引更多这类客人到卖场购物。看了系列的门店运营、管理规划后，有一个方案引起了我们的思考：这个门店设计了16条购物巴士，也就是16条专线到各个小区去免费拉客户前来购物，希望能培养一批忠诚度高的客户。

在这里，我们很希望大家一起想想：门店的定位和购物专线这个方案是否匹配呢？有充裕时间，乐意坐免费巴士来购物的人是不是属于白领、骨干、精英群体呢？我们希望能在战略、策略、执行上体现一致性，围绕目标客群匹配营销服务。接着，我们来看一组数据。针对顾客渠道终端的购买行为，麦肯锡做过调研，发现新、老顾客购物行为中一些很有价值的数据。

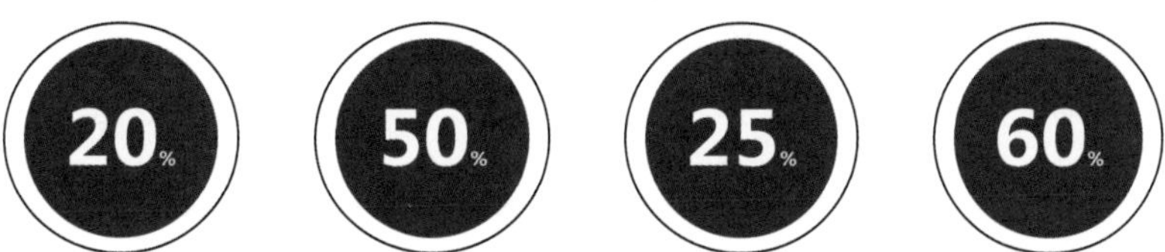

20%：留存一个现有顾客的费用是吸引一个新顾客费用的20%。

50%：向一个老顾客销售新商品的成功概率是50%，而向一个新顾客销售新商品的成功概率仅为15%。

25%：如果顾客的忠诚度下降5%，零售企业的净利润下降25%。

60%：新顾客受口碑影响，零售终端新顾客中有60%来自老顾客的引导推荐。

我们会发现：让老顾客持续到店购买，比不断培养新顾客划算。此外，数据背后隐藏一个重要基础，我们希望更多地服务有价值的客户，差别化对待不同价值度的客户，比无差别对待所有客户更划算。

针对不同类型的客户，我们要想一想，能做点什么事情，让客户留下来，让客户更愿意到我们这里来。我们给客户提供的是什么价值服务？

如果美团、大众点评等App，和到店支付是一样价格，我们会特意用App支付吗？不会的，因为微信、支付宝、刷卡等更方便。顾客是哪个更方便用哪个，除非有额外的优惠。那么作为商家，凭什么给App支付额外的优惠呢？相同的产品服务不行，套餐服务可以。也就是商家通过App获得流量，且这些流量集中性、规模化消费指定的套餐，因为量大了可以给优惠，而不是因为用了App支付给优惠。

在一个社区超市，假设有一份100元的优惠券，应该给到下面哪位客户？

张女士：过去两年平均每月来购物2次，每月总消费1000元，已经有28天没来购物了。

刘女士：过去两年平均每月来购物1次，每月总消费800元，已经有25天没来购物了。

优惠券应该是给张女士，还是给刘女士呢？ 给了其中一位女士，那另外一位女士怎么办呢？

一方面，资源应该给到有价值的客户；另一方面，资源要通过不同形式给到价值客户。资源包括价格优惠、赠品、增值服务、精力投入等有形、无形的内容。价格优惠最好给到有价值的，且想要优惠的客户；增值服务最好给到有价值的，且想要服务的客户。

结合前面分享的R活跃度，以及这里的F忠诚度，我们有一个R/F比值的基础应用。如果R天数>F天数，即上次购买迄今的天数，大于该客户的平均购买天数，则这个客户的流失风险开始增加，需要开始考虑启动预警、召回计划。在这类客户中，总交易次数高的，即忠诚度高的客户，是挽留的重点。

R：F<1——会员最近购买天数小于平均购买间隔天数，流失率低

1≤R：F≤1.5——流失风险增加，启动流失预警计划

R：F>1.5——流失率高，启动流失召回计划

某零售商案例：

类型	计划	内容
1≤R：F≤1.5	预警计划 侧重情	（1）专属服务：电话回访、到店专人接待、新品优先试用 （2）服务感知：个性服务，会员日、生日关怀礼包、积分兑换提醒 （3）免费福利：按摩体验、专项主题活动、凭短信免费领取某商品
R：F＞1.5	召回计划 侧重利	（1）惊喜折扣：直接代金券、重点节日大促折扣（四波十二浪） （2）产品优惠：分析顾客主要购买什么产品，提供该产品的优惠券 （3）价值预留：唤醒价值预留，满减优惠券下次使用

2.5.1 X彩妆：打造会员池，实现留客数智化

品类容量越接近天花板，品牌间的竞争越白热化，获客成本越来越高。X品牌就在这样一个品类中。在这里，用X彩妆代替企业名，尊重沟通过程中企业的保密需求。

为了留客，X彩妆开始搭建客户数据中台。中台通过了解顾客浏览、购买习惯，分析客户关注点、兴趣点，通过公众号推送、线上线下活动、会员忠诚度管理等提升顾客与品牌方的黏性，实现针对性的推送，精准触达顾客。构建私域流量池，提高顾客复购率。

为每个顾客，量身打造一份电子档案。在线上渠道，中台可以捕获顾客在微信商城、自建电商平台中的点击、浏览等行为，并对接企业现有订单管理系统，获取顾客在第三方电商平台中的订单信息；在线下渠道，中台与电子支付平台对接，获取消费者在线下门店的购物行为及订单信息，如果通过了顾客授权，还可以记录位置信息。

通过带参二维码、带参短链等方法，中台可以了解消费者参加了哪些活动、点击了什么产品等行为偏好，整合顾客信息形成统一的客户画像和行为轨迹。通

过捕获的消费者行为，X彩妆可以有效识别、了解、分析顾客。另外，也可以进一步帮助分析消费者来源和后续动向，进而优化营销流程。

对每个顾客，精准实现个性化触达。X彩妆的微信公众号粉丝数量有上百万，面对数量庞大的粉丝群体，每周的微信公众号群发便成了一大挑战。客户数据中台可以根据粉丝的行为、偏好等灵活地将顾客分为多个组，并保证顾客分组的唯一性。

同时，在分组后，中台将分组结果同步至微信后台，保证微信群发时的准确性。既可以发送个性化内容，又实现了高效的客户分类，保证顾客分组的唯一性，在30分钟内完成百万级粉丝的微信公众号群发，分组推送效率提升48%。

线上线下协同，构建全渠道会员运营体系。平台能够让线上线下的信息流动起来，帮助品牌零售企业实现跨渠道协同运营。在线下门店中，企业会通过用户扫码、人脸识别、WIFI热点等一些方式获取客户线下进店行为信息。品牌获取这部分信息后，可以实时对接导购员终端系统，例如企业微信，将进店的重要客户信息推送给门店导购人员，使导购人员可以第一时间获取客户多渠道历史行为和标签，及时了解顾客需求，并提供个性化的优质服务。

平台还可以根据企业的设定形成线上线下统一的会员积分体系，将消费者线上线下的所有行为根据规则进行积分转换。企业也可以在该模块中设定消费者等级及变化规则，在消费者达到不同等级时提供相对应的权益或服务，从而提升客户黏性。

2.5.2 花西子："御花园"会员体系，让"花伴"愿意留

运用微信服务号、小程序商城、视频号、会员以及企业微信，打造私域流量池，进行精细化用户运营，实现"用户共创，参与式开发"。私域构建以用户为

中心，从产品设计到后续的营销活动，都是围绕着用户展开的，这样的用户社区沉淀了一批与品牌共进退的核心粉丝。

微信公众号聚合了官方旗舰店、兑换商城和用户共创的入口。用户点开微信公众号后，通过较短路径可以直接入会领积分，参加签到、抽奖等积分活动，积分可以用来在商城中兑换奖品。会员通过商城，会对产品有初步了解；同时，注册发券引导用户进入官方商店下单，并沉淀到企业微信号；会员活动可以增加用户黏性，为共创做铺垫。

赏鉴伴护，构建御花园会员中心。会员分为四个等级，根据累计消费的金额增长可以不断升级。会员中心称为“御花园”，注册即可成为初级会员，即赏花官；消费金额超过1元后，升级为鉴花官；消费400元后，升级为伴花官；消费1000元后升到最高级，即护花官。为了持续激励用户，若一段时间内没有消费记录，还会有相应的会员降级。不同等级有不同的会员权益，如发放满减券、会员

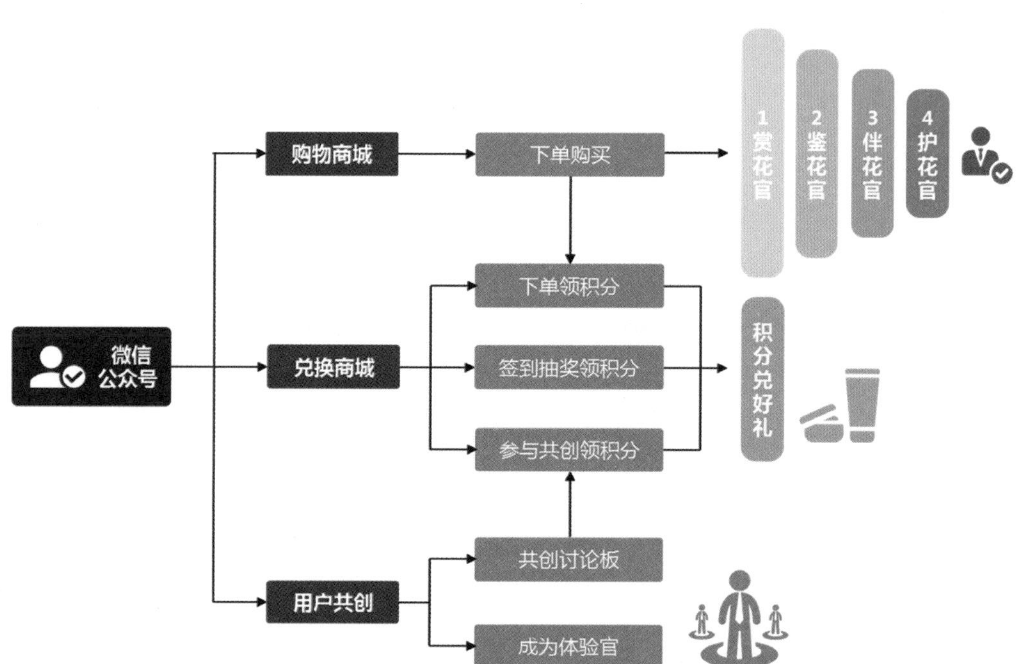

首购等，会员等级越高，权益和兑换的礼品也越丰富。

赚西子币，获得“花伴”专享礼物。积分可以通过注册、购买、签到、邀友入会、晒单、转发文章等多种方式获取，获得了一定数量的积分后，即可在积分商城中兑换商品。

平台互通，会员信息流通无间隙。天猫旗舰店、有赞购物商城“花西子彩妆”和“御花园”小程序三者相互打通，只需手机号一致，即可实现三方积分互通。借助积分体系，增加用户在流量池的活跃度，也利用现有的用户资源，帮助品牌裂变，吸纳更多新用户涌入。庞大的会员群及良好的互动机制，为用户共创、集思广益打造好产品提供了条件。

产品共创：品牌拥有10万+名产品体验官，追求“品质为王，尊重用户；慢工雕琢，快速迭代”。比如眼线笔2.0版本，产品配方调整200多次，招募几千名用户体验，回收了883份测评体验问卷，测评平均分高于4.5分后，产品才完成最终发布。

内容共创：通过投票等活动，鼓励用户产出优质的口碑营销内容，如发起各话题投票活动评选出最喜欢的产品，鼓励用户们分享妆容自拍，分享美好瞬间照片赢取蜜粉等。

品牌共创：推出了一系列活动，如30万元招募打假官，邀请用户“一起守护花西子”，消费者积极参与打假，“挖”出了多个假货销售店铺和假货产品，还有“花伴”分享了产品真假辨别攻略。

共创平台，依托社区运营、公众号与小程序运转。有群体、有环境、有机制，让“花伴”很好地留下来。标准化的产品，受众更广，品类总容量天花板高一些；共享共创定制类产品，品类容量天花板相对低一些，但做好、做强之后门槛更高。

2.6 购买力，要有钱且要愿意花钱

接着说第三个：购买力（Monetary）。

M购买力有不同的衡量方式，一是用周期内累计购物金额衡量，二是用周期内平均每次购物金额衡量。在分析会员消费等级的时候，常用的是周期内累计购物金额，也就是平均每次购物金额乘于购物频率。在分析会员客单价时，用周期内平均每次购物金额。在RMFL模型中，F考虑了购物频率，M更多应用为平均每次购物金额，M×F为周期内累计购物金额。

大部分品牌商，根据客户消费金额来设定会员等级，常见名称有：金卡、银卡、普通卡，黑钻、金钻、蓝钻。比如消费即绑定为粉丝，年消费金额在1500元以内的是普通会员，年消费金额在1500～3500元的是银卡会员，年消费金额在

3500～8000元的是金卡会员，年消费金额大于8000元的是黑卡会员。

例如，某日化企业会员等级划分。宽进严升，广撒网紧粘顾客、抓住粉丝，再通过优待礼遇等逐步培养顾客消费，扯动顾客积极性。

用户类型	解锁条件	对应待遇
雅粉	加入奢雅会	消费专享 1 倍积分 生日月首单消费享 2 倍积分 可参与雅致美妍服务、会员节等多重活动
蓝钻会员	入会绑卡并购买任意正装产品	消费专享 1 倍积分 生日月首单消费享 2 倍积分 可参与雅致美妍服务、会员节等多重活动
金钻会员	入会绑卡一年内累计消费不低于 5000 元	首次晋升获赠 1000 积分，赠分在升级后的第 3 天到账 消费专享 1.2 倍积分 生日月首单消费享 2.4 倍积分及明星体验装 2 件（免费到专柜领取） 可优享雅致美妍服务、白金沙龙、白金 SPA 服务等多重礼遇
黑钻会员	入会绑卡一年内累计消费不低于 10000 元	首次晋升获赠 2000 积分，赠分在升级后的第 3 天到账 消费专享 1.5 倍积分 生日月首单消费享 3 倍积分及专属黑钻生日礼物（免费快递到家） 可优享雅致美妍服务、白金沙龙、白金 SPA 服务等多重礼遇

购买力可以用不同指标去分析，至少可以包括单次购物金额、最高客单价、特价商品占比、高价商品占比等细分指标。比如：在购物金额相当的情况下，特价商品占比2/3的客户没有特价商品占比为1/10的客户优质；高价商品占比1/2的客户比高价商品占比1/10的客户优质。

我们来看下面的案例，你更喜欢哪一位客户呢？假如你只有一份100元的优惠方案，你希望给到谁？假如张女士、刘女士各有10%客户关怀预算，你希望怎么给到她们？

张女士：一般每月来购物2次，每月消费520元，特价商品占比为35%，她已经有13天没来购物了。

刘女士：一般每月来购物3次，每月消费996元，高单价商品占比为80%，她已经有9天没来购物了。

前面我们提到，资源应该给到有价值的客户，且要以适当的方式给出。

最高客单价	特价商品占比	高价商品占比
概念：在统计期内，每个会员的所有购买记录中，客单价最高值	**概念：**在统计期内，每个会员的总购物金额中，特价商品金额占比	**概念：**在统计期内，每个会员总购物金额中，高单价商品金额占比
作用：评估客户的购买潜力。最高客单价越大的会员，消费能力越强，购买潜力越大	**作用：**评估会员的价格敏感度。特价商品占比越大，该会员的价格敏感度相对高，对企业的价值相对低，盈利能力差	**作用：**评估会员的价格敏感度。高价商品占比越大，该会员的价格敏感度相对低，对企业的价值相对高，盈利能力高

一个人有钱，和一个人乐意花钱购物是两码事。市场中存在一类人，平时不来买东西，只在打折或特价时现身，而且只盯着引流产品，我们称之为“食腐动物”。用资源给这类客户做各类活动，辛苦大半天，纯属瞎忙活。

认识一位王阿姨，生活在广州，有几套房的同时存款至少八位数，按理说是属于有购买能力的人，但是对于这位王阿姨，其中一件乐事就是去各个菜市场比价鸡蛋，究竟是5元一斤，还是5.5元一斤？还同时比较这家市场鸡蛋大一点，一斤是7个，那家市场鸡蛋小一点，一斤是9个。有钱是购买力的前置条件，有钱且愿意花钱，才能带来高客单。

此外，除了销售额，还要考虑利润率。打折20%能吸引更多的顾客，如果初始毛利率为30%，也就是拿出2/3的毛利去打折，就意味着销售额要增加到原来的三倍才能获得一样的毛利额。那这个活动是初心吗？虚高的价签，定好的高标低卖价格策略设计除外。

前面有R和F的组合应用。在业务分析中，也可以用F和M组合应用，定位高价值客户。

西南某零售客户，将F购物频率定量分成三类：在一定周期内，购物次数大于9定义为高频，小于5则定义为低频，5～9为中频。

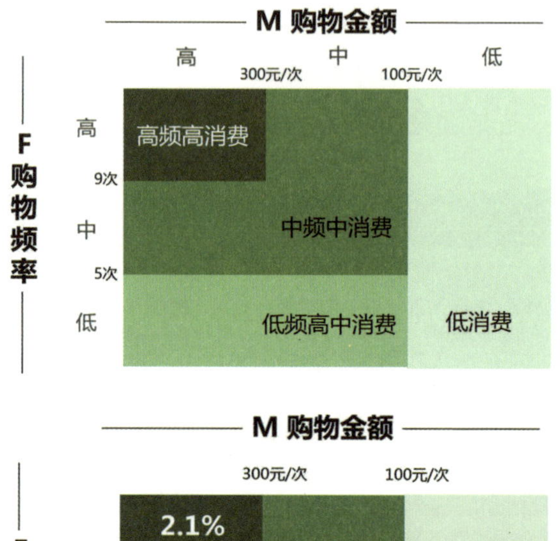

将M购物金额也定量分成三类，比如一定周期内，每次平均购物金额大于300元为高消费，每次购物金额小于100元为低消费，100～300元则为中消费。

这里的购买频率和购物金额，可以根据区域、品类实际情况调整应用。

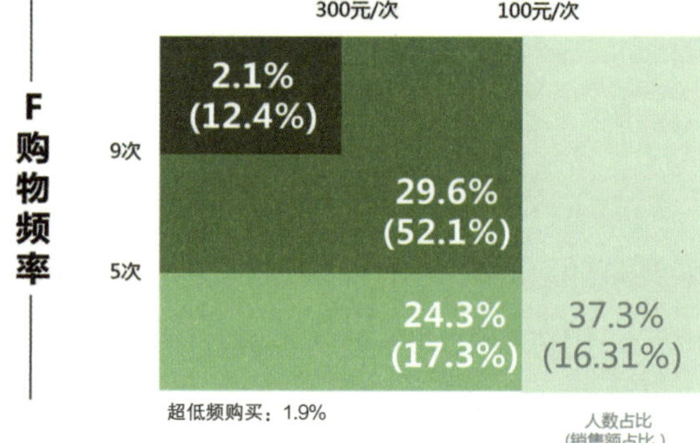

我们会发现：2.1%高频高消费的客群带来了12.4%的销售额，29.6%中频中消费的客群带来了52.1%的销售额，24.3%低频高中消费的客群带来了17.3%的销售额，37.3%低消费的客群带来了16.31%的销售额。

在此基础上，可以进一步将利润放到其中，分析出客群的经营情况。

大多数销售人员都明白20/80定律，知道将精力投入到产出更高的客群，以上矩阵分析法，是更清晰地定量呈现给大家。

2.6.1 饿了么：多一次点击，少20%成交

公司同事，午餐经常点外卖，遇到个典型的负面案例。A店，原本外卖配送均价30元左右，或许是老板觉得利润微薄，一夜之间，把店里所有菜品都涨了1.9元。

这种涨法，等于大声告诉所有客户，我涨价了！顾客会有什么反应？给A店

贴上标签，差评或者黑心。

饿了么上面有大量外卖小店，好些不一定能赚到钱。要想活下去，要么提高客流量，要么提高客单价。提高客单价，最简单粗暴的方式是产品涨价，这需要一些技巧，先来回答两个问题：是所有菜品涨价，还是部分菜品？如果一部分菜品涨价，怎样涨才合适？

引流产品不动价格，弹性产品、差异性产品考虑涨价。有定价权的产品，才有涨价空间。除此之外，代金券也是一个方案。如果A店的线上平均客单价是29.9元，在设置代金券时，怎么做满减？满24.9元减X元，还是满34.9元减X元？

如果A店想要提高客单价，一种选择是“满34.9元减X元”。有几种可能性。假设一，顾客会为满减凑单，再买一个15.9元的小食。假设二，顾客没有找到心仪的“凑单神器”，由于A店的午餐很好吃，那他可能会拉朋友一起凑单，两个29.9元，客单价提高了，还实现了拉新。假设三，最差的结果，顾客对代金券不感兴趣，还是往常的29.9元客单价，对A店来说，损失是0。

“满34.9元减X元”是送给A店的一阶宝典，二阶宝典是什么？阶梯式代金券，打出缤纷优惠组合拳，满34.9元减5元、满49.9元减10元、满69.9元减20元等各个层次的优惠券。买得越多，优惠越大，刺激消费者“买得多一点，还可以更多一点”。这样，客单价会更大限度拉高。同时满足新用户、复购、多人畅饮等需求。当然，提高客单价的目的还是赚更多，送代金券之前，要做好盈利核算。

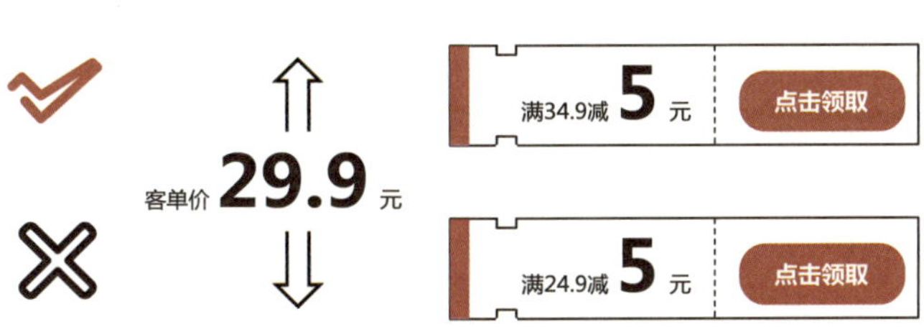

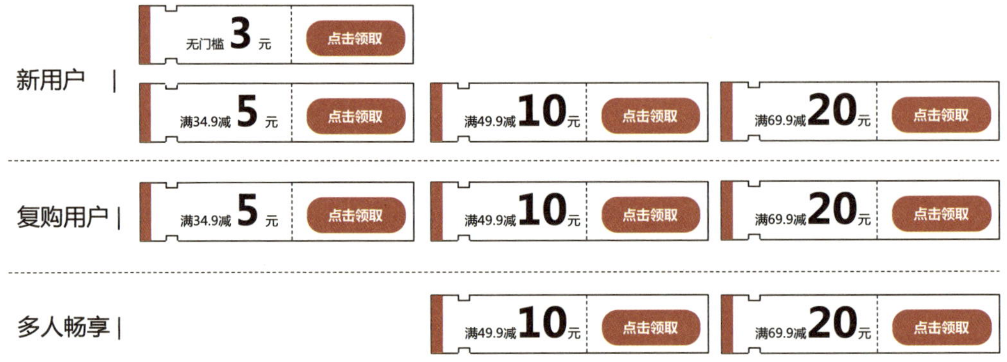

不管一阶，还是二阶，都在发代金券。那除了送券，还有其他方式吗？刚刚提到，小食是顾客的“凑单神器”，其实也是商家“顺便”提高客单价的好办法。

根据季节，推出饮品、甜点等，顾客“顺便”带走，店家轻轻松松提高了客单价。注意，选对小食产品，还很有可能提高整体的利润率。比如，一位做白领工作餐的店家，原来客单价为24元，推出9.9元180g水果切盒，客单价就提高了41%。再比如，一位卖麻辣烫的店家，原来客单价为24元，夏天增加一些清凉消暑的饮品，客单价变为36元，提升50%。

不过，如果只是简单把小食放到电子菜单，消费者则需要多一次点击动作。

要知道，多一次点击，少20%成交。也就是说，100位顾客中，假设50位想额

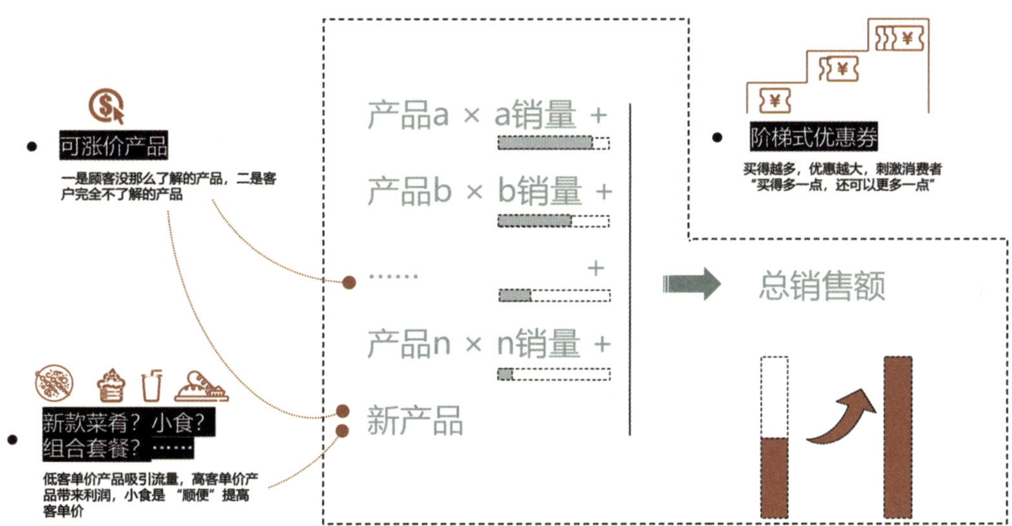

外点一杯12元的饮料，其中10位顾客或没有特别想喝，或因为价格原因，或考虑到卡路里，总之犹豫了一下，内心响起店家们最担心的BGM——“算了吧”，收回了要点击购买键的拇指，日营业额减少120元。

顾客的很多消费行为，我们是影响不了的，但幸运的是，关于这每天的120元，我们是可以影响的。既然“多一次点击，少20%成交”，那么反过来，我们可以帮顾客减少这次点击——搭配好套餐，供顾客选择。

里面的账，需要店家精算，套餐搭配什么，定什么价格，既让消费者喜欢，又让店铺有合理利润。

对于部分商家来说，产品的价格体系单一，没有梯度，也是客单价低的原因之一。可结合自己的产品优势，推出有竞争力、高毛利的中高价产品，从而带动店铺整体的客单价。什么是流量产品，什么是利润产品？店里的主要客单价在什么区间，有哪些“凑单神器”，有哪些特色产品，能让客户多点一个？能让客户点成总价更高的套餐？

2.7 贡献期，要贡献且要持久贡献

前面提到，会员可以用三种方式划分，存在状态、消费等级、综合价值。

存在状态，分析的是会员活跃程度、互动频率。一个客户每天都来，我们认为活跃度很高，但活跃度很高，不一定消费能力很强，比如每天来，但每天只消费一元。

消费等级，分析的是会员周期内累计消费能力。一个客户在我们这里花费高，我们认为消费能力强，但不一定来的频率高，比如一次消费一万元，但一年就只来了一次。

综合价值，则是综合考虑活跃度、忠诚度、购买力、贡献期后的打分，是对会员综合价值的判断，下图是一个案例。对于品牌商、零售商而言，销售额=客流量×渗透率×

转化率×客单价×复购率。活跃的客流重要，足够的客单价也很重要。可以根据各自品类特点、企业特点，赋予不同的权重来使用。

分数	R 活跃度	F 忠诚度	M 购买力	L 贡献期
	最近一次购买	年购买频率	每次平均金额	开始购买至今
20 分	12 个月以前	0	0	半年内
40 分	6 ~ 12 个月	1 ~ 4 次	0 ~ 100 元	0.5 ~ 1 年
60 分	3 ~ 6 个月	4 ~ 8 次	100 ~ 300 元	1 ~ 2 年
80 分	1 ~ 3 个月	8 ~ 12 次	300 ~ 500 元	2 ~ 3 年
100 分	1 个月	12 次以上	500 元以上	3 年以上
权重	10%	30%	40%	20%
总得分	80 ~ 100	60 ~ 80	40 ~ 60	40 分以下
价值分类	超高价值	高价值	中价值	一般价值

分数及权重，可以根据企业、品类的特点进行调整，以上只是某个快消品类的参考。

会员1
最近购买时间：6~12个月
购买频率：2次
每次平均金额：30元
会员注册日期：0.5年内

会员2
最近购买时间：1年前
年均购买频率：1次
每次平均金额：120元
会员注册日期：1~2年

会员3
最近购买时间：1~3个月
年均购买频率：9次
每次平均金额：420元
会员注册日期：1~2年

会员4
最近购买时间：1~3个月
年均购买频率：2次
每次平均金额：600元
会员注册日期：2~3年

会员5
最近购买时间：1个月内
年均购买频率：13次
每次平均金额：1200元
会员注册日期：5年前

会员1：40×10%+40×30%+40×40%+20×20%=36　会员2：20×10%+40×30%+60×40%+60×20%=50

会员3：80×10%+80×30%+80×40%+60×20%=76　会员4：80×10%+40×30%+100×40%+80×20%=76

会员5：100×10%+100×30%+100×40%+100×20%=100

会员5：超高价值；会员3、会员4：高价值；会员2：中价值；会员1：一般价值。

会员综合价值的高点，指引着资源的投入优先级。当然，我们尊重每一位顾客，我们更希望和客户持续成长，期望给客户提供一个方案，一个陪伴成长的方案，最好在不同的阶段都提前给客户想到，并且设计好。接下来，我们看几个不同品类的陪伴旅程。

以上是某个母婴产品，从品牌与客户初次相遇、首次体验、喜迎宝宝到最后共同成长。在不同的里程碑设计触点，和客户持续接触互动。

儿童玩具产品，根据孩子不同阶段，匹配年龄段心理需求，设计匹配的玩具产品库。打动父母的出发点，是更好地挖掘、训练孩子的潜能。卖的不仅是玩具，更是孩子的能力训练。

比如：1～1.5岁年龄段，陪伴玩乐，关爱成长，有哪些互动游戏？钓鱼类、叠叠乐、洗澡玩具、海洋船等。针对婴儿的各个场景，有什么语言刺激方法，有哪些认知方法？故事机、布书、挂图。1.5～3岁年龄段，有哪些自理项目，有哪些动手积木，有哪些形状逻辑互动？3岁+年龄段，动手又动脑，让孩子更聪明的创造力、想象力游戏有哪些？ 电子拼图、雪花片、魔术扣、七巧板。有哪些陪伴玩法，有哪些社交互动游戏？5岁+年龄段，有哪些控制能力互动？控笔套装、夹夹圈。有什么能开发交流互动语言？

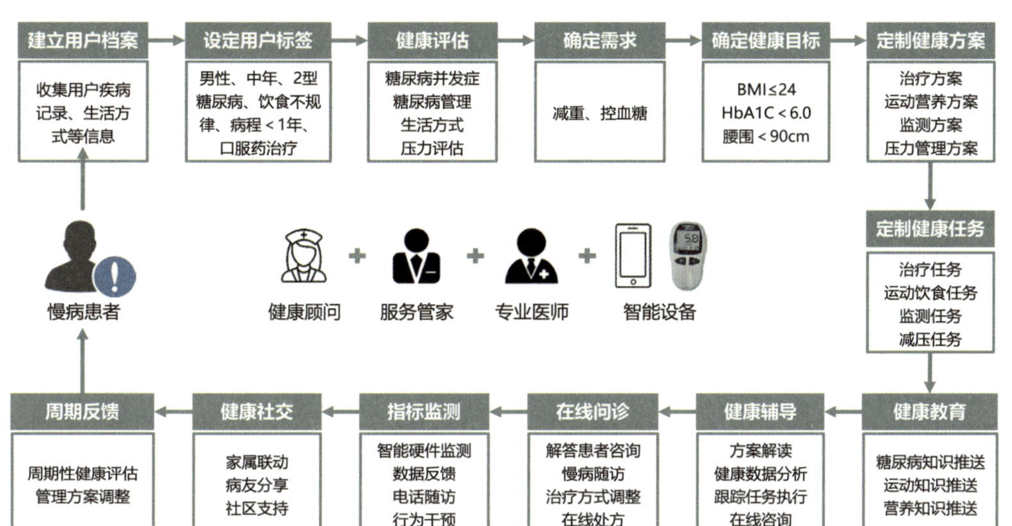

以上是某个医药产品，给客户一个周期服务方案。从建立用户档案、健康评估，到确定健康目标、定制健康方案和健康任务，定期给出周期反馈，帮助客户建立健康管理的闭环。

2.7.1 W母婴店：“引—接—沉—裂—存”做好CRM

在目标用户活跃的互联网空间里，打造数字化触点矩阵，持续接触，持续互动。

开设天猫旗舰店，布局抖音、小红书、微博等内容平台，打造以社群为核心的微信运营矩阵，独立开发App。通过电商平台和内容平台导入公域流量，社交平台和自有App实现流量的转化、沉淀和裂变。全渠道会员管理，运营社群。

流量打法，可以用“引—接—沉—裂—存”五步来总结。

首先，通过线上线下触点及异业合作导入全渠道流量；然后，引导用户关注公众号、绑定小程序、下载App承接公域流量，将“流量”转化为“留量”。

在用户首次打开公众号、小程序、App的界面后，都会弹出一个醒目的“进群领福利”的端口，通过员工个人号邀请的方式引导用户进群，用户进群之后通过后台信息采集，最终将用户沉淀到秒杀群、育儿群、孕妈群等不同类型的社群中精细化管理。

进一步，零售运营通过数字化手段，自动触发裂变机制，邀请用户参加助力领现金、拼团领券、下单分享赚红包等活动，以社交关系为纽带，引入会员自带流量，典型的“拼多多”式玩法；最后，通过日常会员互动、福利派送、内容分享等方式，维持社群活跃度和转化率。

互动产生情感，情感产生黏性，黏性带来忠诚，忠诚带来价值。

公域转私域，提升用户黏性过程中，育婴顾问扮演了重要角色。专业育婴顾问，持有国家人力资源和社会保障部颁发的育婴师证书，在服务时更专业。线下门店人员，要求八成是专业育婴顾问。

除员工专业性外，互动也是提高顾客黏性、培育粉丝的重要手段。当顾客成为会员以后，会被分到特定育婴顾问名下，从此以后，育婴顾问将通过社交工具与顾客一对一互动。

育婴顾问的收入与其管理的会员数量、消费额和活跃度直接挂钩，所以育婴顾问和顾客沟通是非常积极的，且一对一服务可以大幅提高顾客的信任度。一个

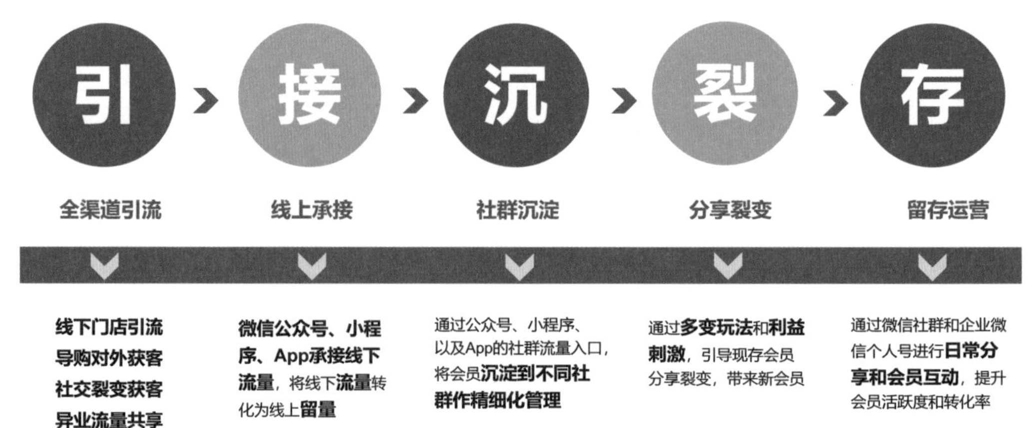

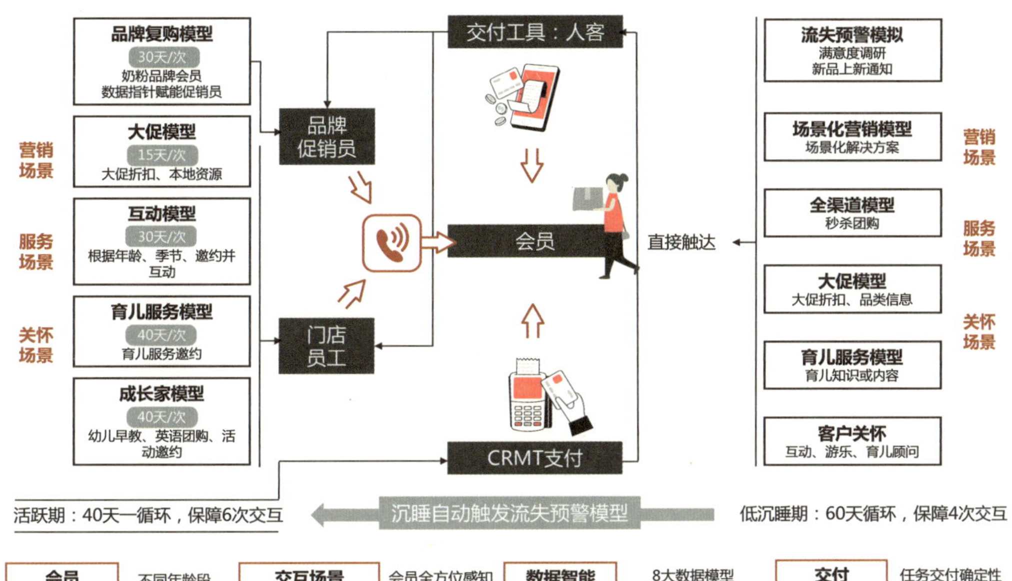

顶尖的顾问，比刚入行的顾问年营收高10倍，年营收超千万元。

在会员管理方面，专门为员工打造了一套“人客一体”的数字化交互工具。该工具会通过数据化分析，每天给育儿顾问提供客户关系维护建议等，帮助员工高效管理会员。应用管理工具，一位顾问可以服务超300个会员客户，平均人效超百万元。

该工具基于三大场景（营销场景、服务场景、关怀场景）和九大模型（品牌复购、大促折扣、邀约互动、育儿服务、成长教育、流失预警、场景营销、秒杀团购、关怀认知），根据用户画像和活跃度，智能匹配交互频次和交互场景。

利用数字中台赋能，把线下导购升级为数字化内容分发终端，全渠道持续触达客户，打造“无界”运营模式，拉长用户旅程，从而实现单客经济提升。

常见事项问答清单、优惠资源分享系统、客户个人画像标签、会员历史购物行为、育儿顾问建议等，顾问使用工具可以随时了解会员的活跃情况，进而与会员进行精准互动，维系会员关系。触点更多，客户感受更好、体验更佳，生命周期会更持久。

03

第3章

货：品效质变

3.1 定价倍率越小，产品竞争力越强

定价倍率，简单来说，就是产品零售价除以产品成本。比如，一瓶洗发水成本价是10元，零售价是50元，它的定价倍率就是5。定价倍率越小，在渠道中运转的成本就越低，客户拿到产品的性价比就越高。

比如近年来，私域、微商等盛行的品类如护肤、彩妆、酒、保健品等，在原有的运转模式下，都有较大的定价倍率，大多数都在5以上，甚至达到10。很多微商都号称厂家直供，省去了省代、市代、终端的层层加价，以更低价格将同样的商品配送到客户手中，商品价值更多地转移到消费者身上。

相同的产品，渠道更短，定价倍率更小，在客户面前

一瓶肌底液的价格组成

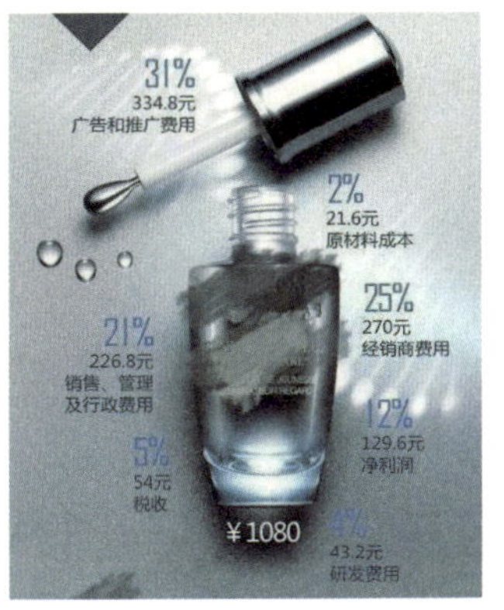

传统经济的定价倍率

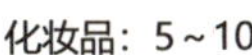

小家电：3～5

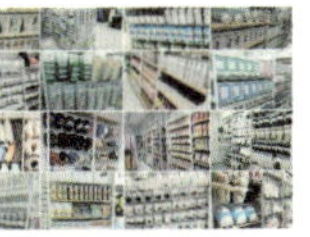

日用百货：5～10

短路经济的定价倍率

完美日记：≈3

小米有品：≈1.7

名创优品：<2

的竞争力就更强。这也是私域在和传统经销、分销业务竞争中，存在短路经济模式红利。

进入短路经济模式的玩家，一般会优选单件价格高、定价倍率大、标准化交付易的产品。产品能直达客户意味着产品需要足够标准化，通过更短的利益链供应产品时，不会让客户觉得价值损失。比如一份有品牌背书的面膜，一箱有品牌背书的白酒。

但，不是所有的产品都适合缩短利益链，缩小定价倍率。服务不可减，信任减不了。

因为有些产品，在渠道覆盖中，每一层的服务价值都难以替代，服务本身就是产品的一部分。比如矿泉水，水和瓶本身成本很低，定价倍率高，但利益链也难以缩短。因为渠道配送深度覆盖到不同渠道本身就很有价值，给客户带来的便利性是产品的重要属性。越是需要渠道参与服务的产品，利益链越难再短。又比如翡翠玉石，直达客户成交难度会大很多，或缺乏高质感销售场景，或缺乏经纪人直达心扉的互动沟通。

3.1.1 模式：创新是为了给客户更高性价比

在市场中，存在着ODM（Original Design Manufacturer）、DTC（Direct To Customer）、C2M（Customer-to-Manufacturer）、OEM（Original Equipment Manufacturer）等不同生意模式。

每一种模式，都在满足着一个细分群体的需求。不管哪种模式，最后都会回到营销的本质：以客户为中心，不断优化供应链，让客户拿到性价比更高的商品。在这里，抛一个问题供大家思考：以客户为中心是以消费者为中心，还是以购物者为中心？接下来，简要分享几个模式。

ODM和OEM都是“代工”，甲、乙双方合作，乙方是委托方，甲方是代工方。OEM模式，一般是甲按乙的要求，生产制造产品。在生产产品的整个过程中，甲只负责产品的生产和制造，乙则负责产品生产制造之外的其他工作（如产品设计、营销等）。ODM，则甲也包括设计职能。

网易以“精选的一线品牌ODM制造商商品”为切入点，减少客户挑选成本的同时，保证商品品质。在自身时间精力有限的情况下，“买手制”快速扩展品类。

一方面，丰富的商品已经从刺激消费的兴奋点变成了一种挑选负担；另一方面，为了获得较好的品质保证，大部分情况下只能选择高溢价的商品。网易解决的正是这两个痛点，抓的是中产中有悦己消费观的群体。满足的这群新消费者，已经从拥有大品牌而获得羡慕认可，从而获得自信的心态，转变为自我主张，悦己的消费心态。社会越发展，越文明，越多元，细分群体的生意机会越多。很难再有，一招鲜吃遍天。

线上起家的好些品牌，最开始都用DTC模式，比如完美日记。直达客户，品

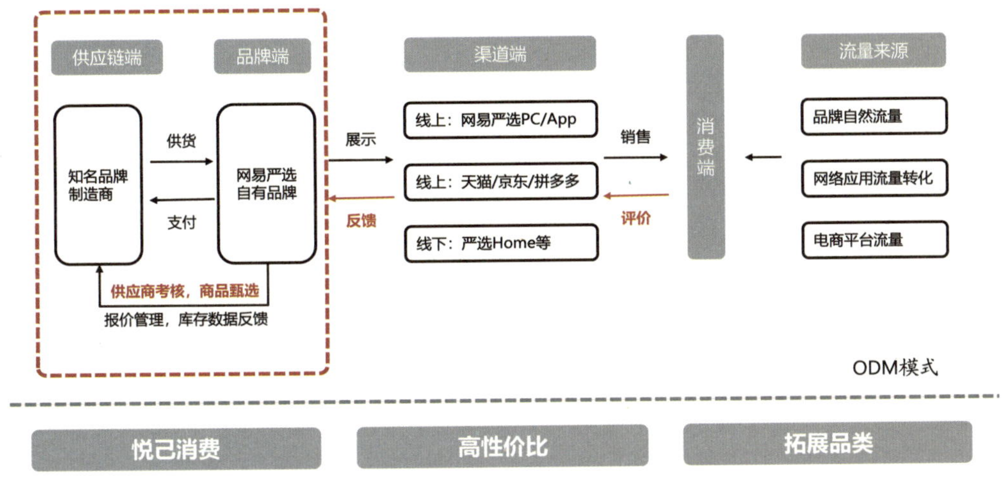

牌方和消费者建立直接联系，要求品牌方在承担产品研发、生产、供应的同时，自建零售生态。从2B的批发思路，转变为2C的零售思路。此模式走通的关键在营销资源一定的情况下，保持客户持续增长，保持客群稳定。关卡在：要求以内容营销高效链接客户，以差异化体验服务客户，以有竞争力产品黏住客户。

疫情发生以后，很多企业都在用数字化方式链接客户，运营私域，抓住生意。这是快速测试市场，应对需求不确定性的很好方式。这正在引领渠道质变，加速重构市场渠道版图。

供给侧的数字化，会加速“模块化”趋势，什么意思？现在是一个全民在线的数字时代，我们的产品可以通过在线直播，整个产业链条的多个环节，比如运营环节、交付环节、流通环节、售后环节都可以进行高效的模块化分割。数字化加速了行业的模块化趋势，从而造成了行业的利润迁徙。要么走上游，通过技术创新，主抓核心技术；要么走下游，主抓客户客情。对于绝大多数的中小企业来说，不一定有科技创新能力，那就抓住用户，渠道为王，利用一些数字化工具进行DTC模式的设计和运营。

怎么抓住用户，怎么进行有效的DTC？在数字时代背景下，如何重构品牌和

用户关系？有没有和用户链接的能力？有没有每分每秒都在沉淀数据资产？有没有通过这些数据，了解品牌和员工关系、品牌和客户关系、员工跟客户关系？

C2M模式，是一种工业互联网电子商务商业模式，是短路模式的代表。客户直接链接工业制造，链路足够短。该电商模式，最早由必要商城创始人毕胜提出，并率先在国内进行实践，如今该模式已被应用于诸多行业和领域。

品牌商建立数据库，且生产、研发、营销、财务等不同数据库打通，最大限度满足客户的个性化需求。比如，红领定制用数据库记录客户的量体数据，将客户个性化需求以统一标准迅速数字化，工艺数据库和款式数据库则帮助产品生产进行更细致优化。

以西服为例，消费者可按自身喜好，在500余种驳头领型、20余种衣扣排列、30余种后背型、20余种袖型、30余种袋型，以及刺绣、领标、袖标、胸绳等各部位细节上自主搭配选择，选购到高度个性化的定制产品；同时，公司版型逻辑匹配规则能够覆盖不同身高、体型、肩宽的个体。

红领RCMTM系统（Red Collar Made To Measure） C2M模式

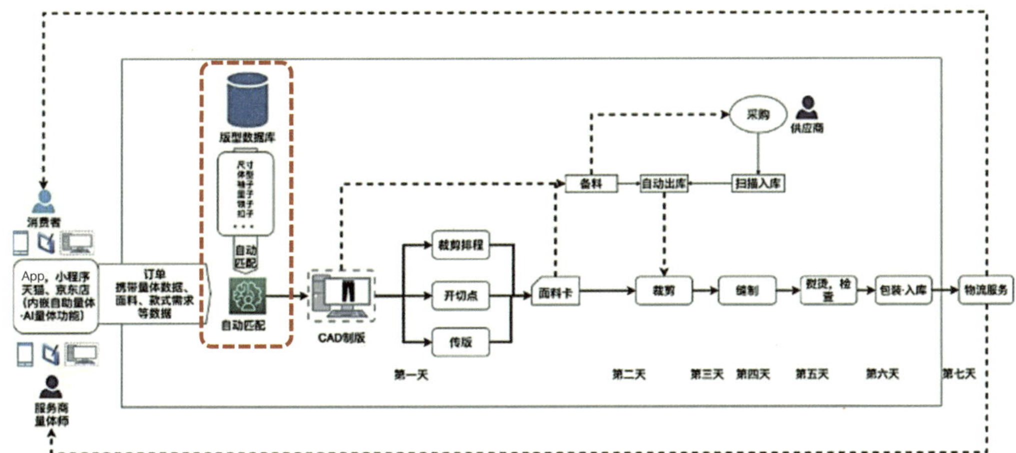

构建完善智能生产体系，实现制版、排料、断料、裁剪、制造、分拣等制造环节高度自动化，不仅突破制版速度对量产定制服装的约束，使服装定制能够大规模工业化生产，同时也提升了材料利用率，缩短了产品交货期，降低了库存和资金的占用率。

C2M模式，删减了库存、物流、总销、分销等一切可以短路的中间环节，砍掉了包括库存在内的所有不必要成本，让用户以低价格购买到高品质产品，让制造直接面对需求。

3.2

一盘货，让供应效率再上一层楼

将货物更短链条、更高效率地送到顾客手中。以前是厂家、经销商、二批商、终端、顾客，供应链一层一层不断传递。在全渠道供应到来后，顾客认知、体验、支付、收获可以在不同场景完成，更高效率的供应方式也同步出现。

一盘货供应模式的各种衍生不断涌现，至少包括实体一盘货、虚拟一盘货、虚实一盘货三种情况。

实体一盘货，物理意义上的合并，将经销商等渠道实体的仓储供应打通，比如将100个仓储合并为10个仓储仍供应目标区域；虚拟一盘货，平台上的数字合并，实体货物还在原来的地方，因为知道在哪里，供应效率也会大大提升；虚实一盘货，物理打通伴随着虚拟合并，全渠道各环

实体一盘货

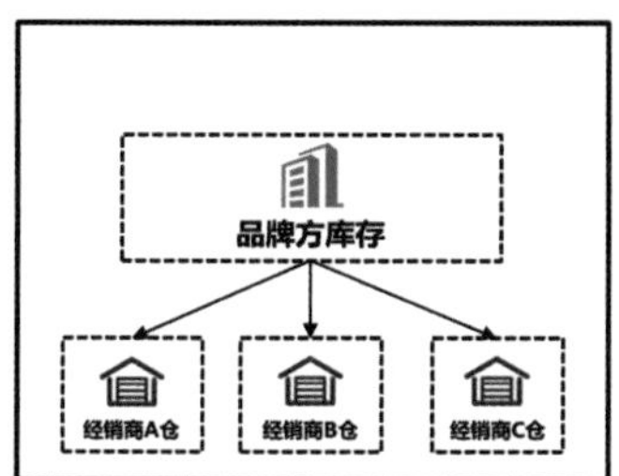

- 仓储面积整合，搬运次数降低
- 配送距离减少，配送次数降低
- 库存透明可视，信息真实可信

虚拟一盘货

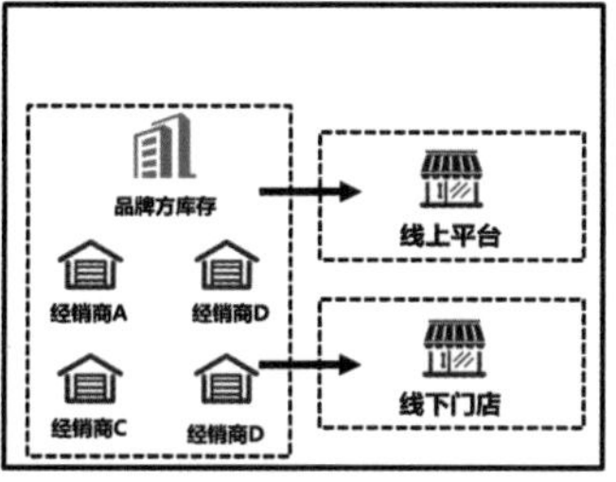

- 库存周转天数降低
- 降低库存/收入占比
- 快进快出（呆滞降低）

虚实一盘货

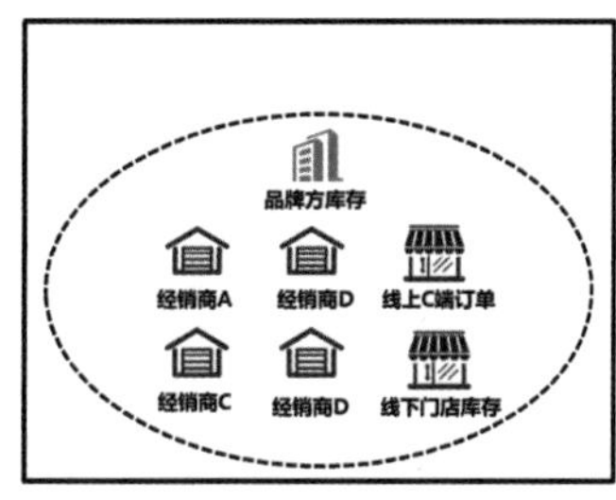

- 线上线下商品融合（SKU同价）
- 渠道扁平化，代理商向运营商转型
- 更好地帮助客户接触其客户

节进销存打通，全区域、全网各触点都能动态掌握各产品的仓储信息。不管怎么分，都只是个概念，在企业的实际应用中，还有各种供应模式的变化，最终目的都是为了实现整体效率的提升。

案例A：伽蓝，实体一盘货。以旗下品牌“自然堂”作为先锋队伍，发起“一盘货”模式。具体而言，就是在全国范围内建立分仓，除少数直营渠道外，代理商进货转移到全国分仓。在配送方面，由第三方合作物流，根据终端订单，进行资源调节、高效配送。

一盘货互通，一眼可视化。在1.0阶段，将全国经销商数量从800+优化成100+，经销商还是负责货物配送。在2.0阶段，在全国建设10个以上配送中心，库存都在配送中心内并由配送中心负责送货，而各地配送中心所属经销商则负责订单资金流、信息流传递。

结合数字化系统，品牌商可以准确获取各地经销商、各地配送中心的货流数据、资金流数据、信息流数据，形成高度透明的可视化信息，供企业本身调节分销策略。随着供应链效率提高，已实现总部信息24小时内触达全国各地4万+终端，同时针对1000万名会员，实现36小时产品配送。

案例B：蒙牛，虚拟一盘货。客户在支付宝领券买牛奶，客户所面对的支付宝界面、菜鸟平台是所有经销商仓库数据的汇总平台。平台没有实物库存，只有虚拟库存，实物库存还是在各个经销商仓库里，平台接单后再分配到合适的经销商。

首先，接入全国1500多个核心经销商库存，把经销商库存数字化、共享化。然后，客户下单，可以使用优惠券。智能的供应链系统，将订单自动分配给距离最合适的经销商。经销商打单并包装后，将包裹送往就近的快递分拨点，同城派件。

经销商收到订单，拣货、出库、送货到快递站在4小时内完成，2小时内揽收送达，全履约过程约6小时。这种创新玩法，不仅没有触动经销商利益，反而帮经销商清理了库存，实现了商家与经销商体系“库存云打通”，仅一个活动期，就卖出数百万箱牛奶。

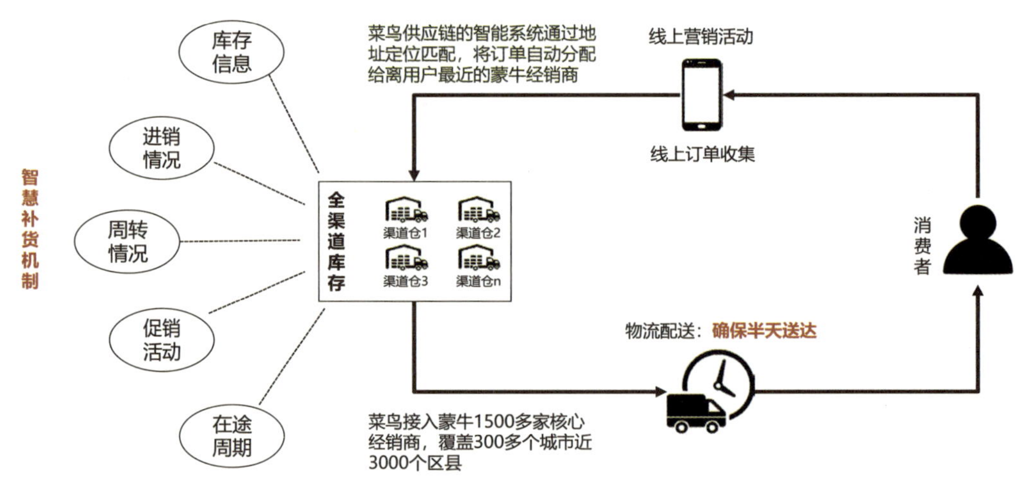

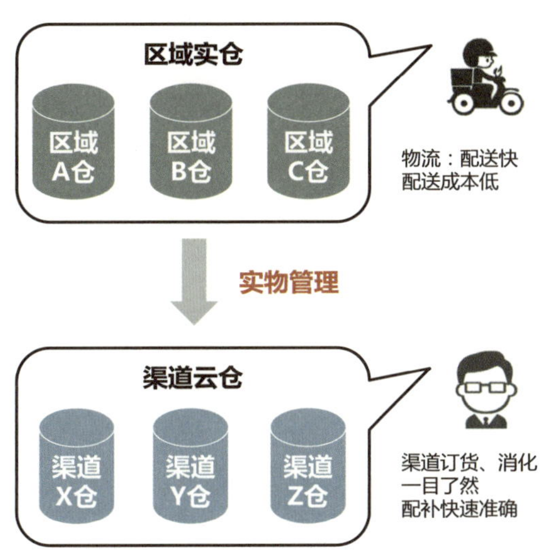

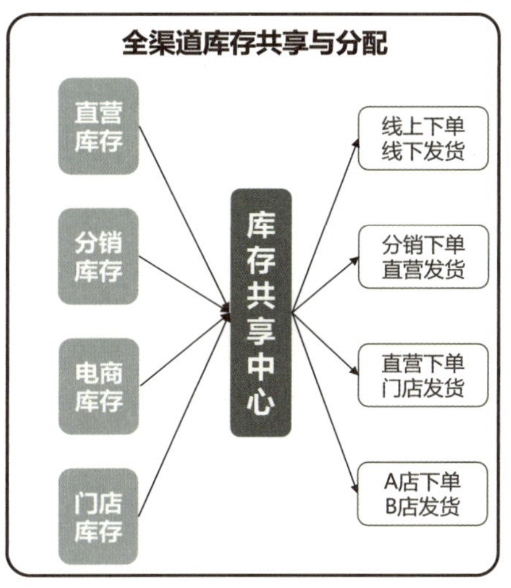

案例C：安踏，虚实一盘货。初期，工厂订单生产按月进行，再配送到品牌指定仓库，然后到经销商仓库，仓储配送成本居高不下。后来，采用虚实仓机制，在全国四个区域设一级实仓、数十个渠道云仓。商品统一在一级实仓，全国各地经销商大多不再有实体产品库存，有实体库存的，金额也很小。仓储商品信息，由库存中心集中管理，各业务需求方登录网络平台，管理各自进、销、存数据，仓储人员进行实际产品出入库操作。在这个变化过程中，经销商职能也发生了变化，从过去代理商、配送商、服务商转为现在的运营商。

采用虚实仓后，打通直营、分销以及门店库存数据，实现渠道库存共享和分配。库存共享中心可以满足各种履约场景，更大程度上提升购物体验和履约效率。比如：客户在线上下单，库存共享中心可以安排就近门店发货；双11大促期间，品牌商库存不能满足订单需求时，可以调用经销商库存进行订单履约。

当顾客走进终端门店，如果没选到心仪款式，或者缺少合适的尺码，可以在云货架上挑选自己想要的。点击下单，库存共享中心可以查询附件有货门店，直接发给客户。在业务中台，也可以实现多方利益分配。

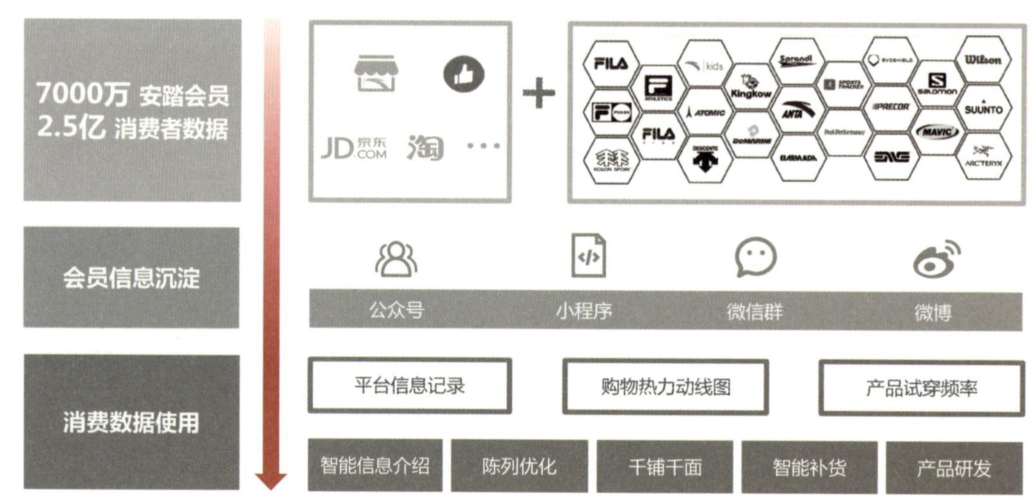

案例D：某快消品企业，在供应链上创新，实现供应商管理数字化、补货数字化、物流数字化。

供应商数字化，为客户提供订单、销售、结算、开票、自动化对账等服务，用电子价签方式实现产品在线化、活动在线化、用户需求及评论收集，智能推荐商品，实现物流、信息流、资金流在线处理。

补货数字化，用系统实现自动化、智能化补货。根据产品采购时间、产品库存情况、历史销售清单、门店销售情况、在途订单信息、仓储配送信息等因子，

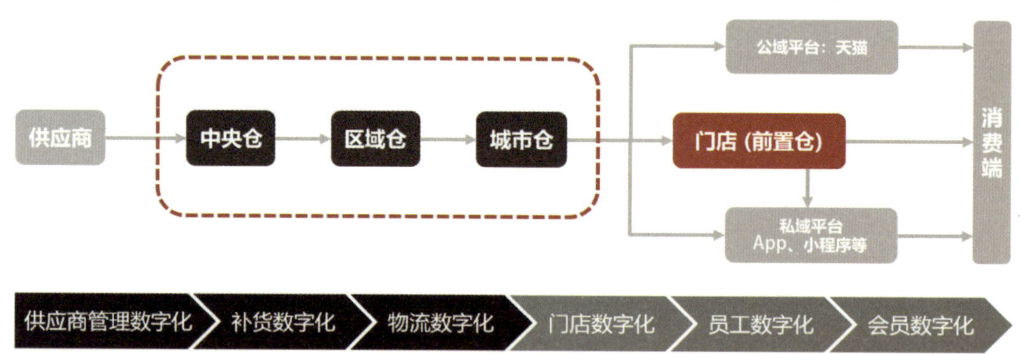

形成采购订单、配送订单，满足线下终端的日常销售、补货需求。

在物流数字化上，依据门店的分布情况，建立了包括中央仓（CDC）、区域仓（RDC）和城市中心仓（FDC）在内的三级仓储体系，同时将门店视为前置仓，以满足线上、线下全渠道融合发展需求。打通B2B、B2C、O2O、线下门店等不同渠道的库存，有效提高仓储管理效率和配送时效。

3.2.1 蒙牛：应用千电仓在前线安营扎寨

蒙牛，为了实现在多个城市深度覆盖，提升货物配送效率，结合数字化系统，打通了线上线下，在全国范围内搭建了“千电仓”网络（是的，是千电仓，不是千店仓）。模式关键是筛选符合条件的门店，将其建设成“前置仓+售卖点”，结合线上、线下双链路，致力于全面实现高效新零售。

以点带面，前线安营扎寨。

为了覆盖周边传统小店，以及提供附近到家配送服务，从液态奶品类出发，

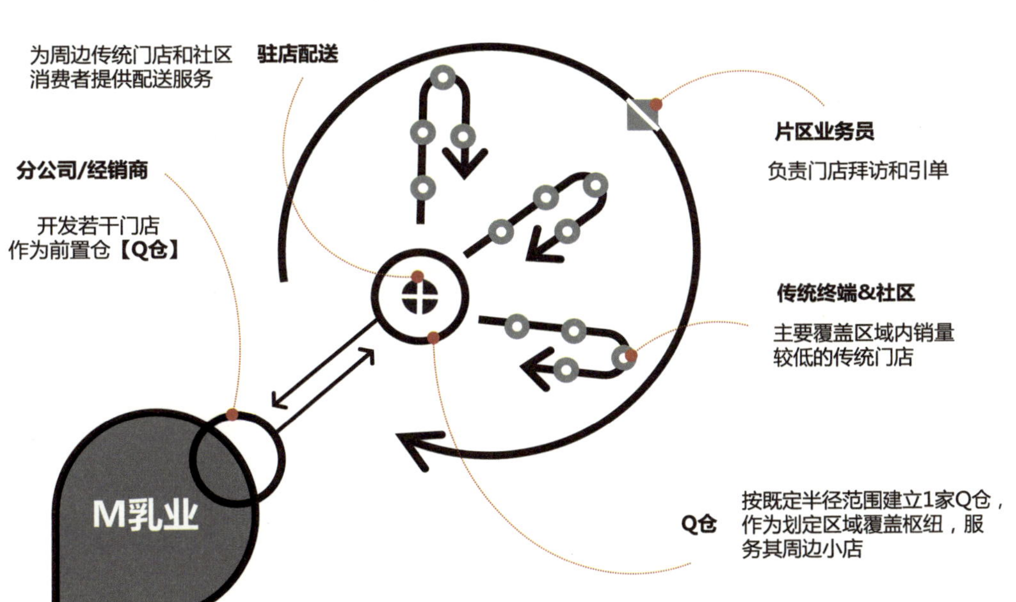

动员分公司、经销商参与到千电仓开发中。具体开发逻辑，是以生鲜水果店为主要载体，每3~5公里半径开发1家，每个仓覆盖50家以上、300家及以下的销量较低的CD类传统门店，呈“散点状”划分区域，覆盖枢纽点。

千电仓，占用店面一小部分面积，品牌商和经销商给予门店约20%的月租金作为补贴金，并且为每个仓配置一名配送员，负责店内产品销售、周边门店配送和附近社区的到家配送，打通线上、线下业务。

进货方面，配送员和门店共用平台向公司进货，结合大数据分析，调节物流配送，降本增效。门店盈利来自三部分：产品零售价差、产品外送价差、位置占用补贴金。这种“安营扎寨”到前线的分布模式，为渗透率很高的液态奶分销提供了很好的据点。

分工明确，协同作战取胜。

此模式涉及两种重要人员：配送员和片区业务员。品牌商在业务人员职能设计时，制定一系列业务规则，避免双方利益冲突，激励双方合作共赢。

一方面，配送员通过“终端拜访系统”向公司下单，在货物配送到仓后，负责向5公里范围内的CD类传统终端送货，并给周边社区消费者提供到家送货服务，每月除了有品牌商支付的底薪外，还能赚取2~3元/件的产品差价和每件产品3元的配送费，月收入平均可达1万元以上。

另一方面，片区业务员主要负责门店拜访和引单，通过“终端拜访系统”将大店的订单传回总仓配送，小店订单则交由千电仓配送员配送。1名片区业务员负责的区域内，一般会开2~3家，而区域内千电仓的进货量，也会算片区业务员的销量和绩效。

千电仓布局最初在上海，推出不久后得到良好市场反馈，之后推向“1+25”城市千电仓布局计划，在全国多地发展“租位作仓+配送服务+业务加持”的模式，为下沉覆盖、深度分销助力。

如今，消费品市场的很多品类都处于饱和供应状态，只有当客户亲眼看到、接触到具体、形象的产品时，才能激发其消费需求，察觉其潜在需求。

3.2.2 良品铺子：购物者在哪里，货就在哪里

2022年初，良品铺子线下门店约3000家，分布于20多个省/自治区/直辖市。从仓库到经销商再到门店，全链条式整合库存信息。寻求为客户提供多触点、便捷化的多场景购物方案，开启全渠道增长模式，期望实现：购物者在哪里，货就在哪里；购物者想买，就能买到。

全渠道数据整合，打通全渠道库存信息，实现“全货通”，经历了三个阶段：首先，数字化系统将各个渠道底层数据收上来，具备基础的数字化能力；其次，将多渠道的归总数据进行清洗、整合、建模，得到全盘有效数据；最后，将线下门店改造成数字化门店，实现全渠道线上、线下融合。

在货物供应上，互通就是效率。在采购端，国内、国外原料供给端较为稳定。在销售端，存在波动性，比如电商或门店促销使得销量激增，这给前端供应生产（数量、质量和交货期）都带来了明显挑战。为了缓和波动性的供需矛盾，

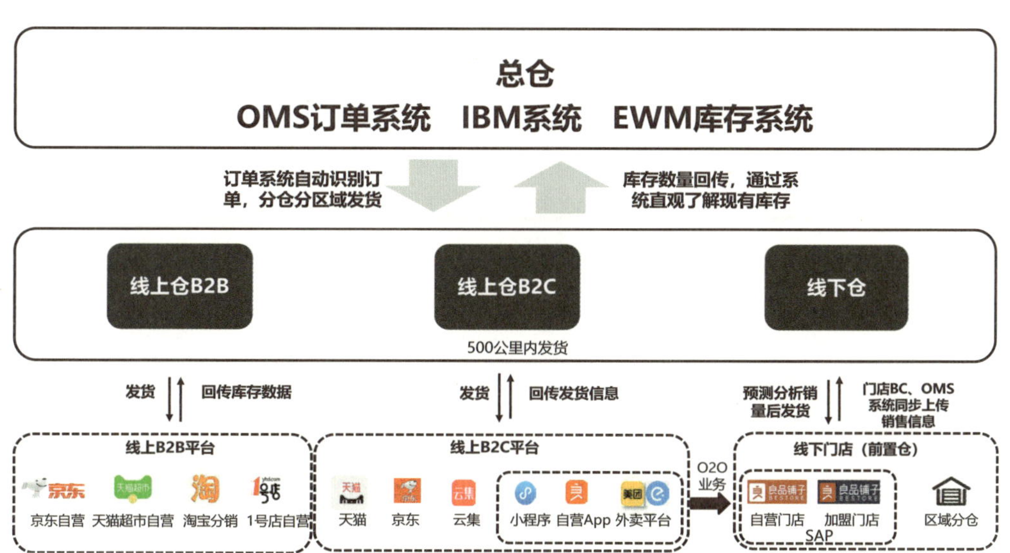

并没有采取简单的囤货策略，而是遵循按需供应、及时拿货、保证新鲜的原则，与供应能力较强的外部供应商合作，内部搭建信息发布系统（B/S系统），建立供应商关系管理平台（SRM平台），将所有供应商接入平台。

通过该系统，可提前向供应商下达每月的预估采购量，解决需求信息不同步的问题，提高协同效率，从而保证充足的产品供应。在销售端，库存系统能联通各渠道的销售信息，和各物流承运商系统进行数据共享，实时监控订单完成进度，避免造成漏发、丢包、破包等情况而影响订单交付。在供应端，保证产品按需按量供应，有效防止库存积压，提高库存周转效率；保证订单按时交付，新鲜快送，提高流转。

在货物调拨上，同步就是流通。OMS订单系统能够对订单进行快速响应，实现新鲜坚果零食快速送达客户的目标。建立中心仓—区域仓—门店三级仓储体系，具有分渠道、分层级两大特点。中心仓负责向各分仓拨货；线上仓给各区域电商分仓供货，也给个人订单发货；线下仓向全国各地的线下终端网点、各区域的分仓发货。在不同地方的仓库，互相之间调拨、发货信息都上传至库存共享中心，实时共享库存数据。

全渠道的数据融合，伴随着不同渠道之间仓储物流的一体化，力求打造“虚实一盘货”，目前正在建设能涵盖15万~20万日订单发货量以及能实现入库自动化、分拣自动化的厂房，有效提升仓库的利用率，促进线上线下渠道深度融合。待建成之后，智慧仓储系统能够很大程度地实现去人工化、智能化，中心仓也无需再区分线上仓和线下仓，实现真正的库存融合流通。

在补货机制上，精准就是销量。一方面开拓线上，一方面不断提升线下门店服务能力。门店除了开在社区和接近目标消费者的核心商圈，还布局在各大购物中心，针对目标客群扩大覆盖面，更大范围触达客户。终端门店承接来自App、小程序、美团、饿了么等订单，实现线上下单、线下一小时极速送达的交易方式，增加了门店获客渠道，门店自然而然衍生出前置仓的角色。

实行数字化管理，门店每卖一件商品，补货系统就会自动记录数量，并智能化生成补货订单，提醒门店补充已断货或临近断货的产品。在门店组货、补货之前，数据中心还会利用销售预测诊断分析模型，为门店提供准确率高达70%的组货、补货预测，门店只要根据补货单和预测数据下达订单，即可精准补货。让客户想买的时候，能看到，能买到。

3.2.3 美的：谁的性价比高，客户就买谁

渠道扁平化改造，让客户拿到性价比更高的产品，是实现品牌自我进化的一个选项。渠道扁平化，在渠道参与者这个环节阻力是巨大的。改革让客户受益，中长期发展是有利的，而被改革的渠道对象将利益损失。比如格力电器2022年河北经销商事件，本质上是渠道需要更高效的合作伙伴，而原有的河北伙伴没有谈妥合作模式。事件的背后，不是换不换经销商，而是跟不跟新生意模式，跟不跟质变的渠道发展。

传统分销渠道体系下，一件商品经过“厂商—销售公司—代理商—终端经销商”等，才能流通到消费者。美的，着手促进代理商职能转变，取消二级经销商，用“美云销”实现网批，工厂直供经销商门店。借助“美云销”，一站式购销、商城化采购、账务及订单可视。

“美云销”，一键压缩渠道。减少、节省中间经销环节，减少渠道加价，让消费者拿到性价比更高的商品。可以通过数字化方式，提升线下客户成交效率，赋能营销环节，帮助企业打通代理商、分销商、终端门店链条的信息流。平台除了一键下单，还可以直播，促进厂商和客户直接交流，达成成交。

B端直播，卖的是订单，拢的是人心。与聚焦产品、优惠和价格的C端直播不同，B端直播推广产品是形式，传递厂家政策是目的，利用“美云销”在线直播+云订货的模式，赋能渠道客户。经销商足不出户，主动学习美的营销政策，熟知产品卖点。利用直播，提升了渠道的经营能力，提高了服务水平。

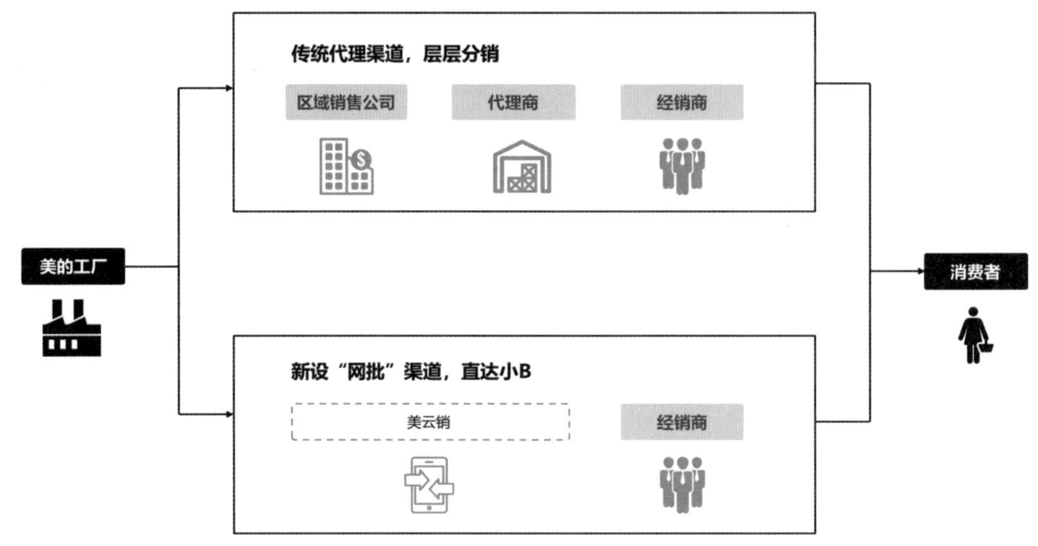

利用工业互联网，工厂成为联结企业内外的节点，可视化数据指导生产，智能排产、供应商协同和下线直发，快速应对市场变化，弹性生产带来产能提升。

T+3 模式下，品牌商“以销定产”，生产话语权前置，实现“消费者中心”。在以产定销时，总部确定生产指标，再编制销售计划。计划与终端需求容易脱节，影响生产敏锐度。以销定产下，生产由消费者出发，传递至生产研发端，产品生产完，再交付。市场为始，市场为终，形成闭环。

T+3模式，“原材料价格周期”不再制衡成本。成本下行时，延后生产，兑现成本红利；成本上行时，提前向上游备货，进可攻退可守。T+3控制成本，更灵活应对竞争，带动市场份额提升。

T+3还需要配套物流变革，实现物流数字化。

储运合一，一盘货共享。将总部、销售公司、经销商、电商仓库多仓合一，实现“多渠道库存，一盘货共享”。最大化库存资源，降低冗余库存，实现渠道网点直配，减少渠道资金占用，降低反复配送装卸成本。

端端透明，延伸服务半径。把“端到端”运输流程打通，并且整合上下游资

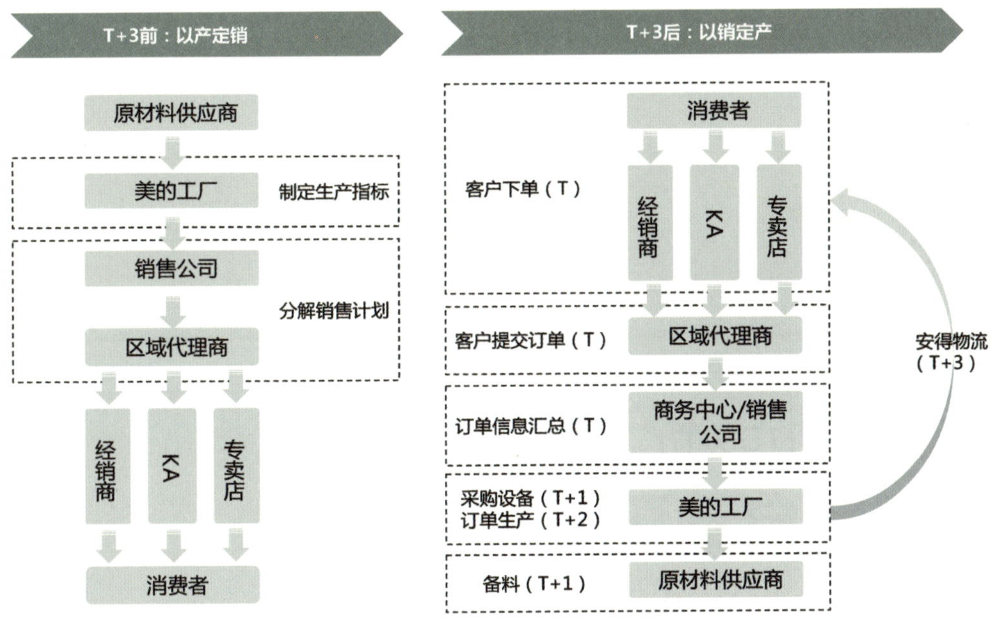

源，将物流服务的半径向前后端延伸，为消费者提供仓储、干线、区域配送等一体的智慧物流解决方案。

交付终点，是下一次服务的起点。将配送直营，保证配送时效，送装一体，配送业务不再外包，管理直达运力末端司机。依托“最后一公里网点体系”，提供“送装一体”服务，送货即安装，优化消费服务体验。

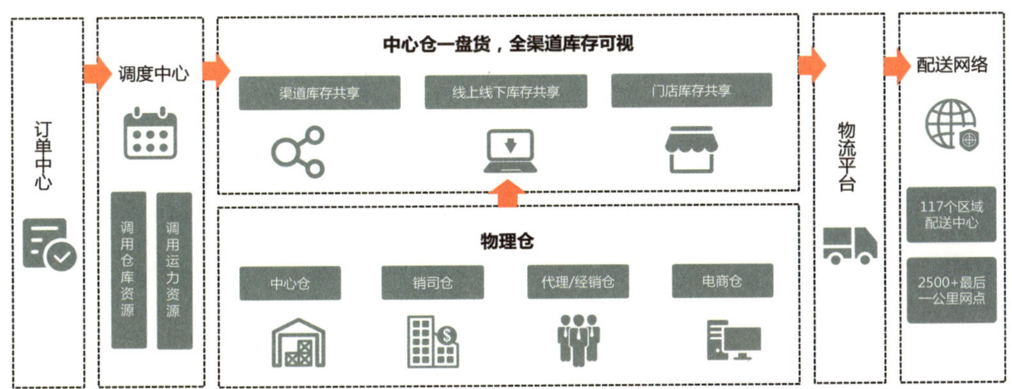

3.3 帮客户选好产品，就是帮自己更多成交

在做咨询项目时，曾有几个场景记忆深刻，以下这些做法都合适吗？

在川北县城，3000平方米的超市里，摆放了8000个以上SKU，各个品类都有足够数量。

在南京郊区，一个500平方米的个人护理店里，分销了约5000个SKU，横跨高、中、低立体价位。

在重庆万州，一个120平方米的药店里，分销了3000个以上SKU，给每个客户充分的选择。

广州某社区按摩店，约300平方米，大门落地玻璃里，用8平方米左右陈列着各式轮椅。

柳州商务区某药店，200多平方米，店内有3个货架摆满

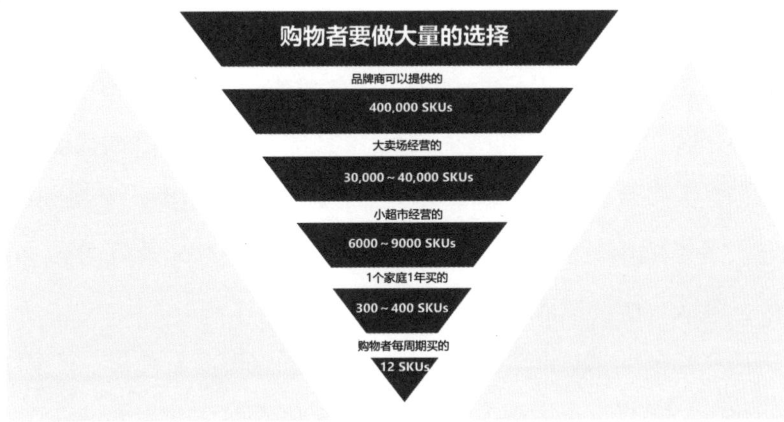

各种血压计。

济南街头某家母婴店，500多平方米，店内有1个货架陈列纸尿裤。

日常生活中，围绕在我们身边的产品大概会有40万个，在琳琅满目的产品里面，顾客每次购买的产品只有1~12个SKU。如何让顾客选得愉快，同时又卖出商家想卖的产品，是大家都关注的问题。

1951年，威廉·埃德蒙·希克提出希克定律：人们从数组中选择目标的时间取决于可用选项的数量。通俗说，当人所面临的选择越多，做出选择所消耗的时间就越多，当面临选择的数量增加，做出决定的时间也会跟着增加，而太多的选择会带来不适感。

而且，数量庞大的产品分销，不一定意味着丰富选择，很有可能意味着眼花缭乱。客户的时间是有限的，精力也是有限的。数量多，不一定意味着选择多。A和A+就算存在差异，在顾客眼里还是同一个A。在一些同质感强的品类中，减少SKU数量，不仅不会减少购买，还会加快客户的购买决定。

只有不一样的A、B、C，才能让客户好奇，让客户感兴趣。沃尔玛曾做过测试，在某饼干糖果品类专区，从原来的500个SKU优化到300个，AB test问客户感受，客户对300个SKU场景的印象是丰富，对500个SKU场景的印象是杂乱。为什么？大多数客户都有选择焦虑症，所以一个品类一个系列中，有2~3个选择就好，多了就烦。大多数人都喜欢整齐，整齐意味着好看，多了带来的感受是拥挤，错落有致，带来的感受是丰富。

究竟多少SKU合适？不同区域、不同客群会有差异。比如，大多数120平方米的药店2000个SKU是让人舒适的。放3000个可不可以？ 可以，但客户舒适度会下降。什么都上，意味着零售采购没帮助客户做好选择。

这里的零售，可以是线下的卖场、超市、小店等终端，也可以是线上的平台、旗舰店、小店。本质上是一样的，虽然网络陈列可以多很多很多，但顾客浏览一个线上旗舰店的陈列界面总是有限的，精力总是有限的。不管在哪个场景，都应该帮助客户选好产品，做好第一阶段的筛选。

给零售商的一个解决方案是：标准店+旗舰店。旗舰店有丰富的产品，比如10000个SKU，但是标准店只有3500个动销好的SKU，如果在标准店客户有其他需求，可以从旗舰店中调货满足其需求。对于标准店的产品配置，给动销频率低的产品，少选择；给动销频率中的产品，够选择；给动销频率高的产品，多选择。

少选择，帮客户选好。购买频率低，单次购买量也少，整体动销少。一次购买，可以用很久，比如本节开篇中的轮椅。在实际售卖时，只需要1~3款即可，分为高、中、低档，或分为基础档与高级档两款。轮椅属于耐用品，一次性购买、会持续使用的产品，也无需太多个性化、特色化的元素。因此“只要有”，且能满足基本需求即可。类似的产品还有血压计、验孕纸、棉签。这类商品应该帮客户做好采购选择，一次性产品应该少选择，高、低档搭配即可。既可以帮助顾客减少选择的成本，也可以帮助提高零售单产。

够选择，给客户空间。购买频率中等，或单次购买量中等，整体动销不多不少。针对这类产品，商家应该根据销售情况采购足够类型，让顾客有一定选择空间来匹配自身需求、偏好。此类产品如阿胶、体液、保健类产品、避孕套、维生素等。这类商品应该留给客户足够空间，提供客户足够选择。

多选择，满足客户化。购买频率高，或单次购买量大，整体动销多。这类商品应该提供给客户足够多的选择，比如高血脂、高血压等心脑血管用药。这一类产品分别聚焦不同细分人群，每一类人群都会有差异化需求。比如护肤产品，人群皮肤属性存在较大差异，有油性皮肤、混合性皮肤、中性皮肤、干性皮肤、敏感性皮肤，不同顾客追求的护肤功能和侧重性都有所区别，商家需要有足够多、足够广的产品，才能够满足不同顾客。

判断购买频率高低、单次购买量、动销多少，是一个数据分析的活，且每个区域、每个终端都可能有差异。

判断购买频率，既可以用绝对值，也可以用百分比。绝对值：比如每个月少于3次购买的产品，我们判断为低频率；每个月多于30次购买的，我们定义为高频率；3次到30次之间的，我们定义为中频率。百分比：比如购买量（这里不建议用购买金额）在前15%的定义为高频率，中间50%为中频率，后35%为低频率；也可以采用三等分，或适合频率、适合门店的方法。

无论采用什么方法，营销的最终还是要回归产品本身，只有能够满足客户的需求，才是最能吸引客户的产品。如果产品本身无法持续吸引目标客户，就算前期引爆流量，短期动销很好，客群也会在一两次购买后，挥手再见。作为零售端，更应该多考虑：围绕核心客群，从客户的角度出发，选好产品。

3.3.1 网易严选：让数据说话，让市场选出好产品

网易严选，出爆款的概率是普通企业的5倍以上，1/3的产品都挤入品类畅销单，是怎样实现的？其中一点是：用数据帮助决策。在市场投放方面，和很多行业内的平台和媒体合作，比如抖音、微博等社交平台，小米、华为等应用商城，

网易内部渠道云音乐、邮箱等。

前面章节提到，网易严选属于ODM模式，大大缩小了定价倍率，让客户收获了高性价比。传统品牌商，为保证各层级渠道分销、服务能力，定价倍率会大一点。定价倍率大，是品牌溢价，也是为了弥补商品在厂商—品牌商—经销商—代理商—零售商的流通环节中的成本。服装，定价倍率一般在3～8，大品牌可达10以上。网易依托平台海量用户，直接采购知名大牌上游供应商产品，保证相当品质、相似设计，加价率在20%～35%，可将价格做到大牌的1/4～1/3。最优性价比，是出爆品的重要基础。

网易自身并不具备消费品设计、制造基因，但有自己的平台，有足够的客群，有核心的甄选能力，也抓到了市场机遇获得了先发优势。在和客户互动时，采用全链路投放，建立产品数据库。

归因体系：为了满足安全、高效要求，品牌在设计的过程中接入了30+的媒体，自建激活归因、订单归因和风控监测。品牌同时拥有App端和PC端，在客户流量上，会偏向于沉淀App端用户，其后续的转化以及长期的生命周期价值更高。引导用户下载App为主，直接引导用户发生购买转化为辅。

评估体系：自建指标评估和投放分析体系，涵盖人、货、场等各因素数据。首

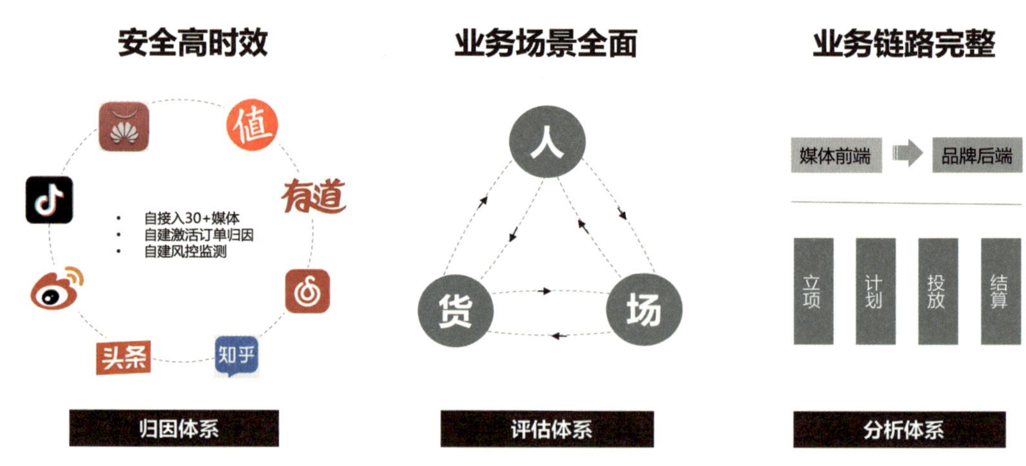

先，确立业务的发展目标。其次，搭建指标体系，包括KPI指标以及业务执行指标，KPI指标对应业务战略目标，业务执行指标对应业务执行策略，落地执行。比如规模类（诸如支付用户数）、效率类（诸如户转周期）、质量类（诸如复购频次、用户留存）等指标分类，并结合战略战术目标，拆分核心类指标、非核心类指标。

分析体系：一方面，从媒体前端投放到品牌后端，确保投放链路完整，即投放端和转化端关联。另一方面，内部投放业务，立项、计划、投放、结算，全链路场景设计。这是不断进阶的过程，包括从“业务发生了什么”，对业务问题进行基础描述性分析，到“为什么发生”（诊断性分析），即当数据存在波动或者异常进行诊断分析，再到“什么将会发生”（预测性分析），即基于历史积累用户数据对未来进行预测，结合预测的结果给业务中长期发展作参考，最后到“最后如何指导业务决策”，做出决策性分析。

品牌基于其自有数据、媒体数据，搭建投放归因体系，结合战略战术目标制定指标体系，包括KPI指标以及日常监控指标，对应战略层及执行层。在此基础上，基于自营的特性，抽象影响投放的因素，搭建包含基础性分析、诊断性分析、预测性分析的分析体系。迭代的同时，将数据建议输出给业务方。上层的数据产品应用落地方面包括PC端、App移动端，方便业务侧随时随地查看投放效果。

实现产品投放后的实时监控，比如，在投放出现异常时及时诊断；访问、商详、购买、下单、付款，用户主路径的漏斗转化展示；多维度的顾客画像分析；不同渠道的投放效果展示；等等。涵盖更多具体的场景分析，并推广到各个业务线，从而满足业务所见即所得的诉求。

让数据说话，前提是有足够的数据存储和管理；让市场选出好产品，一定程度上说明品类所处环境是市场在不断选产品，这得有足够的业务洞察能力。

3.3.2 鲨鱼菲特：一品一供，打造产品矩阵

零售平台要为客户选产品，品牌商也需要给客户选产品。

鲨鱼菲特，涵盖早中晚三餐主食场景、佐餐场景和休闲零食场景。在健康食品赛道里，以鸡胸肉为切入点，满足了部分消费者健康、方便的细分需求。围绕轻卡食品，采用以用户为导向的MVP迭代方式，进行产品研发，每个月5~6款上新，形成有战斗力的产品矩阵。

销量主要来自天猫、京东和拼多多，此外，还有抖音、快手、B站、小红书等，线下则选择性覆盖商超和便利店。

先选商品，还是先选平台？手机、饮料、预制菜、奶粉，不同品类的选择不一样。健康、方便的零售品类客群，更多倾向优先选择个人信任的平台，然后再挑选商品，天猫客户与京东、拼多多客户几乎不重叠。经过对比研究，选择的渠道分销策略是一品一供。消费者需求，通过数据背后所体现的行为，行为所带来的购买决定，在不同渠道设置不一样的分销组合。

不同渠道，不同产品。根据平台背后客群画像，分析每个平台的信任因子，设定符合渠道的产品。比如，天猫客群更信任销量高、评价好和买家秀多；京东客群更信任物流和快递速度；直播平台客群更信任人设；拼多多客群更信任价差，特别是百亿补贴活动促销。产品属性是有限的，但是优先关注点是互不相同的，围绕着优先关注点来打造渠道产品组合。

同一品类，不同价格。同样是鸡胸肉，在不同平台可以采用不同规格、差异品质的区别策略。比如，拼多多30元/套、天猫70元/套、京东90元/套，保证产品符合平台的消费习惯。当然，价格不同，价值肯定有差异。品牌商要做的就是动态检测客户需求，为平台客群选择适配的产品。

不同平台，不同对手。如果你瞄准一个竞争对手，会发现其在各个平台能量并不相同。因此，在不同平台，不要拘泥于同一个对手，要选择平台内的标杆，设置不同的对应策略。比如天猫、京东这种以销量驱动的开放平台，利润相对薄，竞争对手都很开放和透明，但到了直播间或私域，价格就相对模糊。突破惯性思维，很具挑战，也很有趣。

3.4 一块石头垒不成山，多类产品组一盘棋

品类管理，在定义品类角色时，是考虑品类对零售商的作用。

可将品类分为普遍性品类、特殊性品类、偶发性品类、季节性品类、便利性品类。普遍性品类，指日常生活常用产品，如饮料。特殊性品类，指差异化产品，能吸引顾客专程前来购买，比如零售商自有品牌产品。偶发性品类，指满足顾客在偶尔发生时需要购买的产品，如雨伞。季节性品类，指特殊节日或活动产品，比如粽子、月饼等。便利性品类，指给顾客提供便利的产品或服务，比如代缴代付等。一个零售商，品类组合得好，对购物者的吸引能力就强，市场竞争力就强。

在这里，想和大家进一步探讨：品牌商提供的产品对零售

商、经销商的作用。

一般会分为：销量贡献者、利润贡献者、形象贡献者。在考虑品牌商产品对经销商的作用时，可以新增物流贡献者、分销贡献者；在考虑品牌商产品对零售商的作用时，有时新增费用贡献者。一个产品，通常会承担多重角色，既贡献销量，也贡献利润，还贡献形象。我们在分类时，会以产品的第一权重角色来进行划分，也就是哪个作用更大一些，我们就以这个作用来定义角色。

销量贡献者：品类销量分布，也符合帕累托分布规律，20%的产品会贡献80%的销量，这是营收基本盘。一般销量大的产品，周转快、毛利低。动销快，品牌强势，分配给渠道的利润率就会少一点。

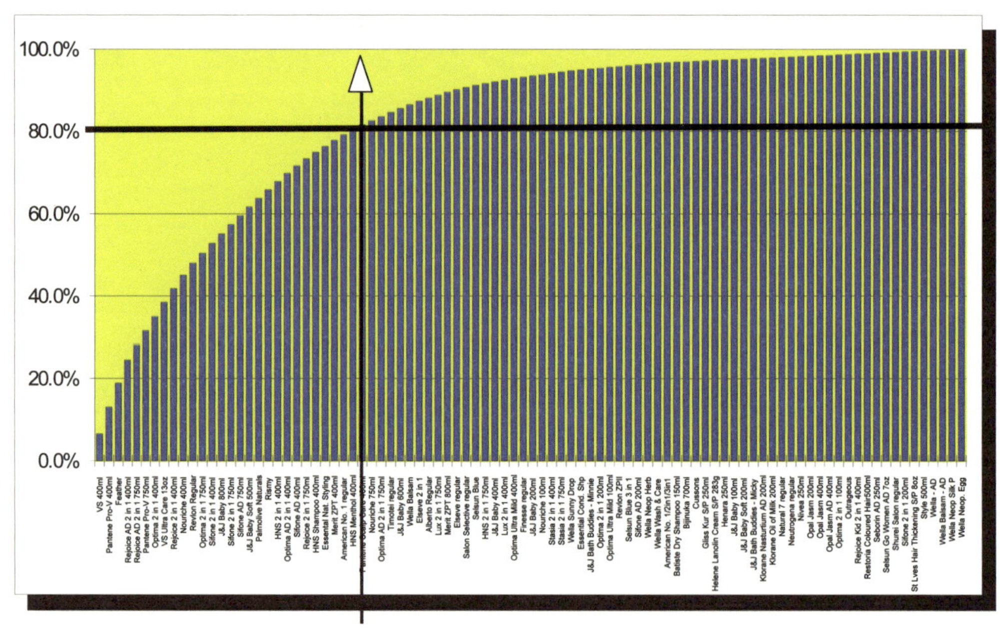

利润贡献者，总是受欢迎，且是稀缺的。我们和零售商协会合作，在统计全国前十的某零售系统时，发现超过50%的零售门店，前面28%的产品是贡献盈利，中间20%的产品基本只能做到盈亏平衡，而后面52%的产品负利润。当然，这是部分统计样本，也同步分摊了管理、财务等费用，也就是充分考虑了综合成本，不

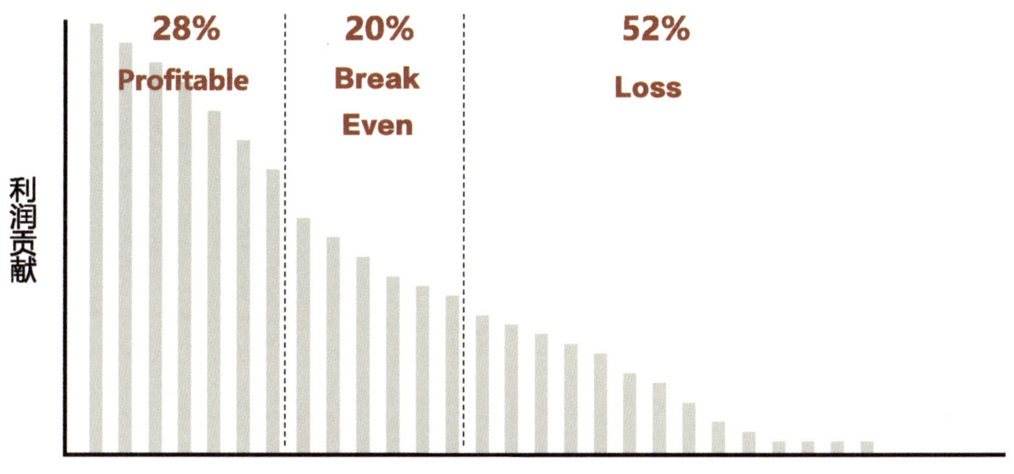

仅仅是进销差价所带来的毛利减去营销费用。

形象贡献者，能代表、强化零售商期望在客群心中的角色定位。比如，深圳天虹卖场希望上架高品质、高价值的产品吸引中高端客群；比如，名创优品希望上架更多9.9元的高性价比产品。形象贡献者，不一定就是高价格产品，更多是希望能代表、能强化自身定位的产品。同一品类，不同价格带都有客群。

物流贡献者，主要角色是分摊仓储、配送成本。比如能共享、互补仓储、配送环境的产品，如冷链、冷藏；比如有一些经销商主营产品，淡旺季明显，在淡季的时候希望有其他品类能补充销量，能带动仓储物流。

分销贡献者，有时也称为渠道贡献者，产品自带流量，终端有明确需求，这类产品能够带动其他产品进场。比如以前的箭牌口香糖，比如以前的125ml利乐盒旺仔牛奶。

费用贡献者，有一些产品销量不怎么好，自然带不来多少利润，但会有一点好，就是费用多，陈列费、堆头费、推广费远超其他产品。对于零售商而言，可遇不可求，比如曾经的某大冰泉。

越是大品牌厂商，越能给渠道提供综合作战助力，提供各类角色产品。品牌商在设计分销组合时，越能站在合作伙伴的角度考虑，就越能吸引渠道合作者协同。

3.4.1 S成人奶粉：团队作战，还是单兵作战？

成人奶粉品牌S，在西南做新品推广，新品上市6个月，乱价严重，销售平平。一方面，原终端定价248元，却在西南区域以198元甚至188元的低价销售。另一方面，大幅度降价并没有带来销量的提升，公司本对这款产品寄予厚望，前期投入很多，6个月以来却在市场不温不火。品牌商和客户，双方都顶着巨大压力。

新品表现不尽如人意，好在还有几款经典平价产品做支撑，利润虽不高，却能扛起销量大旗，稳定住军心。

竞争对手就是最好的老师，激励我们不断前行。竞争对手找准时机开始降价，直接冲击经典款产品销量。新品上市受挫，重要产品被竞争对手降价打击。这种情况下，品牌怎么扭转局势？

西南大区负责人李总，从产品角色出发，让不同角色产品分类作战，形成组合拳，给了市场一个满意的解决方案。

销量贡献者，守份额，以量取胜。经典款产品虽然毛利不高，但是从销量数据来看，占收入的50%以上，作为基础量产品，丢不得。李总做的第一件事，就是正面迎击竞争对手，价格降低3元，调到促销价。这样一来，价格略高于竞品，但因为品牌影响力更强，成功抵御住了竞品的降价打击。

利润贡献者，稳价格，以价赢利。新品价格降到198元，利润空间被压缩，既没有销量，又失去了利润，产品不被经销商重视，自然会慢慢淘汰出局。这款产品本身没有问题，前期市场调研和研发都投入了很多资源，产品是好产品，问题出在产品的角色定位不清晰。248元的新品，本身有很好的毛利，经销商赚利润，品牌赚形象，但乱价导致功亏一篑。

李总决心调价，把价格调整到248元，拿出其中40元，作为经销商和终端促销人员的提成激励。调价的过程艰难漫长，但几个月后再回头看，这是一个很正

确的决定。产品要找到自己的位置，高毛利的产品一定要带给客户足够的利润贡献，产品发挥了自身的价值，自然能够长久。

形象贡献者，提服务，以细节现品质。新品匹配了促销人员，这些促销人员的工作场景，不只局限在商场。拉长每个顾客的购买周期来看，促销人员需要定期做电话回访，关怀顾客健康状况，为顾客答疑解惑，邀请顾客参加健康讲座，等等。通过电话回访，促进了会员复购，同时也传递着品牌“真诚用心为顾客”的服务理念，赢得顾客信任，体现品牌形象。

如此，产品就像五根手指，虽然长短不一，但只要花心思了解产品，分配合适的角色，用不同的产品传递不同的价值给经销商，就能形成“组合拳”。案例中的李总，稳定销量贡献产品的销量，改善利润贡献产品的毛利，用毛利做形象。毛利产品，同时也成为形象产品。

同样是产品A，可承担多个角色。比如案例中这款248元的成人奶粉，既是利润贡献者，又是形象贡献者。实际在新品推广阶段，很可能投入更多资源给这款产品，那它还要承担起费用贡献的任务，为经销商争取更多费用和返利。

利润贡献产品都会成为形象贡献产品吗？

形象贡献，取决于我们希望传递给终端顾客的形象是什么，它像是一个符号或代名词。当提到这个品类时，顾客会将这个品牌作为首选，甚至愿意花费更多时间与精力前来购物。例如，当提到汉堡、薯条时，大部分顾客会想到去肯德基；当提到气泡水时，大部分顾客首先想到元气森林，这都是形象贡献品类。

同样是产品A，在不同场景下，可承担不同角色。在大型商超系统，248元成人奶粉是形象贡献产品，它代表了品牌和终端的高端服务、高品质产品。而在夫妻店，售价48元的成人奶粉更适合作为形象产品，因为夫妻店要传递出去的形象是实惠亲民。

不同角色，不宜直接竞争。全面跟价，是不少零售商的价格策略，但了解品类角色的概念后，就要多考虑一层，是同一产品角色在竞争吗？如果我专注于卖好一颗鸡蛋，鸡蛋就是我的销量贡献者和利润贡献者。这时，市场出现了一家做鸡肉的品牌，他们把鸡蛋作为费用贡献者，做低价处理，那我要跟价吗？不在同一个维度，降价竞争只能损失利润，伤害品牌。此时建议想清楚，我们的产品角色定位在哪？一颗贡献毛利的鸡蛋，应该有差异化的产品卖点，而不是更低的价格。

我们卖的不是单一产品，想清楚每个产品承担的角色，了解这不是一场一对一的单品竞技，而是一场团队作战的篮球赛，如果每个队友都擅长投3分球，可能并不是好消息，我们还需要找到控球后卫，找到得分后卫，让每个产品守好各自的岗位。

3.5 君臣佐使，给客户一个购物篮方案

关联，购物者需要一个理由。前面提到，销售额=客流量×渗透率×转化率×客单价×复购率。

一名路人甲，经过渗透、转化后，成为我们的客户。接下来，重点要做的就是提高客单价、复购率。客单价的提高，从购物篮中同类产品单价提升、购物篮中产品件数增加这两方面来实现。在渠道终端销售时，购物篮件数的提高是优选方案，通过各种营销促进关联购物，让客户从以前只购买一件产品提升为购买多件产品，更大程度地实现销售增长。

通过渠道数据分析，关联购物得以实现，更大化渠道价值。关联购物，可以提升组合套装的销售额，可以提高精准营销的准确度，可以指引零售终端产品的场景陈列，也可以寻找

更多的目标客户。

组合套装，比如，铅笔+橡皮+笔盒、沐浴露+洗发水+护发素、牛奶+面包。品牌方在出场产品时，推出的产品组合套装，谁和谁更合适？

精准营销，比如，电子优惠券的发放，应该给谁发纸尿裤的优惠券，使用率会更高呢？应该给谁发放成人奶粉的优惠券，使用率会更高呢？

场景陈列，比如，米、面、油、酱、醋，怎样陈列能帮助提升坪效？在家用卷纸货架旁的通道，应该陈列什么产品更合适？

目标客户，比如，渠道终端100个客户，有30个购买A产品，有20个购买B产品，有10个同时购买A、B产品。如果B产品有新品推出，哪些是目标客户？怎样链接到他们？

相关性中有自相关和他相关。我们简要分享两个例子进行说明。

他相关：护肤品对于门店的一个作用是引流，它可以带动其他品类的销售。例如，每100个买护肤品的顾客，有23人去买彩妆产品，22人买洗浴用品。注重护肤的顾客很大程度也注重日常彩妆和洗浴护理。

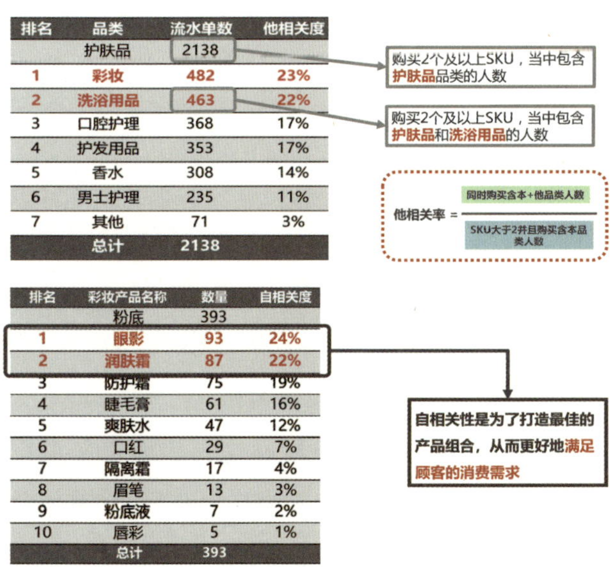

排名	品类	流水单数	他相关度
	护肤品	2138	
1	彩妆	482	23%
2	洗浴用品	463	22%
3	口腔护理	368	17%
4	护发用品	353	17%
5	香水	308	14%
6	男士护理	235	11%
7	其他	71	3%
	总计	2138	

排名	彩妆产品名称	数量	自相关度
	粉底	393	
1	眼影	93	24%
2	润肤霜	87	22%
3	防护霜	75	19%
4	睫毛膏	61	16%
5	爽肤水	47	12%
6	口红	29	7%
7	隔离霜	17	4%
8	眉笔	13	3%
9	粉底液	7	2%
10	唇彩	5	1%
	总计	393	

自相关：以图中彩妆产品为例，每100个购买粉底的顾客中，有24人购买眼影，22人购买润肤霜。由于涂抹粉底较多，这部分顾客很注重日常润肤，对眼影也有明显的偏爱。

以上结论，要经过专业的数据分析得出，这是市场分析人员的重要价值，具体的分析方法在本书中我们不再展开论述，有机会和大家分享营销数据分析时再细细展开。

在常年咨询工作过程中，我们经过一系列分析、论证后，往往要结合实际，给一线业务人员思维工具配套、销售话术指引。在这里，我们用中医方剂的“君、臣、佐、使”来帮助业务人员形成基础认知，促进购物篮件数提升。君，是购物主需求、第一目标需求；臣，是满足需求的辅助性产品；佐，或修正、兼理，或消除君、臣副作用，相辅相成；使，是引子、调和产品。

一个案例，个人护理组合套装。客户的主需求，是减少眼部皱纹困扰。这里的君是抗皱滋润眼霜，臣是辅助肌肤紧致的抗皱乳液，佐是深度保湿柔肤水，使是洁面乳。

君	臣	佐	使
抗皱紧致滋润眼霜	**抗皱紧致滋润乳液**	**清乳柔肤水**	**洁面乳**
富含维生素A、基层提拉素，**高效淡化眼周细纹**，提拉紧致	提供修护力基础，**辅助肌肤变得紧实**，有弹性	**深度补水**，加固肌肤保湿力，帮助肌肤温润澎弹	**清洁肌肤**，去除肌肤杂质，为精华吸收打好基础

我们再来看一个母婴店的关联购物案例，营养顾问给到宝宝妈妈的购物篮方案。比如，某客户主需求是九个月大的孩子的正餐主食，君是2段配方奶粉，臣是

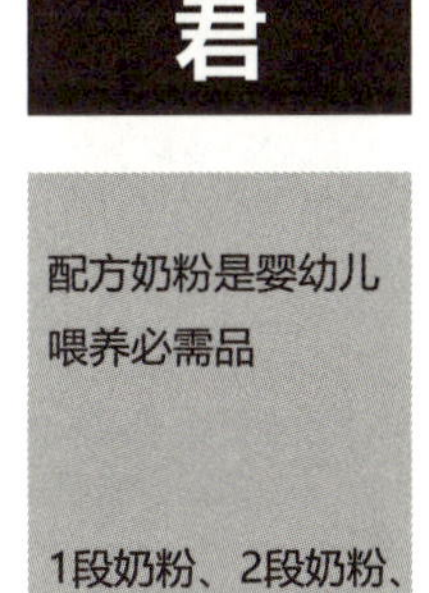

君	臣	佐	使
配方奶粉是婴幼儿喂养必需品	婴幼儿喂养辅食以及健康零食	婴幼儿喂养补充营养素	喂养过程中用的引子、支持产品
1段奶粉、2段奶粉、3段奶粉、4段奶粉	米粉、果泥、面条、肉松、饼干、泡芙	钙剂、维生素、鱼油、益生菌	奶瓶、湿巾、餐具、围兜、暖奶器

胡萝卜泥等辅食和健康零食，佐是鱼油等各类营养素，使是湿巾等支持产品。

让母婴店里的每一位营养顾问、每一位导购都掌握“君、臣、佐、使”的关联推荐方法，可以帮我们有效提升母婴门店的购物篮条码数。在海南某零售连锁，曾经做过前后对比测试，面积、销售额大小相当的10家母婴门店，5家保持原样，5家推行“君、臣、佐、使”内训，三个月后，后者的门店月销售额比前者多出12%。

3.5.1 药店：我们不宰客，我们以解决客户需求为出发点

“君、臣、佐、使”本身是定性结论，在定性结论之前，最好有充足的定量数据分析支持。用目标渠道终端、目标零售系统的POS数据，分析购物篮，分析产品销售相关性，再辅以实战场景验证，可以得出适合自己的关联推荐管理方法。我们给出母婴店、药店的两份推荐清单，分享的案例来自特定的区域和渠道，方法通用，个体结论需要定制、斟酌。

在有需求的前提下，以下是一些母婴产品参考。君、臣、佐、使分别是哪些产品呢？

- 准妈待产：待产包+产褥垫+孕妇奶粉+叶酸+吸奶器
- 孕妇穿着：孕妇内衣+孕妇打底裤+防蓝光睡衣+孕妇裙
- 新生儿喂养：配方奶粉+奶瓶+温奶器+奶瓶清洁用具
- 初生安抚：摇床+安抚奶嘴+床铃+牙棒+安抚玩具
- 舒适安睡：婴儿被+婴儿枕+婴儿抱枕+防螨喷雾
- 满足食欲：米粉+果泥+肉松+泡芙+饼干
- 提升免疫力：乳贴蛋白+液体钙+鱼油+维生素
- 肠道消化：益生菌+益生元+维生素D+宝宝粥
- 欢乐洗浴：折叠浴盆+洗澡玩具+浴巾+沐浴露+花露水
- 生活护理：静音理发器+电动磨甲刀+竹炭棉签
- 日常清洁：纸尿裤+消毒湿巾+宝宝洗手液+蒸汽消毒器
- 口腔健康：儿童牙膏+U形牙刷+卡通漱口杯+儿童漱口水
- 夏天防蚊：清凉蚊帐+驱蚊花露水+防蚊贴+蚊虫叮咬修护膏
- 宝宝出行：液态奶+妈咪包+存奶袋+手推车+腰凳
- 宝宝防摔：护膝+护肘+走路牵引带+学步鞋
- 宝宝生日：儿童摄影+童车玩具+时尚服饰
- 户外玩乐：滑板车+户外玩具+防摔护具
- 爬行训练：爬行服+爬行软垫+爬行护膝+爬行辅助带
- 宝宝学步：学步鞋+学步辅助带+学步推车+防摔护具
- 益智玩乐：儿童积木+有声读物+趣味拼图+识物卡片
- 体能运动：脚踏车+防摔头盔+护膝护肘+运动鞋
- 亲子旅游：便携奶粉盒+一次性床品+安全座椅+旅行粥
- 夏季防晒：防晒霜+遮阳帽+清凉防晒服+宝宝遮阳伞
- 冬季保暖：棉服+棉鞋+宝宝围巾+防风帽+保暖手套
- 夜间防凉：防踢睡袋+连体睡衣+轻薄空调被
- 润肤护肤：润肤乳+精华水+保湿霜
- 祛痱止痒：爽身粉+桃子水精华+花露水
- 快乐用餐：儿童餐椅+硅胶餐具+卡通餐盘+吃饭围兜
- 爱上洗头：宝宝洗头椅+洗头杯+泡沫洗发液+防水头套
- 入园准备：儿童书包+宝宝坐便器+入园读物+便携水杯
- 防走丢：儿童手表+防走丢牵引绳
- 宝宝戒吃手：苦甲水+防吃手套+安抚奶嘴+磨牙棒
- 宝妈护肤美容：面膜+润肤乳+护肤精华+保湿面霜
- ……

在遵照医嘱的前提下，以下是一些用药参考。君、臣、佐、使分别是哪些产品呢？

- 感冒：抗病毒口服液+感康+维生素C+消炎药
- 发热：小柴胡+退热贴+体温计+芬必得+消炎药+氨基酸口服液
- 头痛：天麻头痛片+芬必得+复合维生素
- 腹泻：氟派酸+复方黄连素+氨基酸口服液+元胡止痛胶囊
- 胃病：阿莫西林+克拉霉素+奥美拉唑+吗丁啉+螺旋藻
- 泌尿系感染：左氧沙星胶囊+热淋清+番茄红素
- 妇科：阿奇霉素+千金片+洗液+冲洗器+双唑泰栓+胡萝卜素
- 高血压：个性药(络活喜)+复方丹参+鱼油+卵磷脂+电子血压计
- 高血脂：他汀类个性药(立普妥)+贝特类+胆固醇吸收抑制剂
- 糖尿病：达美康+二甲双胍+蜂胶+血糖仪
- 皮肤病：氯雷他定+湿毒清+外用药膏+棉签+液体钙+维生素C
- 避孕：事后避孕药+测孕试纸+天然维生素E
- 晕车：飞赛乐+晕车贴+氨基酸口服液+气血双补
- 女性祛斑：天然维生素E+天然维生素C+羊胎素+胶原蛋白+面膜
- 外伤：双氧水+黄药水+红药水+棉签纱布胶布+氧氟沙星+消炎药
- 小儿发热：美林+退热贴+体温计+维生素C+消炎药
- 小儿咳嗽：消炎药+小儿止咳糖浆+复方鱼腥草口服液
- 小儿腹泻：思蜜达+妈咪爱+止泻贴+口服补液盐
- 小儿便秘：小儿七星茶+开塞露+益生菌
- 小儿消化不良：健胃消食片+健脾颗粒
- 红眼病：罗红霉素+阿昔洛韦+氧氟沙星滴眼液
- 白内障：沙普爱思+明目地黄丸+鱼肝油丸
- 沙眼：氯霉素滴眼液+珍珠明目滴眼液+胡萝卜素
- 视力疲劳：萘敏维滴眼液+杞菊地黄丸
- 中耳炎：头孢克洛+洛美沙星滴耳液
- 鼻炎：通窍鼻炎片+氯雷他定+滴鼻液+葡萄籽
- 慢性咽炎：咽炎片+先锋六+大蒜素+咽喉含片
- 口腔溃疡：甲硝唑+清肺抑火片+复合维生素+意可贴
- 湿疹：氯雷他定+肤痒冲剂+艾洛松+维生素C+钙
- 脚气：足光散+喷脚王+狼毒软膏

这里说明一个原则：我们不以宰客为目的，我们以解决顾客需求为出发点。本质上，我们希望通过更好地挖掘、满足客户的真实需求，达到多赢的结果，而不是为了达成销售给客户下套。

3.6 要影响客户的感知力度，**而不是死盯折扣力度**

我爱你的程度，和你觉得“我爱你的程度”是两件事情。

我开心的程度，和你觉得“我开心的程度”是两件事情。

客户觉得优惠，和你觉得“客户觉得优惠”是两件事情。

在某产品渠道价格活动中，有A1B1、A2B2、A3B3、A4B4四组价格牌，两相比较，各选其一，作为渠道营销人员，应该怎样选用价格牌呢？A1合适，还是B1合适？A4合适，还是B4合适？从大多数客户的视觉来看，会觉得B1比A1便宜，A4比B4便宜。我们的原则是：小数值用百分比，大数值用绝对值。

眼睛看到的事物是凭借视觉经验形成的记忆在大脑中的图像，而这个经验是长期进化适应视觉环境形成的，不

随人的意志而改变，所以我们看到的事物并不一定是真实的。视觉在未经过思考验证前，我们会惯性地认为大的、长的比小的、短的好，会认为“省2000元”比“省20%”优惠，会认为“省20%”比“省0.2元”优惠。当然，我们在停下来稍微思考后，会发现是一样的。

采用让客户觉得优惠的表现形式，让更多人快乐购物。这是一个概率问题，人群中，大量的人采用“兔子”行为模式，也就是惯性往前，当然人群中也存在“乌龟”行为模式，思考后行动。感兴趣的读者，可以参详丹尼尔·卡尼曼的《思考，快与慢》，里面有精彩的论述。

H品牌产品，在药店渠道销售。哪一个活动让顾客听起来更有吸引力，是“半价”，还是“五送一”？

我们经过大量的测试发现，“半价”活动对销售业绩的拉动作用明显大于“五送一”。为啥，因为客户会隐约觉得“半价”是50%的折扣力度，而认为“五送一”仅是20%的折扣力度。感受和数字是有区别的，我们在营销财务上尊重数字，我们在营销场景中尊重感受。不是教你使诈，而是让大家看清现实。

50mg×2第二件半价

总价202.5元，均价50.6元

半价

50mg×5送50mg×1

总价298元，均价49.6元

五送一

某药房活动宣传单张：是买3送2合适，还是买3得5合适？ 是买3送1合适，还是买3得4合适？

渠道活动本身的促销力度，客户拿到的产品数量本质是一样的，而在实际销售场景中，买3得5会比买3送2更有效果，当客户面对“3-5”组合时，会比面对“3-2”组合时，有更好的感受，有更强的购物欲望。当然，这不是绝对的，不是每个人的感受都这样，而是在成百上千的客群中，大多数会觉得面对“3-5”组合更快乐。

让客户觉得划算，价有可为。

结合购物场景、商品价格、流水小票，通过数据分析，统计出购物者行为背后的数字密码，可以探究一系列有趣的问题。为什么商品的价格不用整数定价？为什么价格少一毛钱，销售可以实现明显增长？为什么两个同质产品之间，只因为销售数量的不同，价格高的反而卖得更好？为什么两个不相上下的选项之间，加第三选项，会使得原有某个旧选项变得更有吸引力？

我们尝试着通过数据背后的三个效应去回答，它们分别是：尾数效应、左位效应、诱饵效应。

尾数效应：因为更精确，所以更可信。在大量的购物行为及数据对比后，研究者们发现精确的数字更可信，精确的数字更显小，人们会觉得精确的价格更便宜。而人们对于尾数却不怎么在意，也就是要有尾数，但不太在意尾数的大小。渠道终端定价时，在购物者眼中，28.6元和28.8元之间，29.9元和29.99元之间并没有什么大差异。

而在尾数的可信度调研、分析汇总中，人们发现9、7、3、1结尾的数字最有信服力，然后是8、6、4、2，接着是5，最后是0。大家在一定程度上觉得0结尾的定价是在“敷衍”客户。比如，同一个商品，109元的定价反而会比108元的定价受客户欢迎，118元的定价反而会比107元的定价受客户欢迎，也就是商家多收了约1%的毛利，而客户可能更开心。

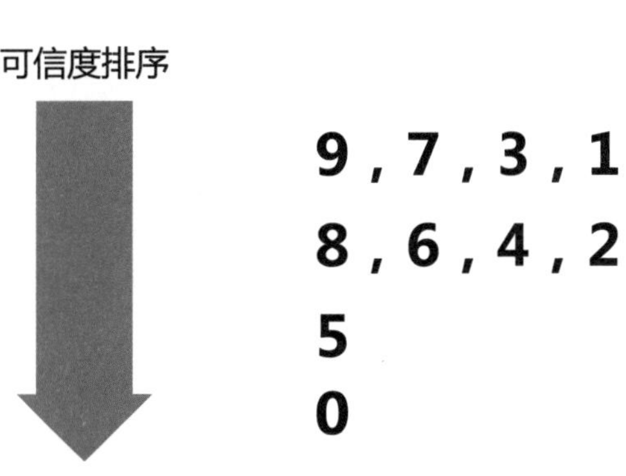

左位效应：因为更敏感，所以更重要。我们会更关心一串数字中最左边的那个，而对右边的数字往往视而不见。左位最敏感，向右敏感度依次下降。涨价最好不要触及最左位，降价最好降到下一个左位，这样效果会好很多。

美国罗格斯大学市场营销学教授Robert Schindler，主持做过一个营销实验：请受访者判断商品是否有明显价格差异。第一轮，A商品卖20美元，B商品卖25美元；第二轮，A商品卖19.99美元，B商品卖24.99美元。认为有明显差异的比例，第二轮超过第一轮50%以上。

一个商品，定价9.99元会比10元更受欢迎，大家会觉得少了一个量级，更便宜，尤其在电子支付的场景下。而结合前面的尾数效应，我们会发现13.5元和13.9元在客户面前的差异不大。

在购物场景中，商家们早就利用了这一点，甚至还改进了视觉大小的呈现。比如，在门店标价中，对于99.99元的商品，把小数点左边的数字用更大号的字体呈现，而小数点右边的数字则用更小号的字体。

关于左位数字敏感度向右递减。一个商品定价9.99元对比10.00元时，敏感对比的是第一个左位数字“9”和升位后的“1”；而一个商品定价14.9元或14.99元对比15.0元时，敏感对比的是第二个数字“4”和“5”，当然14.99元会比14.88元好，客户几乎无感的同时，多了约0.7%的毛利。

诱饵效应：因为有对比，所以更突显。在两相对比中，人们总倾向于选择性价比更高的那个。在营销中通过制造参照物，引导客户选择预先设定的选项。比如，拍照时候，站在比自己矮一点的人旁边会更显高，站在比自己黑一点的人旁边会更显白。朋友聚会时幸福感的其中一个来源，是在畅谈时，发现自己的月收入比他人高10%、高50%。

请问，以下三个产品组合，分别放在不同的货架上，你会买哪一个呢？也就是，当啤酒产品A、B一起出现的时候，你更倾向于买哪个？当产品A、B、C一起

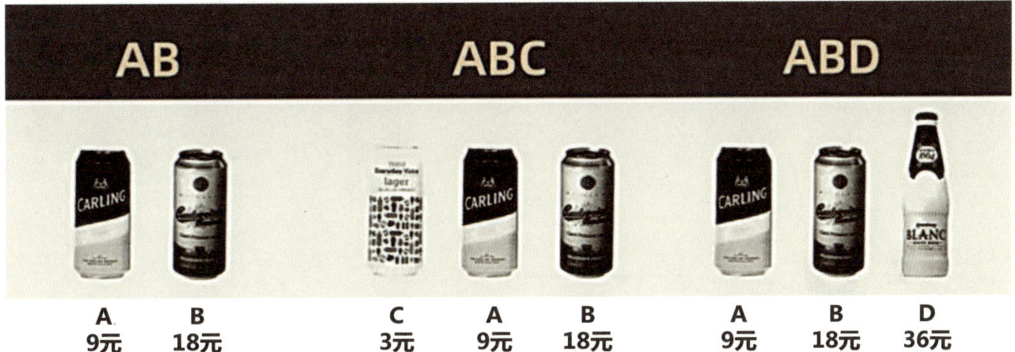

出现的时候，你更倾向于买哪个？当产品A、B、D一起出现的时候，你更倾向于买哪个？

3.6.1 可口可乐：让客户在互动参与中消费

精通花样营销的可口可乐，同样离不开数智化技术融合。以往传统广告，只能够单向传递品牌、产品信息，如今借助线上线下多渠道、多场景、多玩法，品牌和产品的价值传递就能够更加生动形象，能和消费者形成高效共振、价值交互。

佐餐场景，一直都是饮料销量增长的来源之一。品类玩家，一直都非常注重佐餐场景的营销推广。结合美食特色、佐餐场景，在线上线下多渠道、多场景融合。其中，有个参考性案例是与小龙虾的合作。在方案中，埋种施肥、融合转化，实现品牌声量强化的同时，同步多渠道流量变现。

埋种施肥培植，孕育声量话题造势。

可乐“搭配”小龙虾，源自消费者数据研究。在夏季，冰饮搭配小龙虾的趋势明显。在选择“搭档”后，即在社交平台进行前期推广，借助KOL短视频互动、餐馆抖音平台联动，软文推广（微信、微博）、种草平台（如小红书），创意线下推广，与消费者形成互动，在互动过程中提升黏性和好感。

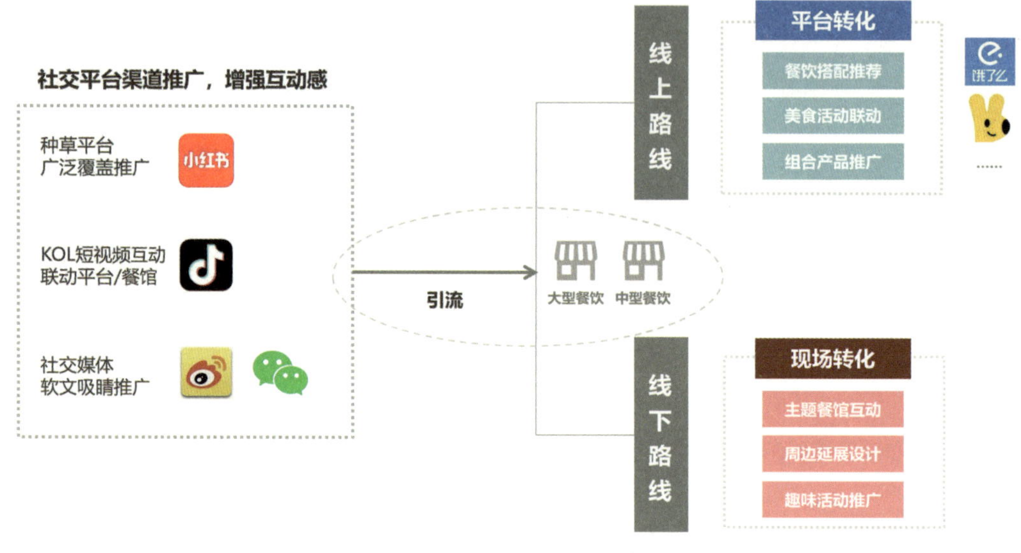

话题声量造势后，与美团联手打造可口可乐×美团外卖“红火虾聊街”IP，相当于在外卖平台上，打造一条线上线下联动的“美食街”。其间，2000多家美团门店参与套餐折扣活动，还联合美团外卖进行优惠升级——最高立减144元的可乐小龙虾套餐，再结合系列微信生态的H5福利互动，吸引消费者参加外卖优惠活动、参与游戏互动领券。在套餐活动中，多方联合模糊了单一产品价格，打造套餐总体价值，降低单一产品的价格感知度，让客户觉得划算又好玩。

线上互动，线下承接，紧密配合线上美食街的传播节奏。以上海、武汉等为重点目标市场，开展各类趣味活动，也尝试线下主题快闪店，店内有各类可乐互动装置，消费者可以开心地喝可乐、玩游戏。

融合互动转化，多方渠道共赢增长。

结合营销数据化分析，再融合多平台合作，根据顾客标签分析人群特征，采用千人千面的修饰推广手段，将人群引流到O2O平台、线下餐饮渠道，实现多种渠道的转化变现。

一方面，O2O平台会结合一些餐馆的餐品搭配，进行组合产品推广，最明显的就是购买套餐送、满减送等。如果商家有美食活动，也会借助产品进行联动，巩固原有餐品的丰富度。另一方面，线下渠道的转化更多是与商家达成合作，搭建主题餐馆、周边产品展示活动等，结合餐饮渠道的推广活动，强化了变现的直接有效性。

另外，为了让变现增长更加明显，还结合目标消费群体的标签研究，邀请了不少符合其偏好的娱乐大咖、网红KOL打卡享用美食，驱动目标消费群体的跟风、模仿和宣传推广。

活动策略"埋种培植+融合转化"，前期孕育话题，释放声量，之后通过线上互利互动、线下场景体验，促使流量变现。在方案中，融合场景互动，让客户降低对价格的敏感性，提高参与的趣味性，再加上套餐的价格秉承前面提到的定价策略，让客户觉得愉悦。

题外话。可乐1990年1～2元一瓶，2000年前卖几元，2010年还是卖几元，现在依然卖几元。30年前，市场中可乐竞争对手少，品类容量小，经历了一段销售额快速增长时期，毛利率很高，费用率也高；30年后，可选饮料产品大幅度增加，品类容量大了但滞涨了，毛利率下降，费用率也下降，占据了细分品类高份额，进入了持续稳定盈利期。过去30年，在我的印象中，可乐一直可以让年轻人开心、快乐。懂我，能让我有快乐体验，能让我参与其中。既带来精力，也充满活力。

3.7 让每一件产品，**都成为增长的入口**

爆款产品一般都有这么几个特征：高频消费、高满足度、高毛利率、高识别性。私域爆款产品会在这些基础上额外增加一个特征：强社交性。

高频消费是基础，每天都可以喝的饮料是高频消费产品，家具则是典型的低频消费产品。高满足度是对客户而言，有好的体验感、愉悦感，甚至有合法上瘾性，比如槟榔。高毛利率是生产商、品牌商的动力，要想爆，要想快速拓展，渠道各个环节都需要利益驱使，高毛利率最后不一定是高净利率，但能保障市场各个玩家都有利可图，比如面膜、彩妆类产品。高识别性是产品的护城河，卖开了之后，其他大品牌是否能够快速跟上？高识别性可以通过配方专利、生产线专利等建立差异，在品类其他玩家进来之前，建立品牌品类属性，如小酥肉、常温酸奶等都有过足够时间窗口。

强社交性，是产品好到让客户忍不住想发朋友圈分享，忍不住见到朋友的时候就推荐，能够激发用户的讨论欲望。线上称之为“种草”，线下称之为“安利”，都着力于分享。分享之后，产品和更多的目标客户展开接触旅程。

期望实现：你接触到我，你就想着我、念着我、离不开我。

为了让产品有向客户说话的机会，需要完成一个前置工作：让客户接触到产品。市场部可以通过广告覆盖客群，让大家认识产品；销售部可以通过不同渠道终端的推广，让客户现场体验产品。在客户接触之时，营销的接力棒会交给产品，让产品自己说话，让产品和客户建立黏性。哪个企业能做出这样的产品，哪个企业就可以省下大笔的营销费用。

当接触到产品后，有没有一个二维码或其他媒介，能让客户关注产品、买到产品？客户能不能在公域购买之后，进入私域池，持续互动？

公域流量红利不再，获客成本持续上升，品牌方如果仅依靠公域流量带动销售额增长，营销成本就会居高不下。为了应对公域营销成本高企，企业纷纷将目光转向私域流量，期望将公域流量私域化。

在化妆品行业，美妆品牌营销费用率大多在30%左右，部分超过40%。功能性护肤品牌薇诺娜，为了降低获客成本，其依托微信平台搭建了名为“薇诺娜专柜服务平台”的微商城。微商城的私域流量主要来自线下BA（Business Analyst）一对一转化，通过派驻在终端销售网点的BA，为消费者提供定制化服务，并引导客户通过该平台下单，转化率达到80%。当BA转化达到一定程度后，通过一物一码赋能DM卡，将公私域转化触点数字化、BA服务数字化，打造第二条通路来稳定拓展私域用户。

DM卡是常用的流量转化方法。通过DM卡引导用户扫码关注公众号，并且把护肤顾问的企业微信放在公众号商城的商品详情页，而不是公众号的一级菜单栏里面，目的是筛选真正有产品需求的用户，让护肤顾问为他们提供专业的产品或护肤咨询。同时将流量导入护肤顾问的企业微信后，护肤顾问“小微”会发起产品试用等活动，需要用户扫码进入社群参加，这是私域流量的第三层沉淀，层层筛选后最终能够有效沉淀最忠实的品牌用户。

此外，一物一码技术可以前置产品标签，识别DM卡扫码用户是从什么渠道购买了什么产品，并且一物一码与微信端数据是互通的。因此，扫码用户的个性标签和基础信息会同步到数据库，形成用户标签，使品牌方可以更直观地洞察用户，然后根据用户标签进行分层运营和精准营销。例如，对产品有认知的包裹卡扫码用户更偏向于促销活动，没有购买记录的用户则偏向于种草类的内容，最终采用差异化的营销策略，引导他们在小程序商城完成下单。

产品可以是流量的入口，店员也可以是流量的入口。目前的技术，可以开通智能导购服务，指引每一位店员链接客户，裂变销售额。比如应用分佣方式，开通个人专属二维码，可以在店销售，也可以在线销售，通过钉钉链接顾客手机淘宝，用企业微信链接顾客，链接线上、线下进行二次营销，响应的场景更多，也为顾客购买、后续服务和咨询提供便利。

产品，不仅可以借助技术手段形成流量，也可以通过技术手段，实现产品供应优化。

服装行业的传统供应方式，存在供货周期长、产品与市场需求脱节、库存层层积压等痛点。随着消费者对款式设计、上新频次、丰富SKU的需求增加，行业数字化改造慢慢成为品牌综合实力的关键衡量指标。海澜之家RFID芯片，进行了新尝试。

传统条形码本身识别穿透力差、不可批量读取、存储信息过于单一，存在无法对服饰进行更多描述的问题。通过RFID芯片，品牌商可以知道“哪个颜色的衣服在北方卖得最好，哪个花色南方人很青睐”，甚至具体到“这件衣服被拿起了20次，试穿了5次”。

其在智能仓储收货、盘点效率、数据准确性、固定资产和人力成本投入等方面，都有价值。品牌向RFID芯片供应商提供商品号、色号、规格、数量等SKU信息，供应商将信息写入芯片，服装生产商将RFID标签吊牌绑到衣服上。每件衣服佩戴上RFID芯片标签，采用“通道机”模式，流水读取RFID信息，实现服装商品信息的批量扫描、实时上传、比对与分类处置。由此，中间物流环节能够做到精准快速地分拣装箱，人工成本降低2/3，发货效率提高5倍以上。

在门店，可以在试衣间和进出口配置RFID扫描装备，后端通过数据平台，建立供应链的进度跟踪系统，可及时了解工厂进度与品质、供应链运营状况等，便于迅速决策与反应。

期望产品能说话，产品会说话。期望产品在和客户接触之时，能有一个入口和品牌互动，经过小程序、App、平台等各种途径，沉淀为企业的数据资产、客户资产。

3.7.1 四洲：一物一码，拓宽入口接流量

2021年，我国休闲零食市场规模大约为8000亿元，市场规模巨大，但是行业竞争激烈。除上游头部品牌外，大多数零食企业出现产品同质化严重、分销渠道不通、数据洞察能力弱等情况。

品牌商用一物一码技术，开展“见证美味五十周年，FUN享红包四洲有爱”活动。通过扫码，客户可领取补贴享受优惠，品牌商在后台可掌握客户购物行为信息，各得其所。

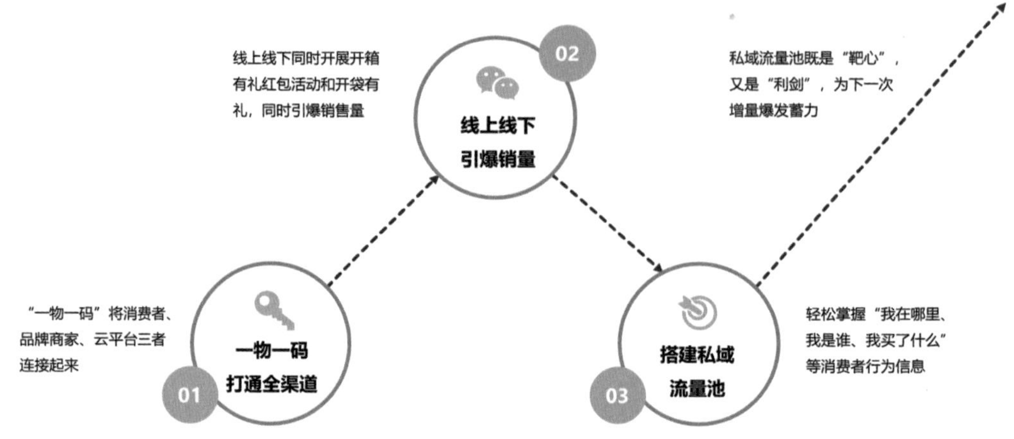

一物一码打通全渠道。扫码领红包等小程序是一个工具，一物一码也是一个工具。一物一码将消费者、品牌商家、云平台三者联结起来，从而提供产品促销支持，收集消费者行为数据、交易数据等。一物一码作为线上线下链路触点，赋能企业“横向铺市、重点引爆”，实现“销量提升、粉丝激增”。一物一码通常具有三重属性，分别为原生属性、场景属性和活动属性。原生属性，指编码所代表的编码信息，具有唯一性，即原生值。场景属性，针对不同的场景应用给编码赋予不同能力和属性，即场景值。活动属性，赋予编码活动属性，开展促销活动，即活动值，如活动时间、中奖概率、奖品信息等。

以50周年庆促销为契机，通过云平台为每一款产品赋予一个二维码。区分不同的渠道，赋予不同的场景值；针对不同的区域、不同的对象，设置不同的活动值。线上、线下同时开展开箱有礼红包活动和开袋有礼，同时引爆销售量。一物一码打通渠道返利通道，门店扫码开箱，即可领取现金红包，补贴直达门店，无其他附加要求。门店补贴以箱为单位，多进货多扫码，从而促进销量。

对于个人消费者，开袋后扫描卡片上的二维码，根据预先设定好的规则参与抽奖，现金补贴直接入账。另外，还设置了复购红包、大额优惠券等多种玩法吸引消费者二次消费，消费者获得复购红包或大额优惠券后，可直接在线上核销，无须到门店兑换。通过一物一码，将促销补贴直接发放到门店、消费者，既节约了渠道费用，又能够即时满足消费者。产品为自己推广，买得越多补贴越多，从而带动整体销量。

一物一码搭建流量池。客户扫描二维码之后，参与具体活动前，要求消费者关注官方公众号，实现将重点客户精准引流，搭建用户流量池。当然，客户也可以选择不参与这个活动。通过互动活动，收集参与者头像、昵称、性别、地理位置、IP、新老用户辨别、红包金额、订单等，可以分析获得“客户是谁、客户在哪里、客户买了什么、客户为什么而购买”等行为信息。收集基础数据后，会在云平台呈现数据报表，建立客户群体数据库，为下一次增量提前蓄力，为后续开展数字化精准营销打好基础。

特别说明：获取个人信息等行为需要获得客户同意，在合法、合规的前提下进行营销活动。

通过一物一码，为促销活动添翼，加码影响力度，促进消费者多买多购；同时收集消费者信息，构建企业流量池，洞察消费者行为；也给企业流量沉淀提供了一个很好的入口。

3.7.2 AB酒：C端点点累积，B端层层链接

依托一物一码技术和小程序建设，促使品牌与顾客建立更牢固的关系，带动整体收入增长。“AB空间站”小程序建设一年内，已沉淀超过1300万名用户，且仍有增长态势。在营销互动方面，还制定了超160种用户标签，帮助品牌深入分析顾客画像，实现千人千面的推广策略。

结合一物一码技术和“AB空间站”小程序，联动B端、C端两大链路，打通全渠道，构建从C端到B端的信息闭环网络。

C端点点累积，积累客户价值。空间站打破多渠道信息整合壁垒。小程序中

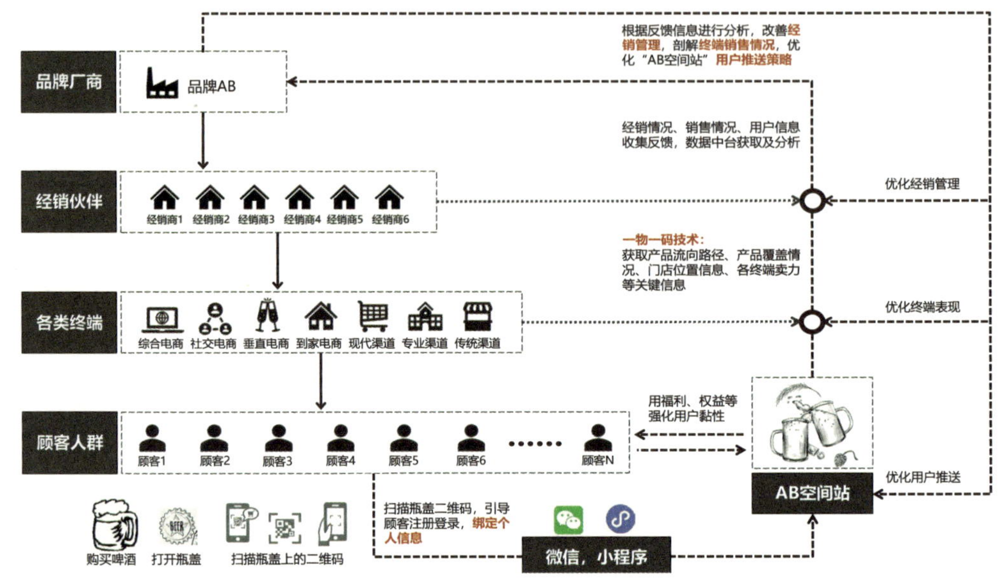

设置了积分奖励机制，促使顾客购买后扫描二维码，注册小程序账号绑定个人信息。

借助该手段，可记录顾客消费状况，点对点赠送积分，积分可兑换奖励包括权益类、实物类、积分类等，同时结合顾客消费状态评估忠诚度，千人千面推广信息。提升信息整合的效率与精确度，激发顾客价值。

B端层层链接，同步共享利益。结合一物一码技术，品牌商可根据产品销售情况，溯源统计店铺贡献情况，根据区域政策对客户设置奖励金额红包，精准同步溯源奖励/返利。值得一提的是，在B端链路的源点——厂商流水线上，厂商也可以联动一物一码。

联动码可分若干级，包括垛码、箱外码、箱内码、产品码等。厂商可借助联动码技术，精准统筹营销费用，重新按照实际需求分配渠道利益，避免终端资源利用低效。另外，厂商还可以溯源评估经销网络的情况，协助优化经销伙伴的订货量、库存状态、配送效率等要素，侧面缓解终端动销压力。

在白酒、葡萄酒品类中，头部企业也在积极进行数字化转型。

茅台集团，2020年8月启动了部署已久的“智慧茅台”，提出了“135”五年计划，分三大阶段落实：一年半完成信息化基础建设，三年完成全产业链信息化建设，五年全面建成5大智能运营中心。2022年3月31日，“i茅台”正式启动，茅台有了和购物者直接交流互动的平台。

泸州老窖，全渠道追踪产品构想，近几年来也得到完善。2018年，泸州老窖一直在推进一物一码建设，利用瓶身、装箱、内盒、外盖、物流五码关联，让顾客实现扫码即可溯源追踪，同时，也为业务部门提供了监控产品生产流向、渠道表现、门店表现、库存状态、促销反应等数据信息。

百年张裕，2020年在原有的一物一码基础上，和腾讯合作开发上线了全球酒业第一个区块链平台，实现对自身产品上链数据的第三方认证。“张裕品质生活+”小程序，也在满足顾客线上下单需求的同时，为自身整合大量顾客购物信息，帮助企业实现精准顾客管理。

04

第4章

场：坪效质变

4.1 场景决策越快，**坪效就越高**

前文“把蓝图变为现实，是一场新的长征”提到，购物者买商品，有认知、体验、购买、收货四个环节。四个环节可能分别发生在不同的渠道场景，也可能发生在同一个渠道场景。认知、体验、购买，花费的时间越短，营销越成功。顾客在场景中的购买决策越快，销售会越好，坪效也就越高。

痛点满足越直接，决策越快；产品逻辑越简单，决策越快；购物场景越有趣，决策越快。

皮肤有斑点、难祛除，Q产品可以高效安全祛斑，因为有效，所以赶紧下单；乳糖不耐受人群，喝普通牛奶容易腹胀、腹泻，而R产品经过专业减糖工艺，因为低糖，所以可

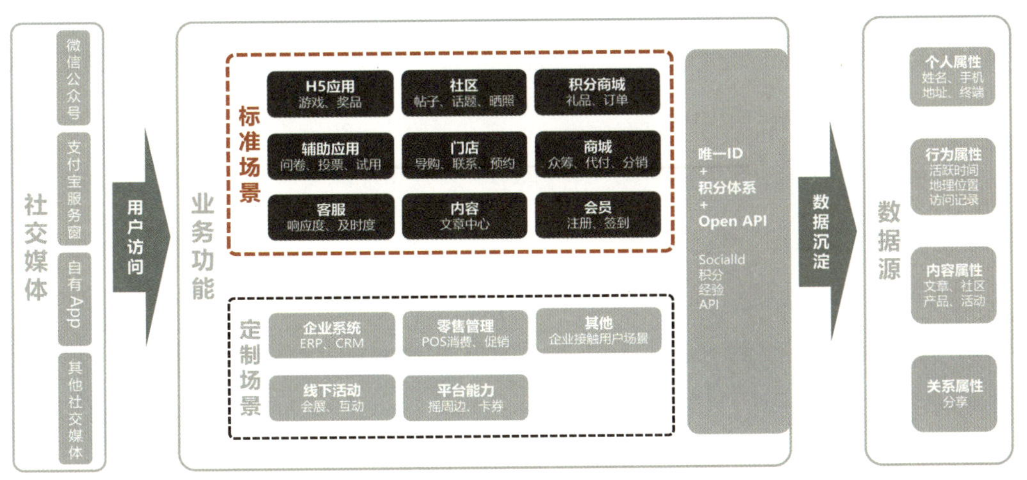

以饮用；在瑜伽房，有一种KK百变瑜伽垫，能协助做各种有趣的姿势，因为有趣，所以值得拥有。

因为熟悉，所以流畅，因为流畅，所以快速决定。要达成高效成交，推动决策场景熟悉化。

因为简单，所以容易，因为容易，所以快速决定。要达成高效成交，推动决策场景简单化。

在渠道越来越多、触点越来越丰富的今天，购物者心理、行为研究，变得比以往任何时候都更重要。我们常说企业营销依靠三力：品牌力、产品力、销售力。

在这里，销售力主要指区域管理、渠道管理、经销客户管理。在渠道具有相对封闭性时，价值点主要在经销客户，谁拥有了渠道资源，谁就获得了更多业绩，比如以前的WHH、KSF、TY等。随着渠道壁垒的破碎、瓦解，着重通过管控、拥有渠道来发展壮大品牌变得越来越难，销售力的内涵正在变化，价值转向基于渠道融合场景购物者、消费者研究。

4.1.1 居然之家：愉悦的购物旅程

居然之家，近年开始“数字赋能门店”的探索。数字赋能，门店的升级，包括商品数字化、智能导购数字化、营销数字化、门店数字化、服务数字化等。目的是更准确、高效满足客户需求，提高客户购买决策速度。

比如，以某门店为中心，辐射方圆12公里内的消费群体，分析阿里系购物行为数据，可以梳理出这个店周围有50万淘系会员，其中有1万人在未来半年内有装修需求，可以依据的判断信息是：目标客群在之前一段时间内搜索过房产、装修、建材、家具，且满足一定的停留时间、关联搜索等。

1万人有装修需求，根据零售品牌的定位，需要进一步缩小范围，锁定中高端消费群体。输入消费能力等筛选标准，如用户搜索床或沙发的价格区间，在这1万人中又进一步筛选出3000名目标顾客。接着，通过数据分析目标群体的网络浏览等行为痕迹，了解3000位潜在顾客，判断出他们对装修风格或建材家居的偏好。

有了精准的客户画像，品牌提前2～3个月推送“家居建材”相关内容，影响客群匹配的品牌、产品信息，提供门店位置信息。因为提前做了功课，推送没多久，目标客群期望到哪里去购物，到了购物场景选择哪些产品，决策速度会更快，购物决策会更流畅。

这一系列的动作，都可以应用数字化系统自动运行，客户感受到的只有恰到好处的服务。当顾客来到门店，从门口开始，布设在通道各处的探针就能感应到他的手机，并识别出顾客身份。

顾客走进瓷砖专区，不仅可以触摸、体验瓷砖产品，显示屏上还提供不同装修风格的3D样板间。从一块瓷砖到看到一个温暖的家，在以前，顾客只能依靠个人想象完成。如今，数字化替顾客完成了想象，显示屏直观地展现产品装修后的实际效果。提供服务的同时，这也加快了顾客购买决策的过程。

做出购买决定后，顾客可直接在门店导购iPad下单支付，减少了顾客在收银台排队的无聊体验。

下单后坐等送货上门即可，门店的物流系统直接对接厂家。订单产品，从生产下线到送货入户，顾客都可以在手机上看到每个节点的信息。

为了提升客户的购物体验，线上、线下融合至少有三方面。

一是双线数据融合。通过数字化升级和改造，卖场运营将沉淀大量数据，这些数据跟阿里或其他合作平台的大数据进行交互融合，能够大大提升商业决策和运营效率，提升购物体验。

二是线下门店数字化。通过线下店铺的数字化，可以将卖场商户、品牌方、电商平台的会员信息和线下终端商品、服务和营销体系打通，智能化后能带来愉悦的购物体验。

三是家装链路可视化。借助线上、线下一体设计家平台，将线下卖场和线上商城融入顾客家装的各环节，选定方案即可实现视频模拟，提前看到效果，及时调整设计规划。

4.1.2 有家：盯紧增量，延伸购物场景

围绕客户服务、会员运营展开场景打通的，还有便利店。借助大数据，洞察客户、分析客户、运营客情，把经营场景从店内不断延伸出去。8字便利店、苏宁小店运用社群运营沉淀客流，提升转化率；易捷便利店为解决顾客只加油少入店的问题，引进码上购物，让客户在车上完成购物；昆仑好客采取直播形式，将各地特产销售至大江南北。

有家便利，也是其中一个玩家。

趁疫情窗口期，有家自主开发生鲜加零售O2O小程序，上线一个月，就带来数百万销售额。尝到增量甜头，结合业务实际，后来将小程序替换为有赞系统。结合“拉新—复购—延伸”的业务逻辑，更好地把握客户全域购物偏好，转化需求。

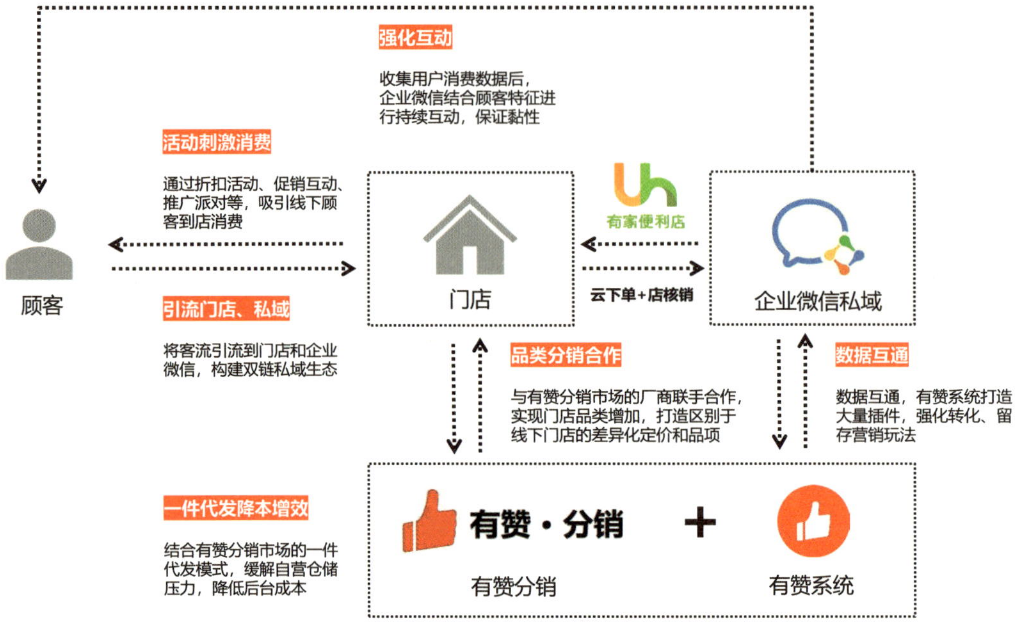

强化互动

收集用户消费数据后，企业微信结合顾客特征进行持续互动，保证黏性

活动刺激消费

通过折扣活动、促销互动、推广派对等，吸引线下顾客到店消费

顾客

门店

有家便利店

云下单+店核销

企业微信私域

引流门店、私域

将客流引流到门店和企业微信，构建双链私域生态

品类分销合作

与有赞分销市场的厂商联手合作，实现门店品类增加，打造区别于线下门店的差异化定价和品项

数据互通

数据互通，有赞系统打造大量插件，强化转化、留存营销玩法

一件代发降本增效

结合有赞分销市场的一件代发模式，缓解自营仓储压力，降低后台成本

有赞·分销 +

有赞分销

有赞系统

双管齐下，拉新。打通线上系统和线下门店，实现会员、优惠券、储值、积分、进销存等数据完整融合。通过折扣活动、促销互动、推广派对等，将线下顾客引流到企业微信，沉淀并提升顾客忠诚度，结合微商城，推出各种链接企业微信、线下门店的活动，双重拉新，并促使顾客完成首单交易。

打成一片，复购。借助系统中大量三方插件，实现客户转化、留存的营销玩法。比如，选定南昌细分市场的大单品“拌粉”，运用“云下单+店核销”模式，将门店客流反哺到线上，促进二次转化。帮助门店线上端口订单增加超500单，占总销量20%。二次复购比率超过13%，还有4.8%的会员选择三次复购。平摊下来计算，人均流量费用低于2元，远低于市场上通行的50~80元人均流量费用。

场景差异，延伸。提升坪效，还需借助品类组合优化，产品价值链梳理，差异化统筹管理线上、线下。有家便利店SKU数量维持3000+，而线上达到6000+。线下门店，在解决便利群体需求的同时，也承接部分线上客户。线上一大部分产品则区别于线下，实行差异化产品、差异化定价。线上更丰富的产品结构，匹配更丰富的延伸场景，更全面地满足顾客需求，提升客群离店价值。还可以结合供货商一件代发等模式，可有效缓解自营仓储压力，降低后台成本。

借助融合分销，差异化上架线上、线下，满足更丰富的需求。增加新触点，延伸新场景，带来新增量。

4.1.3 小米：因为相信，所以闭着眼睛买

借助手机圈粉，主打高性价比，线上起家，线下门店也运营得很好。“小米之家”作为探索线下新零售的重要阵地，单店年均营业额在4000万元到7000万元之间，坪效最高达27万元，仅次于全球领先的苹果。突破点，一是富有竞争力的产品，二是客群流量运营。传统零售坪效=门店销售额/面积，新零售坪效=线上、线下综合销售额/面积。

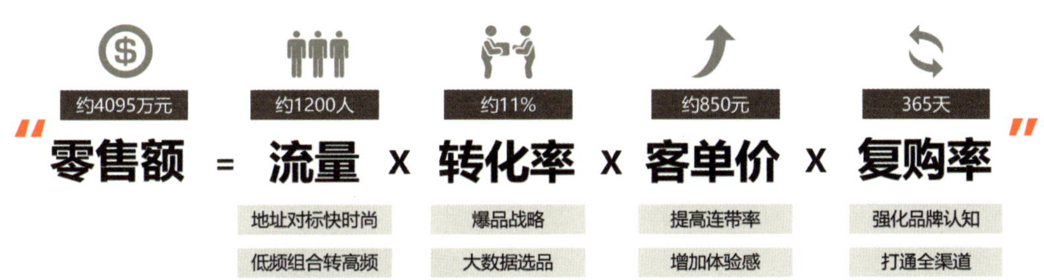

持续上新，增加流量。“小米之家”大多位于区域运营能力最强、人流量最大的购物中心，和星巴克的选址有较高重叠。大部分来这些商场的顾客，正是品牌目标群体，而且既然来商场，这些顾客本就有“逛街”需求。“小米之家”采用简装风格，充满现代感和科技感，吸引了很多人忍不住进去“逛一逛”。将这些流量引入到店，再想办法实现米粉复购和新粉转化。

其他竞品，可以有同样的选址，但为什么坪效没那么高？超高性价比，得益于产品品质和供应链的管控，以及生态圈打造。上新频率很高，每周一上新，顾

客每周来都可以逛一遍，每次都有新发现、新感受。门店的“新鲜感”，相比周边其他终端更强，也就热闹得多。

多品类协同，分摊综合成本。通过多品类协同，提高人效、坪效，降低单位渠道成本，提升门店盈利能力。表面看，大部分产品都是低频消费品，不过，当许多低频商品组合，又形成一个高频次零售生态。比如，门店有生态链的插座、电饭煲、平衡车、无人机、扫地机器人等各种周边产品。虽然高举性价比品牌越来越多，但以消费电子和家用电器为主的品类丰富的核心产品池，对产品能力提出更高要求。

数字选品，提高转化。“爆品良性循环圈”：打造爆品—降低选择成本—实现规模效应—提升性价比—爆品更爆。品牌以用户需求驱动产品设计，打造高转化率的产品，同时用高效的物流配送体系降低库存水平，减少仓储、运营费用，提升周转效率，驱动全产业链ROE（Return on Equity）提升。

小到插座，大到电视机，客户可以“闭着眼睛买”，只要有需求，10分钟内就能成交。线下门店，优先选择在线上被验证过的畅销品，比如小米6手机、手环、电饭煲等，新品则根据口碑和评论来决定是否进入线下。总部划定范围，店长灵活选品。

“小米之家”门店平均在200平方米左右，产品选择是提高门店销售额的重要一环，大致分两步。

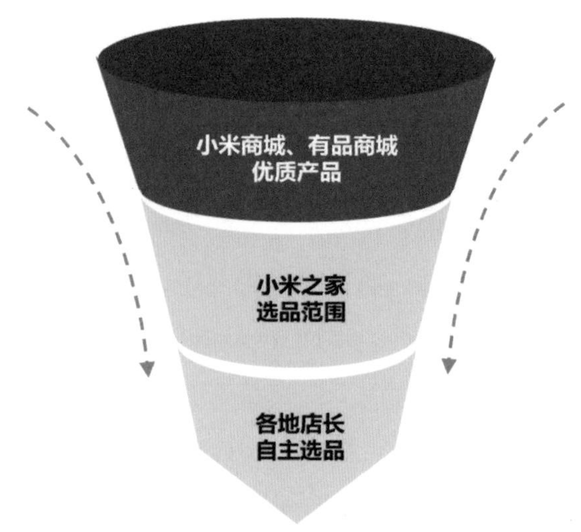

总部指导：总部利用积累的线上数据指导选品，从销售数据、顾客评价等维度，利用数字化工具，筛选适合线下销售的产品范围。

门店自主：店长有产品选择自主权，根据周边客群画像、门店实际情况，灵活选择。包括销售额、口碑、区域特色、门店场景特色等。如智能家居产品，在可实现场景化呈现的大面积门店卖得好。

强化生态，强化关联。手机、手环、空调、音箱、电视机、洗衣机、净水器、扫地机器人等，智能互联；产品在技术、颜值、风格、性价比上高度统一，不同品类的商品之间相互引流。比如购买监控摄像头的消费者，又可能成为路由器、硬盘的客户。

手机，在营业额中占50%左右，加上电脑、电视等产品，单件高单价产品收入可达到70%左右。连带率普遍大于2，顾客来买手机，可能又顺手买了个充电宝；明明是陪男朋友买电脑，女朋友顺手买了米家台灯。品牌在保证高单价产品旺销的基础上，提高产品之间的连带率，平均客单价能够保持在700～900元之间。

4.2 哪里有客户，**哪里就有购物车**

借助数字技术打通全渠道，让客户随处可买。哪里有客户，哪个场景有需求，哪里就有购物车。

早起赶着上班，在路上用App下单办公楼下早餐店，上楼之前暖心早餐套餐刚好完成，顺手能带走。

走在回家的路上，渴了累了，看到主题海报上清爽的柠檬饮，扫码下单，人到家，柠檬饮也到家了。

在咖啡厅休闲时，看到屏幕上正在介绍一本心仪已久的山水画册，现场支付，画册比人还先到家。

马上要见重要客户，衣服突然沾上明显污渍需要更换；穿着休闲服的周五，临时被通知去重要商务场合，男士穿衣场景“突发状况”怎么解决？打开平台，下单一件T恤

形态	解释
海报 + 店铺	海报在宣传商品的同时，嵌入二维码，客户感兴趣，扫描二维码直接购买
电子屏 + 店铺	电子屏放在公共区域或实体店铺中，投放商品宣传，客户扫描二维码直接购买
书刊 + 店铺	小说类图书中描述生活场景的相关物品，或者学习类图书中植入的某商品成功案例，读者若感兴趣，可扫描二维码直接购买
直播 + 店铺	电视直播、网络直播，客户扫描屏幕下方的二维码或者直接点击“购买”按钮，边看边买
视频 + 店铺	利用短视频做营销，客户边看边买
游戏 + 店铺	客户使用游戏积分去商城购物
软文 + 店铺	客户阅读网络文章，如微信公众号文章，扫描文章底部二维码或点击购买链接直接购买
社交 + 店铺	客户接收到朋友在社交平台上（如微信群、朋友圈、微博、论坛等）的商品推荐或体验分享，点击链接购买
小程序 + 店铺	微信小程序凭借“无须安装，即用即走”的特点，获得广泛认同，借助小程序开发购物商城成为热点
VR + 店铺	客户通过 VR 设备可以全方位浏览实体商家，清楚地看到商家每个角落的每件商品，查看商品价格，并随时进行在线交易，又叫作“VR 全景购物”

或一条裤子，坐等外卖小哥一小时送达。

购物的场景更多元，边界更模糊。需求可以在不同的场景被即时满足，客户购物欲望得到了释放，品牌商在获得更多的生意机会的同时，也被要求更理解客群。知道自己的主要客户群体要什么、在哪里，渠道更丰富，终端更多样，怎么能够高效率低成本地完成覆盖，是大家不断探索的方向。

渠道的多元、丰富，将给细分市场的新生品牌提供很好的市场土壤。只要产品有差异化，有足够的竞争力，找准一个细分区域、细分渠道，就能生存、发展。一个品类中，大品牌对小品牌的门槛变低。品类中原有的市场份额领先者，要防守的渠道线太多、太宽，容易给新生品牌漏出机会。这一类新生品牌，容易出现在供给充足、产能相对较富裕、大品牌还没有垄断上游供应链资源的品类，比如大日化品类。有些品类在上游有很强的护城河，就算渠道中存在大量机会，考虑到缺乏供应链支持，新生品牌的发展也变得越来越难，比如液态奶。

4.2.1 万宁：客户在哪个场景，服务就在哪个场景

应用大数据，万宁针对客户、场景互通融合，让客户买得更容易。

三个流量口，迎接客户群。实体门店、云店小程序、公域平台三类触点，有效融合。实体门店主攻“超级体验”，以提供现场咨询及试用服务为主，也可以在店内呈现主题日、主题场景；云店小程序主攻“内容互动”，小程序上设立营养师、美容BA等专业人员，通过活动推广、优惠通知、护理咨询等内容强化品牌与顾客的关系，增强顾客信任感；公域各平台侧重“客流虹吸”，在入驻的抖音、天猫、京东等公域，采取活动、优惠拉新，将客流吸引到实体店和云店小程序，将其转变为品牌客群。

打通客户数据，沉淀到数据中台，可得出更清晰的量化客群数字，比如核心客群年龄段为23~32岁，主要为“时尚少女、职场女性、全能女主”。三个流量口有机结合，创造“流量”的同时，也在转换为“留量”。

付款任君选，产品任君挑。在支付宝App开展IOT（Internet of Things）刷脸支付项目，将线下门店场景与线上电商场景关联在一起，支付体验更好。哪里有购物需求，哪里就能完成支付，销售额自然高一些。客户在购物时，扫码转小程序，即可查看就近门店目前的活动与商品库存，即使发现门店缺货，也可以通过小程序进旗舰店，线上下单，到店自取或者在家收货。

打通商品，打通支付，明显提升顾客购物、支付的便捷程度，也同步提升门

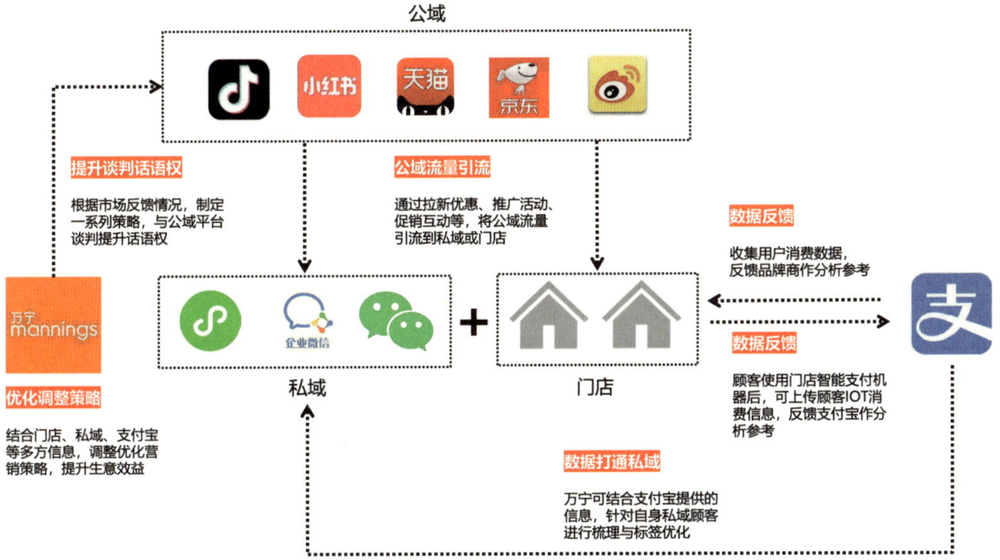

公域

提升谈判话语权

根据市场反馈情况，制定一系列策略，与公域平台谈判提升话语权

公域流量引流

通过拉新优惠、推广活动、促销互动等，将公域流量引流到私域或门店

数据反馈

收集用户消费数据，反馈品牌商作分析参考

万宁 mannings

企业微信

私域

门店

数据反馈

顾客使用门店智能支付机器后，可上传顾客IOT消费信息，反馈支付宝作分析参考

优化调整策略

结合门店、私域、支付宝等多方信息，调整优化营销策略，提升生意效益

数据打通私域

万宁可结合支付宝提供的信息，针对自身私域顾客进行梳理与标签优化

店营业额数据同步中台、获取并分析客群标签的效率。在线下门店中，借助数智化工具，不仅能提升收银效率，也能够结合移动POS机，实现会员识别、扫描商品、购物结算、打印小票一体化等功能，目前线下30%左右的交易订单都是通过自助收银达成。云店、支付场景打通，门店目前已实现用户24小时即时购买，并同步将服务范围从1～3公里优化扩大到3～5公里。

除了全域服务顾客，数字化经营思维也贯穿在管理中，通过数字工具，实现日常审批无纸化运作，增强运营力。在店铺营运流程方面，日均节约60%左右的用时，员工运作效率翻倍提升。

当然，一切生意到最后还要看财务指标，模式上的创新、服务的创新，都是以共赢价值为基础的。客户在哪里，服务就跟到哪里，也有重要前提，就是客户的购买力足够交换服务价值，才能持续运转下去。

场景打通、信息互享的模式，零售商、品牌商都在尝试。如卜蜂莲花，结合支付宝App和小程序，把优惠券、折扣权益等同步到线上，综合数据分析后提前备货，增加了会员，也增长了总营收。同时，由于引进超过290台自助收银机到门店中，大幅度降低人工成本。又如金地物业，自身孵化的金品拼拼平台，联合天猫，共享阿里供应链及数据，利用下沉至社区的自身优势，融合O2O模式提供到家服务。

再如林清轩，搭建OMO模式，线上便捷下单、线下全面体验。在线上平台，美肤BA利用系统化话术，主动联系在线上下单客户，邀请到就近网点享受体验、服务。比如免费做面部修复发光SPA、赠送新品优惠券、赠送皮肤修护面膜等。顾客进店后，再考虑关联推荐，进一步转化首单交易为复购。

在场景互通的基础上，林清轩与平台商合作，展开多平台营销推广活动。并制定一系列美容BA激励机制，比如客户从美容BA处了解产品，全程跟进提供服务，哪怕在线上下单购买，最后BA也可以拿到绩效。

林清轩在场景打通、延展的基础上，构建的品牌、BA、平台三方共同体，既

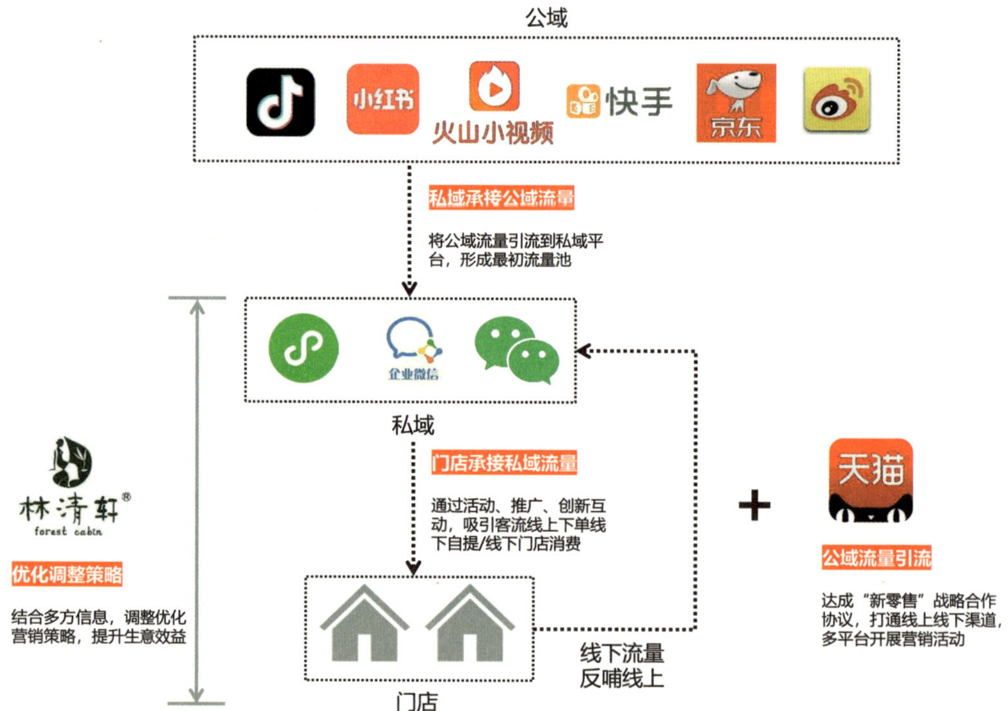

能更好满足客户需求，也能加强平台的紧密合作、BA的积极服务，形成良性循环。

4.2.2 孩子王：你想在哪里买，就可以在哪里买

相比于传统母婴店，孩子王在经营模式上主要有三个明显的差异：数字化超级门店、全渠道零售建设、顾客关系深度经营。会员数量也众多，全渠道会员数量超4800万，月活会员数量超1000万，而且大部分用户沉淀在社群，用户黏性高，运营各类社群总数超3万个。

“超级门店”模式。其门店面积平均在2500平方米左右，最大单店面积甚至超过7000平方米。大店模式一方面可以解决顾客对于品牌和商品的信任度问题，另一方面也可以为到店顾客提供购物、玩乐、育儿、社交等多项服务，面积的三分之一用于卖商品，三分之一用于娱乐体验设施、学习课室，三分之一用于早教等三方资源合作。

门店不再只是一个销售点，而是可以成为顾客的体验中心、游乐中心、社交中心、成长中心等，将顾客一次购物可能需要的各种场景融合为一体，从而创造

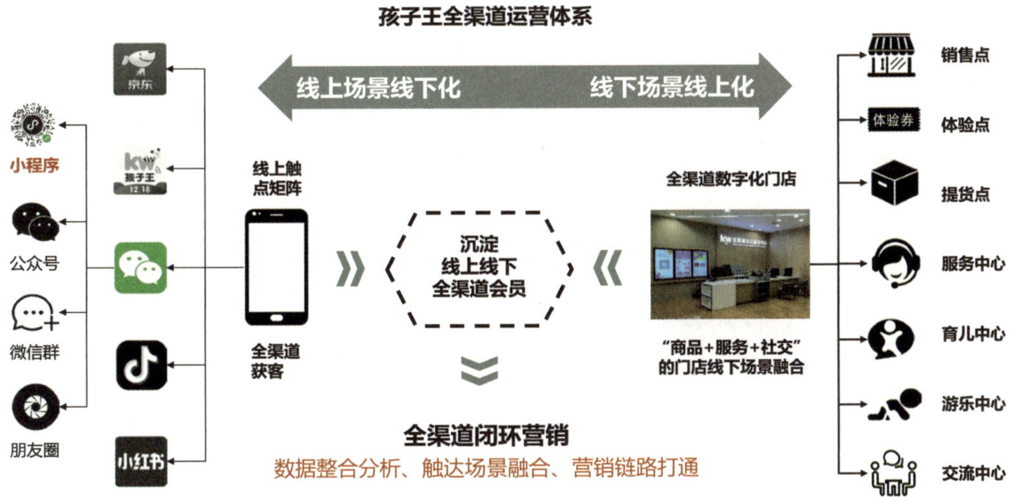

性地满足顾客需求。此外，大店模式还能增加顾客在店时间，从而为商品销售和顾客互动创造更多机会。

优势总是相对的。大面积门店，好处是可以放更多的品类更多的产品，给客户选择也更多；促销模式也可以更多样化，更容易营造购物氛围。压力是需要承担更多的租金及日常运营成本，也更考验综合运营能力。

利用大数据为每一位会员进行精准画像，为会员提供更精准、更人性化的服务。一个用户，有数百、数千个数字标签，然后应用营销模式、算法模型，进行“千人千面”精准营销。

比如，当会员进入门店购物前，只需打开App或小程序，扫描门口大屏上的二维码，门店的当日活动信息，以及结合顾客消费习惯的商品推荐，就会通过后台被推送给该会员，同时，育儿顾问会收到客户到店信息，顾问为客户提供更精准的服务。

当会员在店内时，可以在门店的各个角落，通过App、小程序，或店内触摸终端，扫码一键查询商品详情和使用者评价，然后使用“扫码购”功能自助下单，核销离店，为会员节省选购和结算时间。

客户离店状态下，线上扫码购物可以时时刻刻为客户服务。比如孩子纸尿裤没有了，扫描商品上的条形码下单，纸尿裤可以由各个仓库、门店配送到目的地，或者享受约定门店当天送货上门服务。线上、线下一体化，服务无中断，无边界，用户可以不受时空约束，获得点对点服务。

通过一个小程序，不仅将顾客在店内购物的各个场景无缝地串联在一起，还将所有线下场景线上化、会员互动趣味化、离店场景可控化。真正为顾客提供所见即所得、所想即所购的便捷购物场景，实现“你想在哪里买，就在哪里可以买到”。

母婴生意的挑战在于：总容量下降趋势。每年新增2500万名消费者的生意，和每年新增1000万名消费者的生意是不一样的，叠加品类渗透率已经达到相对高度，该消费的客户基本都已经在消费了，而消费者总数量在降低，在这个赛道，要维持住就很费劲，要增长就更难。当然，就算难，还得做，还得好好做。

4.2.3 优衣库：不管客户走在哪里，都可以买到

在疫情冲击、实体退潮大背景下，优衣库依然屹立、发展，实现增长，很值得学习。把握零售根基，围绕客户购物体验展开工作。打造更好的购物体验，阶段性尝试生态内随性购物新模式。

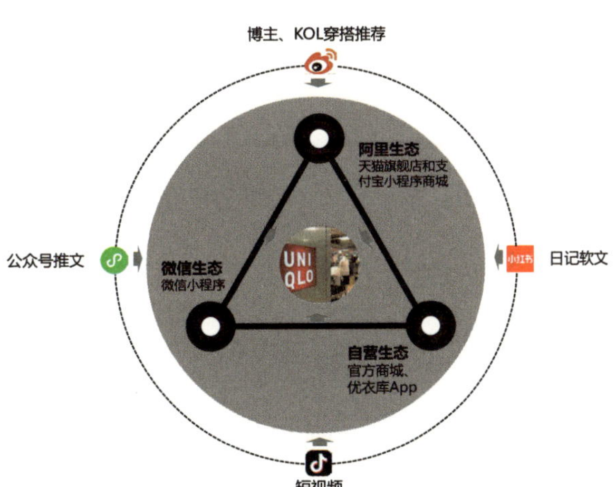

聚焦客群。在微博、抖音、小红书、微信等平台注册官方账号，定期发布宣传视频、推广文案、季节促销活动等，实现“广撒网”的效果。通过特定KOL推荐、达人搭配试穿、合作联名款等手段，扩大目标受众接触面，做到精准影响。目标消费者在众多平台

上，都可了解到品牌最新信息；通过小视频、公众号等渠道，能随时随地学习服饰的穿搭。

多触点满足。微信，通过公众号引流小程序。新人关注公众号可领取定额优惠券，流入小程序时，也会接收到推荐。阿里，包括旗舰店和支付宝小程序商城。各入口搜索，都可引导到旗舰店购物窗口。生活号不定期更新推广文章，平均每周发3~4篇，推广联名款、节庆促销等活动，且文末都附有产品购买窗口，即时案例即时购买。自营，包括官方商城、品牌App等。客户在线下门店购买时，扫码就可加入俱乐部，享有参与优惠活动、新品抢先购等权益。自营生态既作为独立的消费入口，又与前面提及的微信、阿里等相融合，不断优化购物生态。

随心购。从线上到线下，可线下门店购，可扫码线上购；可线下自提，可急送，可定时送；可门店退换货，可线上退换货。消费者在小程序、淘宝等平台下单，可以选择到门店自取、门店定时送货到家，线上订单发生退换货也可以在门店退换，以门店为落脚点，即时快速地满足消费者购物需求。从线下到线上，门店可发挥扫码线上购、门店调货送货到家等作用。客户线下试穿时，可扫码下单，邮寄到家。消费者可避免将大袋衣物拎回家的过程，也可实现跨区域购买。

不让客户“空手回家”，即时“投喂”满足需求，客户走到哪里就可以买到哪里，让客户买得开心。

4.3 即时满足感，给客户带来快感

每一个决策背后都是有情绪的，当客户愉悦了、快乐了、满足了，他就更容易做出“是”“要”“买”决定。

沟通表达时，易理解的道理、简单的字词、朗朗上口的句子，总是能让沟通更顺畅，使人更愉悦。比如：有家，有爱，有欧派；比如：拍照大声喊“田七”。这类表达会比华丽辞藻、复杂修辞更容易打动大众人群。

内容体验时，高频的互动、快速的反馈、短期满足的快乐，总是能让参与者热情高涨、沉迷其中。互联网早已进入千家万户，各种App、小程序层出不穷。我们离不开手机，其实是离不开手机里各色各样的App，App们在满足大家各类日常生活需求时，更便捷，更直接。

在诸多应用里，用户黏性强、最能抓住人心的产品，都有“即时满足感”这个特点。即时，立刻、现在。满足感，需求得到实现时的快乐感受。合在一起，就是某些需求在看到的同时得到满足、得到实现、得到反馈，而产生的快乐感受。这是让你立刻爽的一种感觉。

短视频，是典型代表。5分钟的歌曲，只裁剪其中最动听的15秒；120分钟的电影，只剪裁其中最精彩的120秒；200页的书，只剪裁其中核心的2页金句。让人感觉，划过的每一个短视频，没有1秒是浪费的，都是精华。每个人都好像很忙碌，连走在路上、搭乘电梯的时刻都不容浪费，好好看手机。这是现象，支撑这个现象的是各种“即时满足感”产品。

在这里，特别说明一下，即时满足、短期快乐是容易抓住人心，是营销推广对人性的洞悉和应用，但从个人成长的角度看，这是不利的。一个人的成长、突破，需要的是耐住性子，主动支配、刻意练习，只不过这样做，大多数时候人的体验是相对枯燥的。大多数人做不到，也正是少部分人成功的原因。

当然，产品本身并没有对错，这也是当下的一种创新，有创新社会才会更美好。只是希望大家能够应用得当，平衡好自己的短期快乐、延时快乐。

各种营销活动内容制作，正在快速转向“即时满足”。比如通过短视频、图片集、短语音、短文案等不同方法，用N种方法在同一个月内做一个活动。

传播形式更丰富，触点链接更直接，品牌主题活动可以更立体。一个活动可以在一个渠道做，也可以在不同渠道同时做，还可以在不同渠道分节奏做。在人们生活时间被切得粉碎的场景中，希望能够吸引最多的目光。

形式、流程容易复制，困难的是打造每个时点、每个场景中出现的内容。在渠道信息爆炸、信息流通极速的背景下，我们特别需要文案高手、有功底的营销人，努力向客户证明“我懂你，我值得你拥有”。

某品牌618狂欢日，在活动前有活动预热、第一波狂欢日、倒计时、热卖榜单、用券提醒；在活动时可同步在不同渠道发布信息，吸引入场；在活动后还有

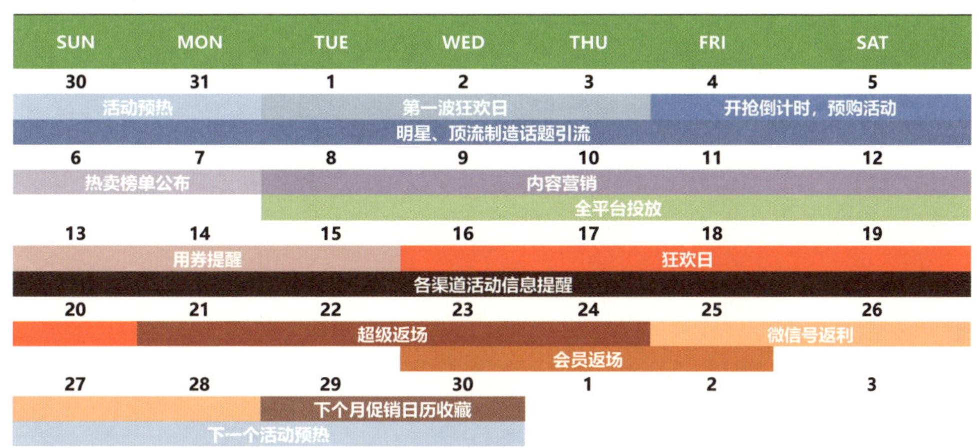

活动前

宣传
微博大片预热
明星代言引爆
顶流KOL种草
各圈层、各领域KOL种草
B站、抖音、快手、小红书、微淘、店铺直播全渠道宣传
热买榜单公布……

信息提醒
活动短信提醒
用卷提醒
公众号、淘宝群、微信群信息提醒……

优惠活动
预售活动（第一波，第二波）
拼团活动
会员福利
抢券活动
收藏领券……

活动中

线上
时间节点秒杀活动
整点秒杀活动
满减活动
会员充值活动
积分换购
盲盒活动
加价购
尾款抵扣活动
买赠活动
抽奖活动
返利活动
博主加盟直播间
直播间优惠活动……

线下
明星吸引
专柜现场服务
专柜直播
专柜优惠……

活动后

线上店铺返场活动
直播间返场活动
会员返场活动
热卖榜单公布
限定返场
添加顾客返利
微商城返场活动
促销日历
下个活动预热……

超级返场、会员返场、返利、下月促销日历等互动。

时间就是金钱。因为更便捷，因为可以获得即时满足感，客户乐意付更高的价格，这也是便利店产品价格普遍高于超市的原因。

接下来，给大家分享我们的一个小咨询案例。

请读者来回答：什么时段该打折？什么时段不该打折？什么时段主推大规

格？什么时段主推小规格？

案例背景：我们曾服务的某零售药店，分析ED（Erectile Dysfunction）系列药品在不同时段的销售，来规划促销时段、主推规格。这里的药品指：枸橼酸西地那非。

药店终端零售数据很多，我们主要看一张产品销售时段分布表：早上8点到晚上10点，不同时段销售占比。

列标签													
8	9	12	13	14	15	16	17	18	19	20	21	22	总计
12.00%	0.66%	3.01%	5.44%	6.97%	10.73%	1.68%	1.77%	7.23%	8.43%	22.08%	6.44%	13.56%	100.00%

为了回答好这个问题，需要结合品类特性，从购物者角度出发，不同时段购买的消费场景有什么不同？哪些是日常消费，哪些是即时消费？哪类消费场景是刚性的，哪类消费场景是弹性的？渠道应该给刚性需求折扣价格，还是给弹性需求折扣价格？大规格意味着是多次消费，小规格是单次消费，分别适应什么时段？

刚性消费，价格贵些能接受；弹性消费，价格便宜些能刺激消费；增值服务消费，可以获得服务收费。在引流促销后，生意模式稳定，相同的产品送货上门大多应该比到店自取要贵些。到店自取，需要承担店租、店内服务人员等成本；送货上门，需要承担快递、上门服务人员等增值服务成本。对于大多数产品，后者的成本会更高。我们当下看到的通过补贴，让几乎所有到家的产品都更便宜的情况不会长期存在。

在产品配送环节，订单履约可能会面临几个问题：仓库少，导致发货距离远，订单配送时间长，配送成本高；热销产品库存不足，面临脱销风险。而滞销产品库存周转慢，食品饮料会面临过期风险，鞋服产品会面临过时风险；如果一个用户订单包含多个商品，而自身仓库无法满足时，则需要先调货，再安排配送，影响发货时效和用户体验。

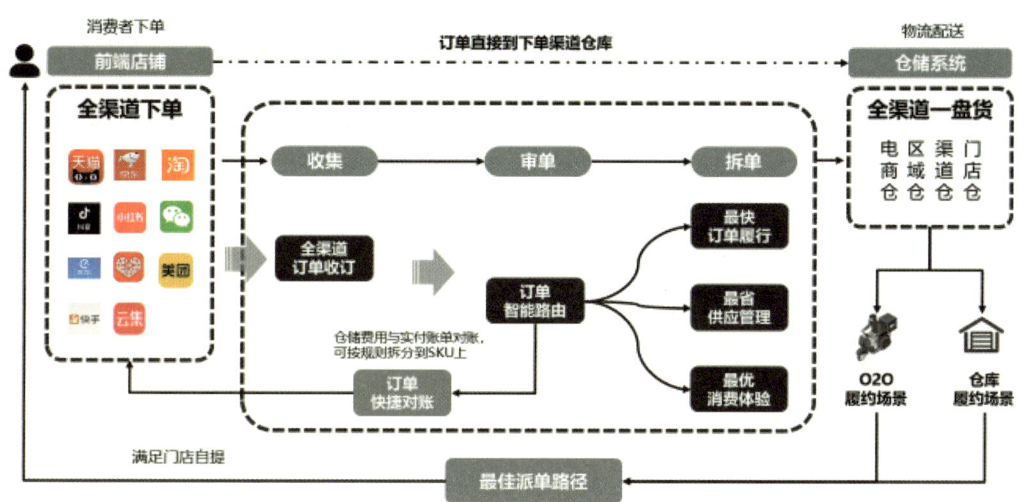

在库存打通基础上，实现全渠道订单打通，会很大程度上提升订单履约效率，实现更快、更省、更优履约。更快订单履约，将订单优先分配给距离用户收货地址最近的经销商仓库或门店；更省供应管理，订单中心综合考虑产品价格、发货地址、物流费用等因素，计算出更经济派单方案；更优消费体验，如果一个订单里有多件商品，而一个仓库无法配齐时，订单中心会根据仓库位置、调货时间等推算出最佳履约方案，以决定调货汇总后发货，还是分成多个包裹发货。

4.3.1 J酒馆：即时消费，即刻愉悦

即时互动、即时反馈、即时消费，会给客户带来满足感、愉悦感。现场制造、手工制作、DIY，会给客户带来更强的参与感、体验感，在市场中也占据部分份额。

20世纪70年代，欧美国家一些地方酒馆开始酿造、售卖手工啤酒，区别于工业规模化生产的啤酒，称为“精酿啤酒”。国内，也陆续出现此类酒馆。以前，尚未进入大众视线范围，多贴上小众化标签；随着精酿啤酒接受程度越来越高、受众越来越多，牛啤堂、熊猫精酿、TASTE ROOM、海伦斯等精酿啤酒酒馆，

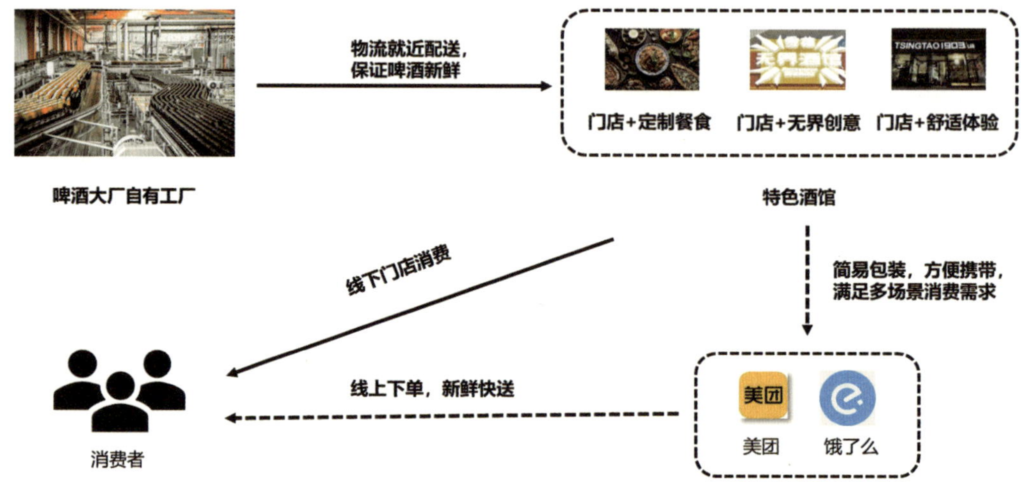

在北京、上海、杭州等城市如雨后春笋般涌现。

精酿酒馆行业，目前属于蓝海，众多小酒馆品牌并存，竞争相对分散，尚未形成高份额品牌。传统啤酒品牌嗅到了商机，利用自己的品牌优势、产能优势在全国各地开设了线下酒馆，加入这个品类竞争。

百花齐放，线下酒馆多采用“鲜啤+门店+餐食/外送”的模式，主要为了销售自家精酿、原浆等产品，为客户提供多一种情景消费体验，人均消费50～100元不等。其中，市场有一个参与者：J酒馆。其在合作模式、风味创新、技术优化方面，更多体现全链条参与度，有几点运营思路值得借鉴。

共赢合作，拓展销路。在上游合作方面，基于J品牌对酒馆的股权投资，厂商为后盾，酒馆为前线，实现四款经典口味在酒馆销售。同时，借助大厂自身的流通网络，把上述产品外销到其他渠道，让产品上来就有量，达成最低生产要求。同时，产品改进罐装方式，对运输温度要求也相对放松。在下游合作方面，由于精酿产品需要保留酒体中的活酵母，所以产品储存的环境需要控制在0～5摄氏度。为了确保产品的质量与口感，他们进驻的酒吧都要求具备成熟冷链体系，以确保顾客享用产品的新鲜口感。通过“背靠大厂家，并肩好门店”的共赢合作模式，品牌也受到各地消费者的青睐。

风味创新，激发消费。结合聚会、消遣情调的门店风格设计，在营造场景沉浸时，不断完善顾客对“好精酿啤酒”品质的认知，通过风味创新，教育和满足消费者对于花样化精酿风味的需求。在生意运作中，与消费者共创趣味性、包容性、随和性社群，从中挖掘、提炼适应市场需求的精酿消费文化。在创新过程中，品牌已经开发了不少旗舰精酿啤酒，例如工人淡色啤酒、凸豪金比尔森、飞拳IPA、阿白小麦啤酒；为增强趣味性，在不同季度，他们会以创意原料为特色，酿造出那个季节专属的啤酒风格风味，每月还会定期推出限量款的富有创新性、实验性的啤酒，例如酸啤、浑浊IPA、帝国世涛。

集百家长，合酿碰撞。在口碑积累基础上，品牌陆续受邀参加全球各地的啤酒节，在汲取各啤酒节的优点后，自身发起主办 “8×8”合作酿造计划。所谓“8×8”，是每期邀约大中华区、全世界选定地区各8家厂，合计16家，随机成双匹配，共同酿造出8款全新的、特别的啤酒，并在每期8×8啤酒节发布。通过这种“合酿”模式，增进技术交流，碰撞消费新趋势，为创意精酿提供灵感。这些酿造思路的尝试，都能够在市场中验证，“跑”出了具备标志性的创意单品，并通过不断地优化抓取更大的市场。

除上述J酒馆之外，不少的啤酒企业也在布局精酿酒馆之路。

例如，青岛啤酒就在当地推出TSINGTAO 1903啤酒吧，集餐饮、零售、演艺、精酿于一身，打造跨界融合“鲜啤+美食”“鲜啤+主题”模式。啤酒吧内售卖自身品牌的全系列产品，包括纯生、皮尔森、白啤、黑啤、IPA等。菜品方面，针对不同城市设计不同风味的啤酒定制菜。例如北京三里屯，推荐菜为黑松露芝士薯条及烧烤BBQ；青岛凯德，推荐菜为海鲜；江西九江万达，推荐菜为香辣鸭头和特色口味鸡。另外，也会向客户提供系列定制化服务，如主题团建、主题商务宴、主题家宴、主题生日宴等。

又如，雪花啤酒在四川推出首家无界酒馆，发力高端酒。研发四种具备特色属性的特调酒：呈现啤酒本色“原浆壹号”，表现戏剧文化“雪花脸谱”，体现清爽口感“马尔斯绿”，显现匠人精神“匠心营造”。甚至还延伸出更多创意，如甜甜脸谱（雪花脸谱+网红棉花糖）、蓝绿仙果（马尔斯绿+高颜值果干）、暴走原浆（雪花原浆+跳跳糖）。通过创意组合、创新体验，吸引更多的年轻消费者。

再如，燕京啤酒开设燕京社区酒号，以酒为媒，致力于提供社区体验式消费新场景。主要售卖自身品牌旗下的原浆和精酿啤酒，主力推广系列鲜啤，包括白、黄、比尔森、拉格等，品类相对较多，且具有相对的价格优势。鲜啤包装采用袋装、瓶装、杯装三种形式，满足消费者不同饮用场景需求。

啤酒大厂不再拘泥于传统销售渠道，纷纷试水在线下开酒馆，开启“鲜啤+餐饮+外送”，打造多场景新消费模式。鲜啤送到家，既能在“即刻愉悦”的享受中，给顾客带来满意体验，又能在“即时消费”的便捷中，给厂商带来销售增量。

4.3.2 京东七鲜：共通、共享、共发展

京东七鲜，生鲜超市，积极推进全渠道建设，围绕让客户买得更开心，梳理人、货、场要素。

权益打通，多平台共享。盯紧客群，以消费频次、消费金额为基础，制定普通会员、黄金会员、铂金会员体系，区分管理。按用户购物偏好，针对性推广。在推出会员体系后不久，用户消费频次、消费金额均有所增长，铂金会员用户数已占总会员数20%以上。铂金会员的权益、服务多元化，也让顾客的购物体验得到了提升。得到正反馈后，新增会员类型，打通京东PLUS会员权益，顾客即可同时享用京东线下线上两端会员权益，实现“买多省多”。2022年初，App活跃用户已超800万名，3/4都是会员。

大小高低供应，品类差异化满足。以App缺货率，评估衡量数字化平台全品类、全时段服务顾客的能力。依靠自建的北京、深圳两大商品中心和京东本身的供应链优势，可以根据区域人群饮食偏好“以销定采”和保障新鲜，也可以分别

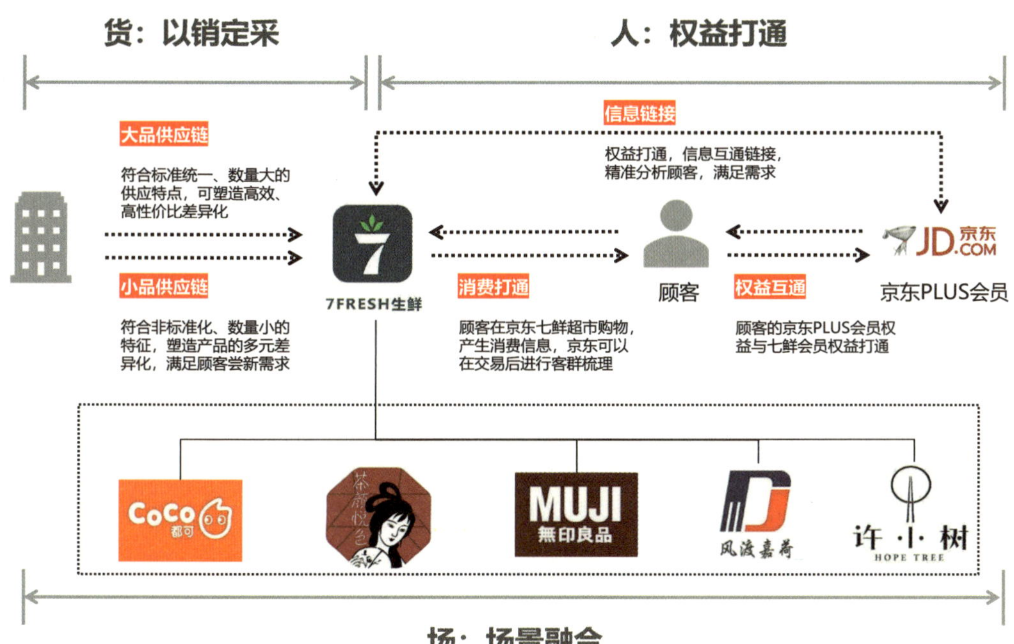

从大品供应和小品供应，满足不同顾客需求。大品供应链，符合标准统一、数量大的供应特点，可塑造高性价比产品；小品供应链，则符合非标化、数量小的特征，塑造产品的多元差异化，满足顾客的尝新需求。同时采用“前中后台组织”，将中台打造成一块块积木，灵活且迅速地响应前台的各种有价值的需求。

你有我有都有，共通共享共存。与茶饮、餐饮、生活品牌联营，与Coco、茶颜悦色、无印良品、海鲜自助铁板烧等联手打造全生活形态超市，空间互通，客流共享。以提升经营效率为根本，发挥供应链体系优势。满足不同消费场景需求，通过不同业态联营，实现场景打通。在“家庭—超市”的场景融合方面，接入京东“小时购”业务，实现“线上下单，门店配送”即时零售模式，3公里范围内用户最快30分钟就可配送到达。同时为配合更高效、精准完成货物交付，还实施“店仓一体化”优化项目，对拣货环境、流程、动线、注意事项等重新梳理，让动线更加符合高效能原则。

4.4 你以为你看到了全部，事实上大多靠脑补

关于“看到”，一方面，是眼睛看到了没有，这是生物层面的。另一方面，是眼睛看到后，和脑中现有存储关联上了没，理解了吗。这是认知层面的。

先看生物层面。人的注意力通常都只维持在视野中心，容易忽视视野周边的信息。为什么呢？

因为眼球结构。眼球由两部分组成：眼球壁、眼内容物。眼球壁由外、中、内三层膜构成。外层膜，包括角膜和巩膜，角膜占外层前1/6，后5/6为巩膜；中间膜为葡萄膜，由虹膜、睫状体、脉络膜组成；最内层是视网膜。眼球内容物，一般由晶体和玻璃体组成。

视网膜感光细胞，分视杆细胞和视锥细胞。视杆细胞

约12000万个，对弱光刺激敏感；视锥细胞有650万～700万个，对强光和颜色敏感。视锥细胞主要集中在中央凹，视杆细胞由中央凹边缘向外周渐多。

因为周边视网膜中的感光细胞密度较低，即视锥和视杆细胞低，导致我们眼睛对视野周边的刺激的分辨能力较弱，所以人眼只能清晰看见周围1/4的物体，其他只能靠脑补加弱视觉补充。

平时走在街上，我们以为自己看到的是一张高清场景图，而事实上我们的注意力只会集中于前方的某一个点，其他大多区域依靠余光捕捉。视线有很多盲区，我们以为看到了全部，事实只看到了焦点。

那要怎样成为吸引力焦点呢？眼球构造，决定了人类更关注焦点，眼球追光、追亮点，追有差异化的事物。比如颜色跳出来的点，万绿丛中一点红；比如静态场景中这点动，动态场景中那点静。尤其是当下，消费市场大多数处于饱和状态，只有当消费者亲眼看到具象的产品，才更能察觉自身的潜在需求。

想同时追两只兔子，那就一只也追不着。在不断被反馈刺激后，人的视觉进步了。核心关注点，就是视线的焦点。品牌商在场景中占据好位置，然后在好位置中有好焦点，客户才更容易抓住，更容易获得。

卖场中的主通道，KTV大厅、主通道等是好位置，卖场中的主通道一个堆头几百几千元。线上平台的首页、边框等是好位置，投放钻展、直通车等吸引客流的费用占到品牌线上商城收入的几个点，甚至十几个点。便利店的收银台是好位置。便利店收银台的销售占比，是其他区域平均水平的5~10倍。

吸引客户的同时，最好能让顾客有持续的愉悦体验。线下场景是这样，线上视觉界面更是如此。延长顾客在软件界面内的停留时间，是每一个线上平台策划者、设计者都会关注的要点。

强化愉悦体验感。用户在操作界面时操作舒适、感受舒适。以零售通App为例，主要客群是三四线零售店主，不仅让零售店老板们进货可以高效、便捷地下单，在设计细节上尽可能降低用户认知和感知的成本。因此，在视觉策略上，基本都会着重强化界面对用户的引导性，以及强化用户对软件的熟悉感。无论是PC端还是App端，首页都大量植入了小店门头、货架、挂板等店铺熟悉的视觉元素，时刻提醒并引导着店老板这是一个专业的小店订货平台，强化用户感知。

强化认知流畅度。引导界面可以在融合用户日常认知的基础上，不断引导用户进行下一步操作，实现整个交易流程的流畅运行，让用户知道且能预判将会出现什么、进行什么、发生什么。以淘宝App为例，只要点击购买，就会遵循以下购买流程：点击购买—选择商品类型—选择收货地址—支付金额—输入支付密码—购买成功—确认订单—等待收货—收货确认—商品评价。整个流程是在强化顾客对淘宝购物流程的认知，并且也十分符合用户对购物流程的认知。这确保了顾客在决定购买的一瞬间开始，就能预测下一步会如何进行。

横看成岭侧成峰，远近高低各不同。我们的判断，基于原有认知加上新输入信息，从这个角度来讲，每一个新认知都是基于现有认知的延伸。关于认知层面，我们在下一章节中分享。

4.4.1 商超：引导客户视线，帮助客户脑补

法国经商界有句谚语：即使是水果蔬菜，也要像一幅静物写生画那样艺术地排列。商品的美感，能撩起顾客的购买欲望。

如何借助商品美感，抓住顾客视线，是商家绞尽脑汁去思考的问题之一。想

要吸引顾客的注意力，并不意味着一定要有视觉效果的狂轰滥炸，有时只需要一个“信息源”，便可以让顾客的视线聚焦。至于“信息源”以外的事物，更多则是由顾客进行大脑的自我加工，也就是我们常说的脑补。

无论是零售商家，还是品牌厂家，都希望通过吸引顾客注意力，让顾客根据自己设计的导向，去购买产品。常见的第一步就是将顾客的视线聚焦在吸引点处，进而结合顾客的脑补、习惯来引导行走或消费。卖场当中的动线设计，大多数都是结合陈列方式和产品特性来吸引顾客，当顾客走到对应位置后，顾客对紧挨着的其他产品的购买意愿，也会受到影响。

顾客的意识，往往是受刺激物的影响才有机会产生，并且具有整体性特征。因此，在布局售货场地时，就要适应消费者意识的整体性这一特点，把具有“关联性”或“符合选购优先级”的商品种类相互衔接、邻近设置，这样可以给顾客提供选择与购买商品的便捷条件，让顾客对成队形陈列的商品产生“锚定脑补”，同时也有利于导购人员更顺畅地介绍和推销商品。

例如某国际零售品牌商超，在动线设计上制定标准，在各个卖场内设计好不同类型的点位，引导顾客行走浏览商品。结合卖场内部位置特性，可分为5类点位，每类点位对应的品类摆放都有不同偏性，包括：主通道摆日配品、过渡道摆流行品、货架头尾摆高利润品、副通道摆热门品、收银台前摆特卖品。

对于5类点位，我们先解释一下定义：

①点位：主通道的两侧陈列货架。

②点位：穿插在主通道之间，逐段引导顾客向前走。

③点位：商超中间陈列货架两头的端架位置。

④点位：商超中的副通道两侧。

⑤点位：收银台前方的临时卖场。

具体布局如图所示：

开门见山入主题，主通道内偏日配。主通道是顾客首先要经过的地方，属于

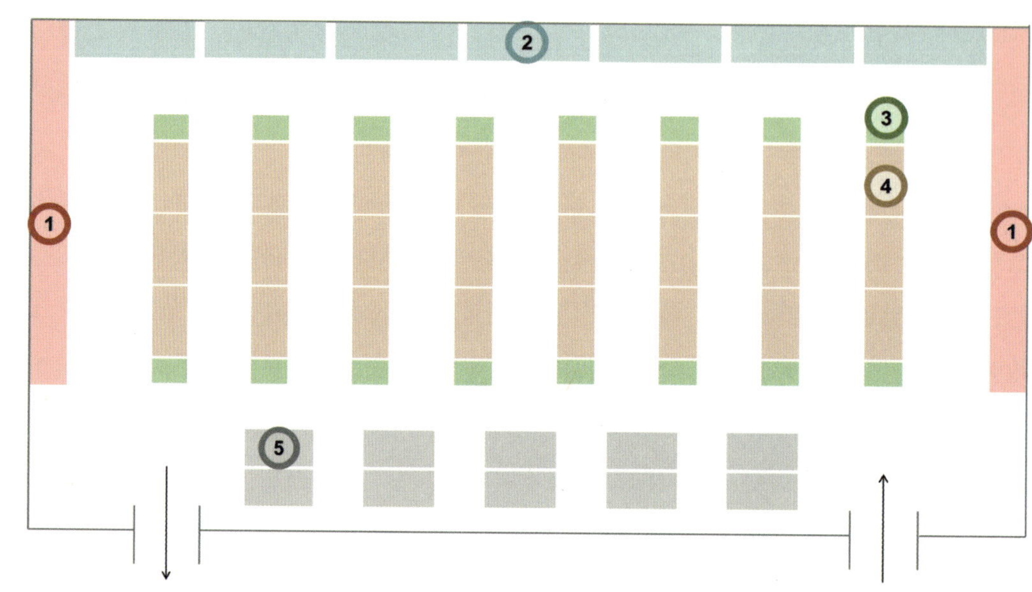

商超的①点位。由于绝大多数顾客在选购商品时优先选购“今天要买要用”的，所以此处应该摆放顾客平日经常购买的高频商品，例如蔬菜、水果、牛奶。部分门店也可结合自身特点，同步陈列主力商品。

引人入胜领前行，过渡道内偏流行。②点位处于主通道和副通道之间的过渡通道。过渡通道的作用在于吸引顾客，并引导其往货架端架位（③点位）、副通道方向（④点位）前进，因此，这个位置的陈列装饰需要更加新颖、引人注目，同时需要配置当下比较流行、有较强引流能力的商品，无论是颜色还是款式等都要有让人眼前一亮的感觉。个别门店也会在过渡通道中，陈列季节性较强的商品。另外，②点位的商品陈列需要定期调整，以保持其吸引顾客的特征。

拐角之处提单产，货架头尾高利润。陈列货架头尾端架位置，通常会作为③点位。相对而言，端架是顾客拐弯进入副通道的第一接触点，是接触频率较高的地方，主要摆放高毛利商品，有时也会摆放刺激顾客冲动型购买的商品、厂家促销商品。

多元选择延停留，副通道内偏热门。商超内的副通道两侧，属于④点位，这是商品摆设最集中的地点之一。副通道呈双面夹击陈列态势，商品繁多，可结合这个特点优化商品陈列，延长顾客停留的时间。同时，此处放置大量相同品类热门产品，也有利于顾客进行对比，进一步延长停留时间，加大选购概率。一般而言，为了确保商品能引起顾客注意，还会根据场地大小、货架宽度来调整陈列方式。例如，由于货架通道很长，顾客视线是水平横扫的，因此会将某一款主推产品在某一位置从上到下陈列，形成竖直色块，有利于顾客视线捕捉。

扎堆陈列搞促销，收银台前偏特价。表演领域中，“峰终定律”总能让观众留下深刻印象，即在开场和落幕时，通过营造高潮气氛让人记忆深刻。类似，在收银台场景，通常会搭建特卖点，这个位置属于⑤点位。特卖点主要是吸引顾客在支付前集中浏览商品，通过扎堆摆设、大量陈列以及促销标识刺激顾客“最后狂欢”。而特卖、展销主题，也会根据节日、活动等不断变化，给顾客带来新鲜感，促进尝新、购买。

上述的5个差异化陈列，也有利于让顾客“锚定脑补”。例如，在主通道两侧（①点位）摆设日配商品的基础上，旁边再陈列少量知名度较低的品牌商品，更容易让顾客接受和尝试购买。因为受到日配品陈列的影响，顾客会自我脑补，认为这些知名度较低的商品，虽然没怎么听说过，但放在这个地方，应该也有不少人购买，自己也会尝试购买。

4.4.2 Y美妆：遵循MHCL，捕捉客户视线

我们实际上看到的只有一小部分是焦点清晰、带有色彩的，其余部分越靠近视野边界，就会变得越来越模糊，色彩越来越淡。在琳琅满目的商业世界，提升顾客对自身商品、服务等关注度的最直接做法，就是捕捉顾客的视线、吸引顾客的眼球。只有顾客关注到你，才有机会与顾客形成链接、达成交易。

无论是线上渠道还是线下渠道，占据客户视线的商业行为，都无处不在。

在线下渠道当中，最为常见且有效的，便是利用陈列、物料、活动消息等吸

引顾客的注意力，而且在竞争激烈的快消品行业中尤为突显。

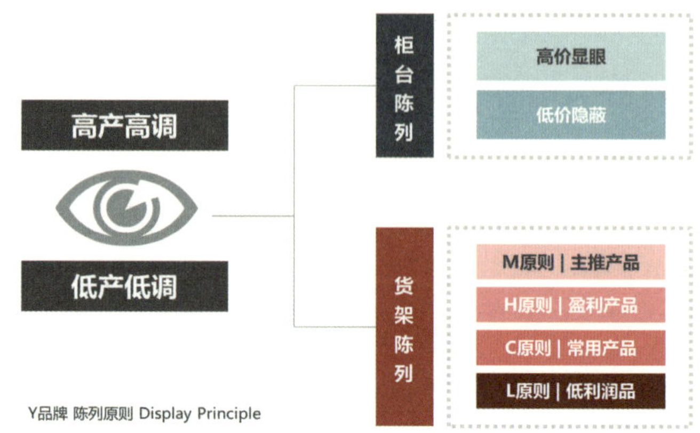

Y品牌 陈列原则 Display Principle

以美妆行业为例，国际一线美妆Y品牌的陈列策略就是遵循“高产高调，低产低调”原则，同时根据不同网点商圈特征进行量化区别。这套陈列原则与美妆导购话术的结合，促使Y品牌的网点单产一直保持在行业平均水平之上。总体而言，所谓“高产高调、低产低调”，是指能带来高收益的商品，会相应地出现在比较明显的陈列位置，利于让顾客关注到并便于获取购买，相反，低收益的商品，则会出现在不容易看见的陈列位置处，充分利用边角位置。具体而言，Y品牌的陈列可以分为柜台陈列、展柜陈列两大方面。

柜台陈列：根据价格来规划陈列策略，遵循“高价显眼，低价隐蔽”。高价格产品放在柜台靠上的位置，低价格产品则放在柜台靠下的位置。例如，眼霜类产品、精华类产品，会陈列在柜台较高处或较显眼的位置，洗面类产品、辅助类产品，则陈列在较低处或比较隐蔽的位置。如此一来，可以确保导购在与顾客交谈的过程中，及时且流畅地介绍柜台显眼位置的高价格产品，防止过于生硬地介绍导致顾客反感。另外，即使某位顾客购买目的性较强，只想购买低价格产品，也能保障顾客留意到显眼处的高价格产品，导购可在交谈中判断顾客需求，给出适当的建议反馈，并结合话术尝试让顾客购买相应的高价格产品，提升顾客体验感与客单价。

墙壁展柜陈列：货架区可分为四个位置，即高位置、黄金线、中位置及低位置。Y品牌在陈列时，遵循的是MHCL法则，由高到低来看，通常是高位置放主推品（Main push products）、黄金线放盈利品（High magin products）、中位置放常用品（Commonly used products）、低位置放低利润品（Low margin products）。具体的做法如下。

高位置M法则：在货架的较上层/高段位置（120～180cm），根据公司产品主推方向，摆放当下时间段内有心培养、推广的产品，同时可结合主推产品摆放相关的推荐化妆品。另外，可结合门店相对应的活动信息，加入吸引目光的物料。这类陈列通常是确保顾客从远处已经能够留意到显眼的物料、产品。

黄金线H法则：在货架黄金线位置（85～120cm），即顾客眼光能捕捉到的、触手可及的摆放位置，陈列利润表现较好的产品，通常包括自身品牌、高单价产品、进口产品。在个别门店内，也会放置高频试用性的产品，方便顾客随手试用，以感官强化体验，增加交易机会。

中位置C法则：在货架由下数起第二层或者第三层的位置（45～85cm），摆放利润不高、销量稳定的产品，或摆放因商圈需求迎合、顾及部分顾客需要而必须售卖的产品。

低位置L法则：在货架的底层位置（45cm以下），陈列利润不高、销量一般的产品。另外，为了资源利用最大化，一些体积较大的、易碎易破的产品，也可放置在货架底部。

不同品类、不同门店的陈列方式都有或多或少的差异。要更好地贴合顾客需求，分析该门店的目标客群画像，并结合自身产品的“相关性”，进行调整。以此，占领客户视线，收获目标客户的关注。

4.5

写入了底层认知，**就占领了客户心智**

客户心智，从产品需求开启，在日常记忆成长，最终留存于认知心智账户。

人，大脑体积占身体3%，能耗却超过17%。为了随时准备思考，大脑要一直保持“待机”状态，为了维持每个神经元细胞膜、每个突触上的电场，需要耗费大量的能量。所以大脑倾向于识别、接受有限的、简单的、现有记忆的信息。反映到营销上，就是顾客更容易接受简单的、有认知基础的品牌和产品。

哪个品牌、哪个产品在大脑心智账户中留存的正向认知越深，大脑下次选择它的概率就越大。

为了保存能量，人体使用多种手段来减少大脑能耗，要简单，要快速，要省电。心理学上，有神奇的记忆7定律，也就是大多数人的大脑在处理一段时间内的信息时，能够被记忆的通常为7个。

工作中的7个任务，终端表现7个要素，高效能人士7个习惯，某一个品类中的7个品牌，等等。当然，有的人能多记忆一两个，有的人会少记忆一两个，7个是大多数人的平均记忆水平。

因为大脑容量有限，所以更容易记住有规律的事物，更容易忘记杂乱无章的因素；更容易按惯性分类处理，更难改变原有路径；更倾向于接受已被验证的安全方案，更难接受还没接触过的不确定性方案。

成功的品牌，成功的产品，一定是找到了差异化定位，占据了客户心智的一角，引爆了原点人群、核心人群。有生命力的产品，必须在消费者心中留下一个清晰的词，最好是2~7个字的词。品牌做到了这样，就能够在客户心智中实现预售。客户在想买的那一刻，就已经选定了你。想喝碳酸饮料，想到的可乐是谁？想喝鲜牛奶，想到的品牌是谁？想买去屑洗发水，想到的品牌是谁？想吃冰激凌，想到的是哪一款？

心智，底层的核心常识和认知，首先是常识，然后是认知。常识，是人民群众在日常生活中总结出来的规律、知识。比如一年四季，春夏秋冬；比如下雨天，打雷不要站在树下。认知是个体认识客观世界的信息加工过程和结果，对事物概念的判断和对事物规律的总结。比如我相信河流走向环抱有情，反弓无情；我相信晒了180天时间的酱油，美味鲜。常识更多是群体认可的总结，认知更多是个体认可的小结。

毫不夸张地说，给个人写入了底层认知，就占领了个人心智。

占领了心智，就占领了市场份额。客户购买，需要一个理由，如果底层认知给出了这个理由，就实现了销售。因为客户不是不乐意消费，而是渴求购买行为背后的合理理由，给自己一个理由，给自己一个说法，让消费正当化、合理化。当客户找到合理化消费的理由，或令自身信服的因素时，购买行为就不再是单纯地买东西，而是买一份情感，买一份支持，买一件事情。

4.5.1 人头马：简单、具体，大脑才能记住你

怎么才能知道你的产品卖点好不好？有个很简单的测评方式，告诉你身边的10个人，3天之后问一遍，7天之后再问一遍，如果大部分人还能答得上来，那它就是好卖点。

我们来看一个很典型的例子——“人头马一开，好运自然来”。广告语简单，用十个字，告诉了我们品牌、动作、场景，朗朗上口，甚至大脑会自然弹出开酒瓶“嘭”的声音。

当你听过了这句话，假设，朋友失恋、做生意遇到难处、工作不顺利，陪他喝酒，你会选什么酒？假设，朋友结婚、孩子满月宴、表弟升学宴，要你帮忙选一款酒，你会选什么酒？不管你最后选择了哪个品牌，脑海中很可能浮现过这句话：“人头马一开，好运自然来”。

只有写入底层认知，才能占领顾客心智。消费品琳琅满目，当100款同类型的酒摆在顾客面前，如果不主动打造差异，顾客只能随机选，选中你的品牌的概率是1%。因此，面对大量同类型产品竞争的市场，品牌要做的，是建立差异，帮助你的目标顾客做出选择，让顾客选择你的品牌的概率变成5%，甚至25%。其中很重要的事情，是搭建顾客底层认知，让顾客的大脑相信，是自己在做出选择。

底层认知符合什么特点？生动、简单、具体、熟悉。这是条件反射和非条件反射的关系，消费者能够下意识倾向你的品牌，一定是建立非条件反射，“无须

思考，脱口而出”，就是最重要的标准。

足够生动，大脑才记得住。就像“人头马一开，好运自然来”，为什么不直接讲“人头马，带好运”？表面上是简单的“名词+动词”，其实已经营造了一个开瓶的场景，甚至还能听到场景中“嘭”的开瓶声，大脑看到这几个字，快速转成图像，储存进记忆。再比如，“德芙，纵享丝滑”，配上巧克力变成棕色绸缎的广告画面，生动形象，和这几个字一起快速植入顾客脑海中。

足够简单，大脑才记得住。十个字，每个字都很简单，要讲的故事也很简单，无关学历、阅历，各类受众都能理解，也都能记得住。比如“果冻，我要喜之郎”也是耳熟能详的广告语，细想，好像传递的信息量实在不多。这么贵的广告费，产品有10个优点，1个也没讲出来，好像还有点亏。但是，就是这个好像没有传递什么的广告语，帮助喜之郎在全国占据了大量的市场份额。背后的逻辑就是“够简单”，定位清晰，告诉顾客，果冻这个品类，就买喜之郎。

足够具体，大脑才记得住。“人头马一开”，讲的就是“开瓶”这一个动作，足够具体，精准狙击顾客大脑，顾客能够聚焦，记忆才不容易模糊失真。列举两个类似品牌，“和府捞面，一斤骨头，三碗汤”，两个量词，精确具体；“路上堵车，听喜马拉雅”，从堵车这个时间节点出发，把应用场景无限聚焦。

足够熟悉，大脑才记得住。再看人头马这个广告语，会发现“自然”两个字很有趣，其中蕴含着“理所当然”的味道，加了这两个字，天生就增加了顾客的信服度。顾客的大脑可以快速检索关键字，有趣的实验表明，两句没有实际关联的话，套入“因为……所以……”句式，会更容易被人接受。大脑是聪明的，会自动搜索识别关键词来降低耗能。“自然”就是大脑熟悉的关键词，看到这两个字，大脑会先入为主，觉得逻辑成立。农夫山泉讲“我们只做大自然的搬运工”，因为顾客对大自然有“绿色、健康”的天然认知，把品牌和顾客熟知的“大自然”的概念关联在一起时，顾客就对品牌产生了信赖。

只有十个字，生动、简单、具体、熟悉俱全。用粤语或者普通话，讲起来都有韵律，朗朗上口；放在送礼场景，送的不是酒而是好运，谁会想拒绝好彩头呢；放在饭桌上，觥筹交错间，大家都会觉得这杯酒不得不喝，也一定很好喝。

近期，我们看到了品牌新口号：人头马一开，我们耀精彩。你更喜欢哪一个呢？

4.5.2 泰山鲜啤：抢下“鲜活”细分市场

过去30年，啤酒品类，和大多数快消品类一样，经历过一波洗礼，国内超过1000家地方小厂逐渐消失。乌苏等幸存者也被并购，形成华润啤酒、青岛啤酒、百威英博、嘉士伯和燕京啤酒五大集团分割中国啤酒市场的格局。地方性的小品牌，几乎都没有逃过被吞并的命运。

淡啤产品，口感差异不大，工厂产能、生产效率、渠道营销是各企业竞争的基础。啤酒巨头并购地方酒厂，既能降低生产和运输等成本，也可以进一步夯实地方渠道。市场、品牌投入，在一盘棋思路下效率更高。

当然，事情总有例外。泰山啤酒，通过打造差异化产品和渠道创新模式，在夹缝中生存了下来，发展速度还快到让市场关注。其中关键一环，是品牌抢下了啤酒品类中“鲜活”的认知心智。

更鲜、更快，是食品企业抢占市场的法宝。在客群心智中，“鲜”一直具有很强大的吸引力，鲜是好的，鲜是爽的，听着、说着都会让人分泌唾液，想来一份。期望有更新鲜的牛奶，最好是24小时内的；期望有更新鲜的肉制品，最好是热乎的；期望有更新鲜的蔬菜水果，最好是现摘现采的。

泰山啤酒曾经也经营不善，困难重重，但还是走过来了。在低谷时期，年产能仅几万吨，相比于啤酒巨头的千万吨级别的产能，着实不值得一提，只能蜷缩在山东一隅。在2010年，泰山注意到，艾尔啤酒在部分消费人群中风靡开来。香气特殊的艾尔啤酒，麦芽味足，比保质期12个月以上的淡啤，更“鲜”。在“7天鲜活”原浆推出市场后，一开始就赢得了良好的市场反应，自此从泥潭中蜕变新生。

由于原浆啤酒的保质期短，通常只有7天，调货频率非常高，经销商进货意愿不高，原浆啤酒一旦在出厂7天内销售不完，就意味着要损耗，为了实现“鲜活”，工厂和渠道每年产生的损耗是超百吨的。传统的经销模式显然不适用于原浆啤酒的销售。鲜啤直营模式尝试着给出解决方案，自建线下直营门店，截至2022年初，全国直营门店数量已经超过2300家。

先下单，后生产
发货日会提前预测部分销量进行生产
电商平台
天猫
JD.COM
电商平台开设品牌专卖店
为线下门店无法覆盖的区域消费者发货
厂家（目前有泰安和佛山工厂）
直营门店（2300+）
消费者（全网800万+粉丝）
提报进货数量
按需生产供货
自建物流，即时配送
美团
线上下单
30分钟新鲜快送
门店体验和购买
根据消费者下单时间进行排期发货，
一般在下单后的次日或隔日发货，部分预测订单会提前在下单当日发货在销售端，线下门店不仅作为鲜啤的购买渠道，也是鲜啤O2O模式下的前置仓。自建微信小程序，客户打开品牌小程序后，会自动匹配附近门店，下单结算后，门店依托第三方配送平台，在客户下单后的30分钟内，将产品配送到家。客户也可以通过美团下单，骑手到店取货然后配送到家，或者线上下单，到店自取。在供应端，线下门店会依据过往销售数据预测销量，进而向工厂提报进货数量，而工厂在接到订单之后，按需生产供货，最大限度减少产能浪费。

随着销售规模的扩大，第三方物流逐渐无法满足配送需求，厂商开始自建供应端物流体系，实现“7天鲜活”啤酒在北方地区24小时内送达终端，南方地区36小时内送达终端，最大限度保证在售产品的新鲜度。在直营模式下，销售额年度复合增长率均在30%以上，于2020年在佛山三水开设原浆啤酒生产基地，提升华南和华东地区的物流配送速度。

由于线下门店覆盖范围有限，品牌开设京东和天猫专卖店，为全国范围线下门店无法服务到的客户提供原浆啤酒。用户先在电商平台下单购买，品牌方收集每日下午5点前的订单，再安排工厂生产相应数量的鲜啤，于次日发货，保证鲜啤的生产日期为发货日期。在发货日当天，工厂预测销量提前生产，并按照付款先后顺序，当天发货，未发出的订单安排在次日生产发货。特殊的排期发货模式，一方面最大限度保证产品新鲜度，另一方面也能满足部分消费者快速收货的需求。

新市场慢慢打出来了，啤酒巨头们纷纷跟进。青啤，试水社区店，主打精酿鲜扎，陆续开设300多家终端。燕京，试水“社区酒号”，陆续开设近200家门店。

4.6 用望远镜和放大镜，找到最香的那块蛋糕

拿着望远镜，先找目标地理区域。在宏观层面、品类总容量层面，先做总体判断，哪里更肥沃？哪里更合适？哪里更容易低投入高产出？哪里是优先去的目标市场？选定目标区域，我们再看区域里的商圈。

商圈有自己的特点，不同商圈匹配不同的产品、服务。比如：商务经济圈的特点是集中化、标准化、娱乐化。不管是大众点评还是饿了么，排在App前面的几项基本都是餐饮、电影、酒店等。除了这些，还有运动健身、DIY手工娱乐、桌游等。再比如：社区经济圈的特点是分散化、个体化、工具化。社区生活服务比如家政、送水、换气、维修、回收、开锁、到家大厨等。

无论营销玩法多么“乱花渐欲迷人眼”，精准营销，首先要精准定位，覆盖目标用户，才能够谈及转化。过程中，品牌需要尽量拿到全面、真实、有效的用户画像，包括年龄、性别、地域、偏好等。但现实会比理想情况复杂，用户消费习惯的内涵和外延泛化，个体兴趣差异大。

用望远镜找“个体兴趣”不易，那就看“共同圈层”。

秉承“先总后分”的思路，兴趣各异的用户，因某种共同喜好聚集，形成圈层。圈层内群体人员有互信，品牌有匹配的圈层，就有了匹配的消费群体。怎么找到圈层呢？

逐步聚合分层，用望远镜找到“蛋糕”。数据平台商巨量算数先提炼兴趣标签，以内容兴趣、行业兴趣和兴趣广度三个维度交叉聚合，从规模性、营销价值、情感投入价值综合评鉴，实现聚焦，再将人群按照兴趣广度分层。最后，进行族群化聚合，共生成103个兴趣族群、21个兴趣圈层。如游戏圈层，就细分出了主机玩家、体感玩家、休闲玩家、手游玩家和萌系游戏玩家。

找到了圈层，但这个范围较大，不够具象。即便在同一圈层，个体也有很

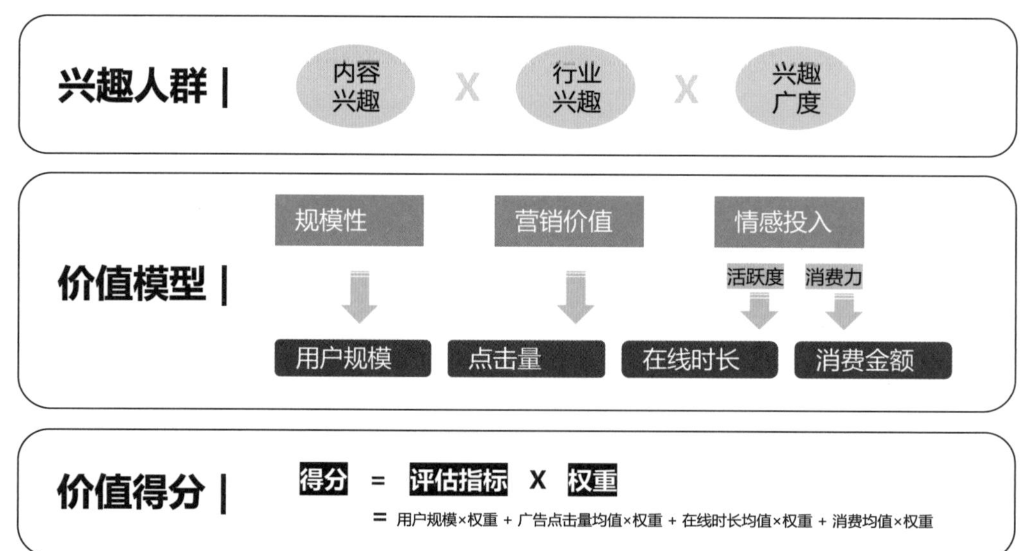

大差异。比如同样是音乐爱好者，但大家会喜欢不同流派、不同歌手。得清楚目标群体更细节化的差异，否则难以找到切入口。另外，个体的兴趣相当丰富，比如喜欢音乐的同时也可能喜欢潮流、时尚或游戏，要知道这些零散用户间的差异。

用放大镜看到“泛化圈层”背后，满足“个性化需求”。

结合用户兴趣，用放大镜发现“最适合你”的蛋糕。例如，游戏圈层内部分用户喜欢动漫，游戏品牌可以联名动漫IP；美妆圈层内部分用户喜欢美食，则美妆可以和美食品牌共创；家电圈层内部分用户喜欢游戏，家电品牌可以和游戏携手做活动，或推出特别款产品。意想不到的组合和链接，又反过来增加了生意的更多可能性，激发用户的好奇心，吸引眼球。

结合企业策略，用放大镜发现“你最喜欢”的蛋糕。可以根据自身的生意策略，找到最适合的策略定位用户，针对性加大推广力度，形成自己的忠实用户。比如，某品牌策略是向高端化进阶，那么就去到精致生活兴趣圈中，找到匹配的用户群，树立品质形象。比如，国货老品牌希望实现年轻化转型，可以主动加大冲浪青年圈、新新青年圈、学习圈等营销投入力度，让品牌更快打入年轻人群体，建立“年轻人喜欢”的新形象。

数字技术，数智化洞察已经成为商业发展中越来越重要的一环，它既可以是“发现蛋糕”的“望远镜”，也可以是聚焦到“最香的蛋糕”的“放大镜”。

4.6.1 罗森：致广大，而尽精微

随着消费水平提升，便利店发展越发迅猛，百强连锁便利店门店总数已接近13万家。便利店在持续发展，也在持续创新转型：融合线上、线下、远程、近程购物场景扩大服务半径，提升供应链管理体系等。罗森，是其中一个积极创新的玩家。

“致广大，而尽精微”。针对商圈、顾客的数字化分析，从两个方向对商圈

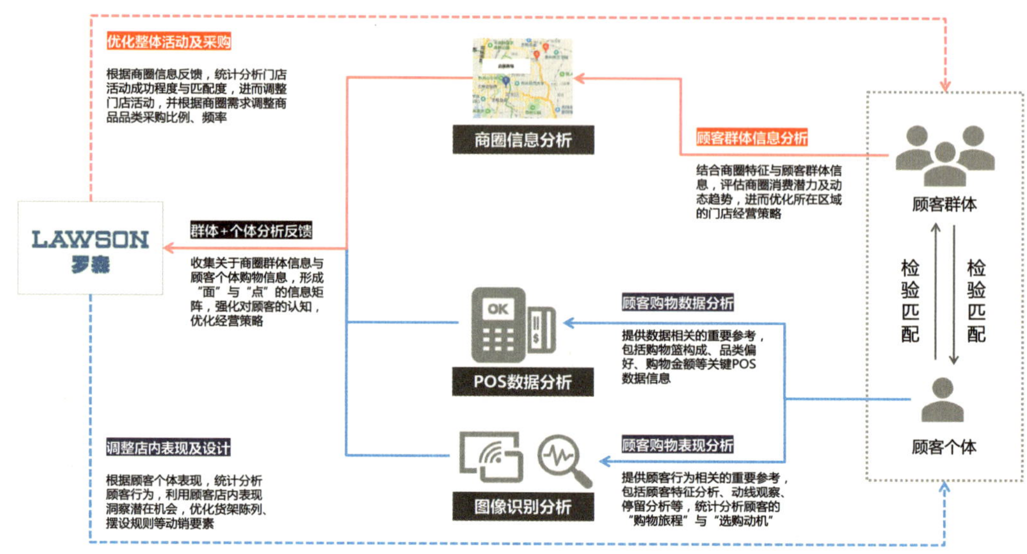

特性、顾客偏好进行信息收集及分析。同时，也用更高效的速率，强化自身品牌的生意运作。

人群分析致广大。到什么山唱什么歌，因地制宜，是一个零售经营原则。一方水土养一方人，会体现在大小区域之间、城市之间，也体现在商圈之间。

首先，采取“聚焦爆破”策略，在某一片区域中集中开店，形成高密度门店分布态势，抢占区域用户便利品牌心智，吸引足够多的目标客群到店购物。“拿好站稳”的同时，将少年、中青年、白领作为目标市场人群，保持潮流敏感度。以华东为例，罗森就受到15~19岁人群的明显青睐。这些出生在社交媒体时代的年轻消费者，不再认为商品越贵越好，也不再一味追求高性价比，他们更在意的，是购买决策的背后，是否匹配自己的性格、观念、潮流导向等。

根据社交网络数据反馈，以及对年轻人热点、潮流信息的高敏感度捕捉，便利店可推出很多引流网红产品，如脏脏包、豆乳盒子、双黄蛋雪糕、冰皮蛋糕、冰葡萄、即食半熟芝士等。同时，某些片区的便利店，还可以根据所在的商圈属性，对产品的优惠活动、单品政策等进行调整，甚至根据所在片区的人群偏好和商圈属性，开展符合产品、商圈特性的推广活动，活动指定门店也会依据片区特点有所区分。

一方面，新品源于对新一代群体的洞察，再借助微博、小红书、抖音等达人力量，迅速走红；另一方面，便利店推广方式融合该片区的特性，更好地迎合目标受众需求，戳中要点，则更容易吸引客流，从而也能持久影响用户消费决策——“楼下这品牌的便利店不错，经常有新奇产品新奇活动，有空再去溜一圈。”从锁定人群，到分析人群，从满足顾客购物需求，到抢占顾客内在心智，零售商实现门店快速扩张。

图像识别尽精微。起初，便利店主要是根据店员的现场观察，以及借助POS数据分析判断商品售卖情况、不同顾客的购物倾向，进而制订日常销售计划。运用这种方式来预估销量和制订计划，是一种方法，小弊端是效率及精准度较低。为了在分析销售、分析顾客时，得到更精准的结果，还可以用图像信息识别技术，通过统计与分析顾客在店内的表现，提取记录不同地区、片区的不同顾客的真实需求。便利店，利用监控相机和传感器，导入图像解析技术，对顾客实施特征识别、动线观察、停留分析等，统计分析顾客的“购物旅程”与“选购动机”；总部甚至会选取销售量、销售金额、客单价等符合条件的门店，开展分析顾客行为心理的实验系列活动。再根据分析结果，进一步预测各类商品售卖情况，进而分品类、分比例采购产品和调整优化货架位置、陈列规则、摆设特征等。

商品购置提效率，少走一步快一大截。应用数字化手段，还有利于提升店内商品进销存效率。以往采取“半自动式订货”模式，店员每天都需要反复监控、确认库存状况，进而订购商品。在订购过程中，需要依据各店铺的销售情况、客户群体、天气、日期等数据，按照订购画面上显示的推荐值购置商品。近期，品牌开始在终端尝试“自动式订货”模式，用自动订货系统，适时上架某段时间内产品，比如9个月、6个月。这可以较好地解决人力短缺、新员工购置经验不足问题，并逐步推广、复制这套模式。近年来，品牌也致力于通过AI技术，为各门店算出准确度更高的推荐值。当推荐值精确度达到一个度以后，店员无需查看仓库，就能够顺利完成商品购置，实现商品购置效率全面提升。

利用高效的数字化手段，锁定分析人群、识别洞察人群、提升优化购置，用望远镜找到大蛋糕，用放大镜找到最香且最多料的那块蛋糕，还用更快的速度伸手拿到那块蛋糕。

4.6.2　U创：怎样让成功概率更高一点？

在中国，每七分钟会诞生一个企业，初创企业中出现很多亮眼新星，比如USMILE在双11销量做到品类第一；WONDERLAB上市1年，月销售突破5000万元。当然，创业不简单，我们看到了这部分“幸存者偏差”，在这偏差背后，还有海量的品牌高高兴兴入局，又在几个月或几年内黯然退场。

联合利华，部分开放内部资源，联结市场三方，推出企业孵化器平台——联合U创，利用厂商多年优势，帮扶小品牌从0到1新生，加速小品牌从1到10成长。U创孵化器选的主赛道，在彩妆护肤、个人护理、口服美容和宠物护理四个方

创享　会员制 | 标准服务

7大会员核心权益
新锐品牌—创立新生—增长助力

沙龙活动
- 产品创新趋势
- 营销推广打法
- 品牌管理
- 资本融资

人才共享
- 品牌生意1v1
- 人才团队答疑
- 营销资源嫁接

社群分享
- 商业简报分享
- 互动交流
- 平台动态通知

生态联合
- 大厂创新赛
- 人才共创营
- 融资路演台

数字智库
- 智研报告
- 智能工具
- 智学堂

媒体专访
- 创始人故事专访
- 新产品上市宣推
- 媒体矩阵发声

权威认证
- 联合利华
- U创品牌会员认证

创造　项目制 | 定制服务

5大定制化陪伴

营销
- U-dream
- U家KOL/KOC平台
- 联合利华清塑行动
- 创新整合营销

产品
- 联合利华配方合作
- U创产品开发合作
- U-tique 设计平台

企业创新
- 初创企业合作
- 人才团队培训
- 建设机制

数智
- 联合U创共享私域
- UKB达人优选工具
- Uni-AI智能化检测

人才
- U创人才zz智能共享平台

创投　股份制 | 投资入股

多种资源注入

重点渠道嫁接
- 资本助力
- 大企业合作

提供集团核心资源
- U+基金注入

联合U创

向。U创平台和会员品牌，有创享、创造、创投三类合作模式，期望能给会员企业提供市场望远镜和放大镜，让成功的概率更高一点。

根据会员需求不同，平台设计“三创”会员机制：创享，会员标准化服务，包括智能工具、线上课程、行业报告、沙龙活动等；创造，项目定制化服务，即产品研发、品牌营销推广、渠道建设等一对一解决方案；创投，股东陪伴式服务，即双方达成股权分配协议，以入股方式加入初创企业，帮助品牌成长。

U创打造积木化、模块化工具池，不同程度赋能合作品牌。通过分析品牌成长路径，把关键节点标准化，既做“数智化”也做 “标准化”。合作初创团队，根据需求选择部分工具套餐，即拿即用。以前，市场中更多是一对一的孵化模式，现在，利用U创平台，利用搭建的数智工具库，可以同时服务无数家企业，升级为一对N的高效孵化。

比如PIDAN，有鲜明的设计美学，了解什么样的产品更受到消费者喜欢，但在延展品类时，会发现研发能力不足，无法研究出适合消费者的产品，U创的研发模块可以支持。再比如禾宝，创始人花了十年时间研究，做严格的临床对照实验，强于研发，却不知道怎么做消费者喜欢的品牌，U创的品牌模块可以支持。

U创赋能服务分五大模块，包括商业情报站、产品研发所、测试高速路、智能营销站和团队建设库。

商品情报站：帮助品牌了解市场。初创企业利用某一优势，起步阶段可以将自身定位在某一个赛道，这个赛道可能竞争很激烈，也可能市场很小。这时平台可以提供自动化工具，生成各类相关的信息和报告，帮助快速了解市场实际情况。

产品研发所：助力产品研发。初创企业并不了解产品研发的完整的流程，研发所有一系列工具帮助识别市场趋势，帮助了解哪些产品卖得特别好、用了什么概念、学习法规知识等。

测试高速路：是标准化的调研模块。调研工作涉及很多专业技能，但很多初创企业没有调研人员，通过平台点击，立马生成概念测试模版，分发给样本库，进行市场的研究。

智能营销站：帮助进行产品营销推广。比如用自动化工具，帮助初创企业生成更易引起大家兴趣的广告语、模拟找到适合的营销方式等。

团队建设库：帮助建设内部团队。这个模块能够识别创业团队情况，识别团队现有问题，怎样引入适合团队的人才，以及怎么调整自己的沟通方式等。

除此之外，孵化平台还结合自身优势和周围生态资源，为初创企业提供内部+外部双重护航。

内部，着力供应解决方案。比如OEM/ODM供需匹配平台就可以帮助品牌快速高效找到合作伙伴。选择供应商本是耗时耗力的工作，尤其新消费品牌，很难找到大的供应商。在孵化平台，品牌用产品图搜索，找到生产类似包装的供应商A，了解生产包装的价格、材料、交货期等。

外部，着力洞察市场机会。比如美妆品类大数据工具和趋势热点报告库，美妆品类比大多数品类变化更快，更需要专业、实时的行业趋势洞察报告，平台和美妆行业大数据公司合作，获得美妆报告，会员可以免费得到这份报告，给营销决策提供参考。

考虑到仅一家企业资源还不足以实现企业需求，平台也开放了整个生态，和不同的生态伙伴合作，携手天猫、腾讯、快手、拼多多等开展战略合作，为新消费品牌提供实现科技合作、IP 嫁接的机会。

80%的公司活不过三年，超过五年的不到7%，U创能不能让这个存活率更高一点？或许，会高一点。U创是不是解决了创业成功的根本因素？你觉得呢？

05

第5章

乘势大数据

5.1 手大遮不住天，水大漫不过船

顺势而上，别逆势而动。和趋势在一起，就是和大概率在一起，做事情可以实现事半功倍的效果。

趋势，有品类趋势，有渠道趋势，有区域趋势，有组织趋势，有技术趋势。当然，很多趋势是以多维度组合的形式出现的，比如在某区域某品类，某技术某渠道所组成的细分市场发展趋势。

品类趋势。在出生率连续快速下降的年份，做奶粉、纸尿裤等品类的生意，是非常艰难的，品类大趋势向下，事倍功半。最好的做法是，君子不立危墙之下。近年，老年化率不断提高，与中老年相关的慢性病药销售量不断增加，增长大势已成。咖啡、奶酪棒、冰激凌、白酒、饼干、牛奶、酱油、休闲食品、预制菜、纸巾、牙膏牙刷、彩妆、手机、汽车等，在未来十年，哪些品类是持续向上，不断扩容？哪些品类是持续向下，不断萎缩？哪些品类会震荡波动？

有一些品类是周期性的，品牌很难守住阵地，大多都是各领风骚各几年。在这些品类中，品牌就是来赶潮的，潮水过去了，发展拐点也就到了。X茶、N雪、CY悦色，从诞生那一刻起，就在和生命凋谢时刻赛跑，和当初的D卡司、X卡司一样，发展的核心动力来自消费者洞察，但是饮品要想持续领先市场，几乎是不可能的。有一天，会突然发现消费者不喝这款了。品类市场还在，但品牌会不断洗牌。

渠道趋势。2000年，GL空调可以是经销渠道为王，WHH、WW也可以是经销渠道为王。2022年，如果还是这样，客户就有可能会选择其他品牌了，因为原有模式赚钱的环节多，卖的产品贵了。改革渠道才是出路。在改革的过程中，线下渠道为主的经销商会难受，甚至会抵制、会反水，但也必须得改，如果不改，品牌就会不断失势。

过去20年，母婴品类如果选择和母婴渠道在一起，成功的概率就大增，因为母婴品类在母婴渠道的份额占比从一成多增长到五成多，比如合生元。如果选择和商超渠道在一起，就会经历过山车，因为卖场从几个点发展到二十几个点，又跌回到十个点出头，比如美赞臣。2015年，如果选择开天猫旗舰店，只要品类还可以，基本都能成功，我们合伙人也在2015年开了天猫旗舰店，回头来看，真是占据了好天时。如果2022年再来开，就不再是一回事了。

2019年之前，化妆品通过代理、经销客户占据了CS

(Customer Satisfaction)渠道，就站稳了脚跟，欧莱雅、珀莱雅、雅诗兰黛、SK-II、上海家化、伽蓝等都是这样。但是，2022年如果还保持不变，那就会很难受。因为平台电商、私域微商等渠道瓜分了大量份额，如今头部几个品牌，销售额五成甚至更多都来自融合渠道。

区域趋势。大多数品类，在2010年之前进入了一、二级城市，就进入了销售额的主要区域，做好了大城市圈，就有了基本盘。2010年开始，随着基层人民消费能力的提升，陆陆续续有品牌做RTM(Route to Market)，做低级别市场拓展，2015年是个拐点，2020年慢慢达成区域之间动态平衡。

在品牌群体性拓展低级别市场之前，有好些企业通过“农村包围城市”获得了巨大成功，如WW、WHH。等待伊利、蒙牛等大举进攻低级别市场之后，这些品牌就节节败退了。

一定程度上，区域代表了群体消费能力。一般而言，由高打低更容易一些，由低打高更艰难。比如高价位品牌，新增低价位产品线，通过价格降维打击竞争对手；低价位品牌，新增高价位产品线，成功的概率至少打五折。大多品类，从高级别区域往低级别区域打，更容易成功，如果从低级别区域往上打，则更具挑战。由俭入奢易，由奢入俭难。

组织趋势。经济越发达，专业分工就越精细，就会有越来越多中小企业涌现。中小企业的背后是中小组织。彼得·德鲁克在《下一个社会的管理》中提到，未来知识型员工和组织之间会形成合伙关系。合伙制，正成为组织发展趋势中的重要分支。

我们要去思考系列组织趋势。我们的企业，是雇佣关系更合适，还是合伙关系更合适？是绩效考核更合适，还是合伙分红更合适？是管理导向更合适，还是经营导向更合适？得人才者得天下，怎样的组织协作方式，才能吸引更多的人才？

技术趋势。当下的热点是数字化、数智化，前面已经有诸多说明。在很多的工作场景中，用数智化的方式去做客群定位，更高效；用数智化的方式去做选址、选店，更高效；用数智化的方式去做渠道精耕，更高效；用数智化的方式去做市场投入，更高效。

火车、汽车的发展，带来了物流技术变革；计算机技术的发展，带来了进销存管理变革；互联网技术的发展，带来了渠道的变革，带来了支付变革。过去，有很多技术带来的变革；未来，也会有更多的技术带来发展。在新事物到来之时，我们要做的，就是去拥抱它。

顺势者昌，逆势者亡。

5.1.1 韩都衣舍：海星模式顺应组织趋势

人效、品效、场效的提升，都离不开大数据的融入。而对于企业内部的优化和改革，同样需要大数据作为基础支撑。企业数字化，也包括组织数字化。打通组织数据，实现信息高效互通，企业运转会更顺畅。在激励层面，能更好地做到赏罚分明、高效激励。韩都衣舍海星模式是个生动的例子。

海星拥有独特的再生生命结构，被砍掉的脚，在合适的环境下，都会新生成另一个海星。海星模式，核心就是让每一位员工都能成为老板，成为创业者，成为对自己负责的利润中心。在融合大数据分析的基础上，韩都衣舍遵循“四放思

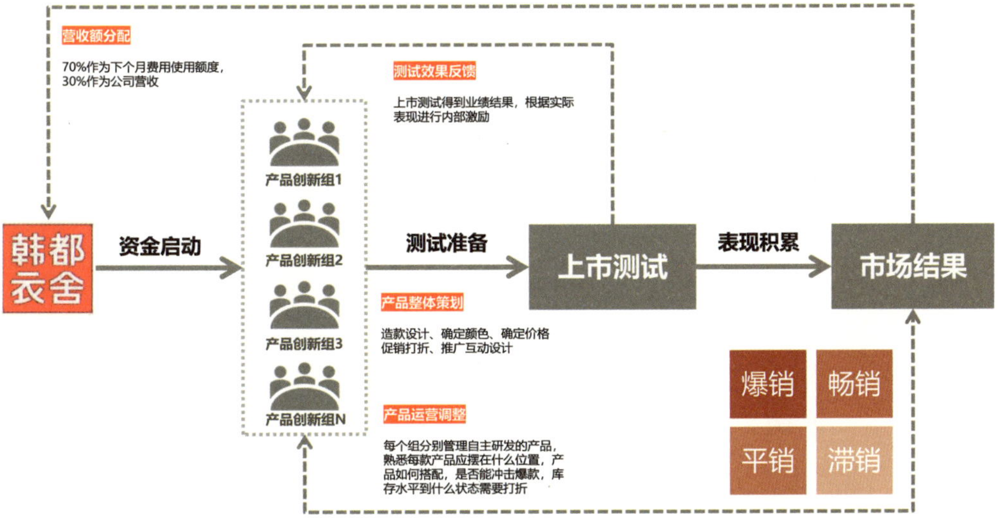

路”，让海星模式流畅实施。

放权各组，责权与利激发狼性。从招聘到赛马出爆品，一直充斥着竞争的氛围。在招聘环节，面向各大院校招聘“创业者”，结合量化思维，以创业的标准衡量应聘者是否适合加入企业。成功录用“创业者”后，韩都衣舍会将创业者分入各个小组，一般是三人为一个小组，每组由商务、美工、客服三种角色组成，小组内资历和能力最强的人则兼任组长。如此一来，每个小组都形成网店的雏形，也为各组量化分工、数据互通奠定了基础。

放资输血，三七分配激励研发。借助数据系统的统计与触达，可以高效地完成资金调配和下发。在初始阶段，给每个小组下拨3万~5万元启动资金，而每个小组都会独立负责一个款式、一个品牌。衣服的颜色选择、款式选择、价格设计、活动设计等，全部交由小组决策落地。为了资金补助的充足，基本遵循“三七原则”，即营收额的30%作为企业营收，剩余70%作为下个月的费用使用额度。

放洪冲坝，你追我跑小单快返。在业绩目标方面，遵循“五零加”原则，即各小组每年新业绩目标都会根据上一年业绩情况增长至少五成，以小单元增长带动大企业增长。为了贯彻内部赛马，在各个品类中，进行小组竞争排名，奖励前3

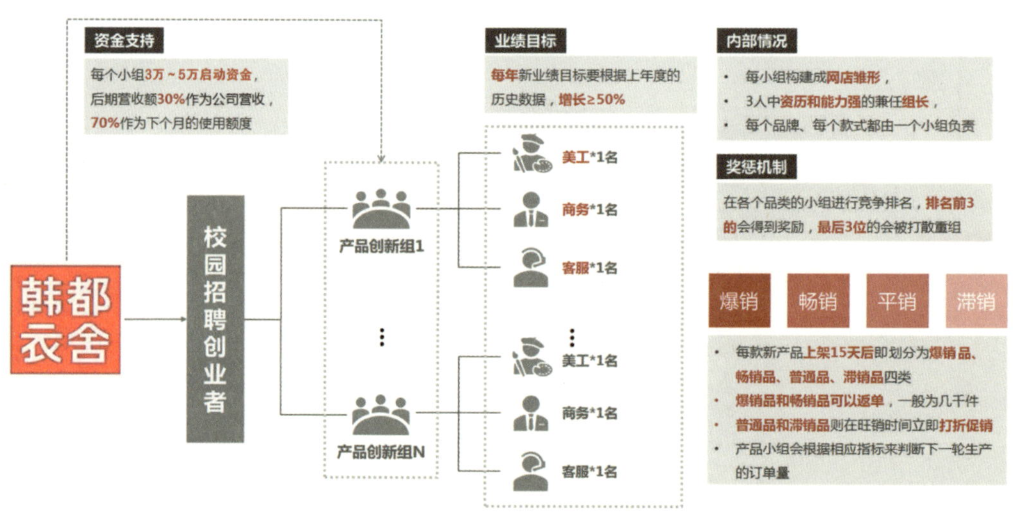

名，解散并重构最后3名。结合本身的柔性供应链体系，可以实现各小组小单快返的产品研发。返单数一般为200~300件，高单价款式的订单量则控制在50件以内，这算是服装行业极小的单量。比如，5个小组设计出5款新衣服，每款工厂只做20件，工厂会针对脱销款式迅速出货，确保以销定产。另外，韩都衣舍一般会包下工厂60%左右的生产线，确保在加量生产、设计修改上有更多的谈判筹码。

同时，放胆测品，上架半月试水市场。依靠大数据分析系统，能够准确分析出每款产品上架半个月后的销售情况，通常会分为四类产品，包括爆销品、畅销品、平销品、滞销品。通常，爆销品和畅销款是可以允许返单的，返单数量控制在3000件左右，而平销品和滞销品，则会在销量比较好的时期内打折促销，确保基底销量。

此外，互通内外部数据及资源。例如，在内部，给小组提供较大权限，把企业总部资源向小组开放，让大家能共享，包括财务资源、人力资源等。资源在数据打通过程中，不仅让员工清晰了解目前企业状况如何，也能让“创业者”真正知根知底，迅速根据组内实际情况，向企业申请获取现有可用资源。即使是普通的晨会，公司也会准时公布所有组别的业绩排名，无处不存在数据互通、信息共享的互相激励文化。

在外部，与多家厂商合作，资源共享。直至2021年，已经和200家供货商签订协议，将手中的资源共享给联盟供应商和代理商，以“拆分增效”原则，把每件服装的制作工序，分拆给多个工厂，帮助各厂家增加生产订单的同时，也缩短了整体生产周期。

借助“放权各组、放资输血、放洪冲坝、放胆测品”，依靠数字化思维与工具，搭建企业内部产品小组，源源不断激励孵化、管理团队，并且融合柔性供应链，产销结合。从前端供应，到后端产品上架，全链条成果离不开高效的数据互通，业务的高效运作也离不开数字化技术。韩都衣舍已成为一个时装品牌创业孵化平台。对内，提供员工创立品牌、研发爆品的机会；对外，向各大合作厂家开放资源，互利共赢。

5.2 既要抬头看“树”，也要低头看路

小时候，我学骑自行车，扶着车溜达好几天后，一上车总是怕摔下来，骑行路线也容易歪歪扭扭。直到，学会了盯着前面那棵树。是的，晒稻谷的禾坪前方有一棵树，在禾坪上骑行的时候，盯着它，就骑稳了，骑得更直了。长大了，开汽车时也很适用，总盯着挡风玻璃前开不好，盯着数十米外的目标就容易了。

如今，我们团队在做营销项目时，有一张《立项报告》，界定项目范围、项目时间、项目资源、项目产出，这就是我们咨询顾问眼中的那棵树。抬头看“树”，低头走路。希望可以实现：做正确的事，正确地做事。

做正确的事，知道要什么（what），确认事情效果；正

确地做事，安排怎么做（how），保证工作效率。拔蛀牙的案例特别生动形象地说明了这个道理，做正确的事是确认需要拔的蛀牙是哪颗，正确地做事是安全、低痛、快速地拔出来。

什么是正确的事？顺应趋势、顺应规律的事。

顺应趋势，在上一章节有分享品类、渠道、区域、组织、技术等趋势。身在局中之时，时不时抽身出来反思、判断一下我们是和趋势在一起吗？一个生意、一个模式的新生、成长，总有风风雨雨、沟沟坎坎，发展需要天时、地利、人和。看准趋势，乘上东风，成功的概率大一点。

顺应规律，比如潮起潮落周期规律、供给需求价格规律、优胜劣汰生存规律、少数多数分配规律等。目前产品是供大于求，还是供小于求？在当前场景，价格是刚性的，还是弹性的？我们提供的产品，目标客群会买吗？我们覆盖的区域，是主要容量市场吗？我们覆盖的渠道，是主要容量来源吗？

怎样正确地做事？用原则、模型、流程、标准、工具去高效实现。拙作《聚变——解码新希望乳业十倍速成长》有诸多论述。

原则：大胆假设，小心求证。先做乘法，再做加法。市场在哪里，我们就去哪里。长期业绩补短板，短期业绩用长板。低份额收田地扶土豪，高份额打土豪分田地。伤其十指，不如断其一指。伸手可及之外，能力范围之内。相马不如赛马，空间不如提拔。为辛苦鼓掌，为结果付费。群众斗群众，比学赶帮超。等等。

模型：营销AARRR模型、营销4P模型、品牌屋模型、生意规划OGSM模型、区域管理四面八方模型、终端ISP模型、经销商管理ROI模型、组织钻石模型、打造高执行力团队3E模型、PSDM问题解决模型、数据分析模型等。

流程：一项工作1234各个节点是什么？甘特图，还是多合一网格图？

标准：每一件事情、每一个动作做到怎么样算合格，怎么样算优秀？

工具：配套的软件工具、分析工具、表格工具、操作工具分别是什么？

原则、模型、流程、标准、工具，是一套项目方法论，指引我们正确地做事，高效地工作。

事物总是变化的，没几个生意会按最初规划完整运转，也没几个项目完全按立项报告执行，但我们还是要有规划，还是要有《立项报告》。盯着方向，我们可以小步快跑，不断迭代。

持续反馈，持续迭代，持续优化，是前进的一种态度。

5.2.1 西贝：总部把方向，分部做管理

西贝，近几年发展势头火热。两种盈利模式互补充，两条战略主线同引导。

为了“卖美食”，精心“卖食材”。直营连锁门店是重要阵地，负责“卖美食”。此外，品牌也通过线上商城小程序“卖食材”，客户可以买到品质食材，打造口碑和好感后，将更多客户引流回门店。

既要打好“实线”，也要埋好“虚线”。管理可分为虚实两个部分，“实线”部分，用具体制度规范员工。

直营连锁模式

线上商城模式

实线

虚线

合伙人机制

机制2 | 经理一店名，荣誉共同体

机制1 | 分部一总部，利益共同体

机制3 | 地域一盈利，划分不设限

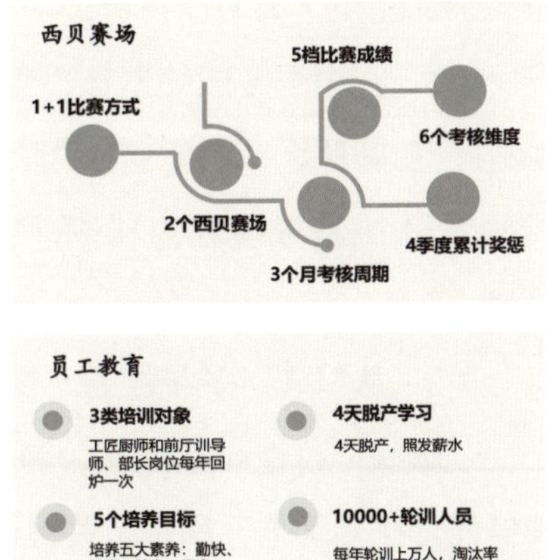

品牌逻辑

品牌战术：
小而美的店 / 少而精的菜单 / 全球美食家研发 / 传统手工美食大师平台 / 优质原材料供应体系 / 餐厅中央厨房 / 厨师队伍职业化 / 精英厨师做老板

市场价值：
好原料，笨工艺
#我想做个粗人#

消费者利益：
闭着眼睛点，道道都好吃
#吃得莜一点，对Ta好一点#

西贝 莜面村

员工教育

3类培训对象
工匠厨师和前厅训导师、部长岗位每年回炉一次

4天脱产学习
4天脱产，照发薪水

5个培养目标
培养五大素养：勤快、认真、踏实、干净、喜悦

10000+轮训人员
每年轮训上万人，淘汰率10%～15%，淘汰后可自费复训，仍不合格则辞退

在合伙人制度上，品牌重视打造价值链，期望做到“力出一孔，利出一孔”。具体制度包括：

（1）总部和分部是利益共同体，分部占40%股份，总部占60%股份。创业分部下设创业支部，分部总经理、分部骨干部和支部经理持有公司股份。分部享有大部分决策权，参与策略制定，总部赋能，分部各自创造。

（2）创业分部和支部对内以其负责人名字称呼，建立荣誉共同体。

（3）打破传统企业按地域划分的方法，即使在同一区域也可以有多个创业分部同时开展业务。

总部可以更好地把握方向，保证在赛道中做正确的事。分部可以结合一线实际，保证在市场中正确地做事。总部把发展方向，分部做终端管理。

员工不只是在工作，更是在成长。企业打造赛场，用竞争考核有效激活了员工积极性：

（1）比赛方式轮值“裁判制”，“不通知式”，跨区出巡查；

（2）服务和厨房两个赛场；

（3）每三个月从门店抽出“运动员”，全国前厅、厨务共400多名，经过集中培训赋能使之成为裁判员；

（4）四个季度成绩累计，奖罚机制实施牌照制，一个A+等于2个A，4个A获得1张开店牌照，一个新店按六四分成，排名后10%会扣减收入；

（5）比赛成绩分为15%的A+、45%的A、30%的B、5%的C、5%的C-五个等级；

（6）从口碑、系统能力、安全、利润、卫生、团队六个维度评比。

"虚线"打造企业文化，将文化动力内化进入员工和客户认知心智，建立品牌信任。在品牌上，用多个关键词，占领客户心智。比如"西贝莜面村""I Love莜""不争第一，我们干什么""闭着眼睛点，道道都好吃"。这些关键词能不能落地，得看各个门店的实际"做事"效果，是否能给客户持续提供满意的菜品及服务。

在团队赋能方面，建立企业大学：采用4天脱产学习的方式；所有工匠厨师和前厅训导师、部长等岗位每年回炉一次；重点培养勤快、认真、踏实、干净、喜悦五大素养；每年轮训上万人，淘汰率10%～15%，淘汰者还有一次自费复训的机会，如果仍拿不到毕业证，会被辞退。在企业大学建立各个岗位的工作原则、模型、标准、流程、工具。

餐饮的竞争，决定于每一个门店的菜品和服务。规划得再好，如果门店面对客户时做不到，也会败给市场；还有，线下餐饮场景运营、管理得好，并不意味着做标准熟食产品也会好，这是两种竞争能力。此外，餐饮的重要基础条件是：活跃的经济环境、安全稳定的原材料供应、充足的客流。如果有一天，基础条件被约束，强如HDL也会关店数百家，也会营收负增长，也会亏损。

5.3 积土成山风雨兴，**积数成财生意隆**

竹子用4年时间，仅仅长了3厘米，从第五年开始，每天以30厘米的速度疯狂生长，仅仅用6周时间就长到15米。其实，在前面4年，竹子就将根在土壤中延伸数十米，数百米。

变化，天天都在发生；质变，发生在累积的转折点。

随着时间的推移，什么事物会越来越有价值？什么产品越做越积累，越有价值？什么生意模式越做越积累，越有价值？

好产品：客户消费后会上瘾，客户消费后持续来复购。好渠道：能吸引客流来购买，能吸引客户高频来互动。好模式：上下游能持续盈利，生意越做价值积累越高。好模式需要好产品、好渠道。让企业客户资产不断积累，让生意数据资产不断积累，让人才资产不断叠加，从而让企业价值不断放大，就像一个巨大的吸引力中心，能将各方面的生意要素不断吸收、整固。

如果一个生意模式，在发展时能伴随着产品积累、技术积累、客户积累、渠道积累、资金积累、人才积累，边际成本越来越小，边际销量越来越大，这是很好的生意模式。当然，大部分好生意的“积累”都会同时体现在几个方面，不会是仅仅一个方面。

产品积累，比如茅台，高端白酒是其典型代表，产品研发出来后，产品价值不断积累，不像部分饮料公司那样持续开发新品才能保持销售收入。再如香烟、槟榔。技术积累、客户积累，比如线上平台，2000—2020年的互联网平台生意在平台搭起来后，销售收入可以在边际成本很小的时候快速增加；比如抖音、快手等社交平台，把原来一对一、一对几的生意模式发展为一对N的模式，内容生产出来后，通过平台快速、同时服务海量客群兑现销售收入。资金积累，比如房地产、银行，当然，这得是财务控制得好的企业，不然，一旦资金杠杆失控了，会崩塌。有积累的生意，是好生意。

没有积累，就意味着不断重启，不断重来。今年不知道明年的生意在哪里，今年不知道明年的产品在哪里，今年不知道明年的客户在哪里，今年不知道明年自己的团队还能不能干得了。这类生意，做起来会很别扭，很难受。企业有可能会很忙，但没有过多精力思考中长期发展，看不到更远，只能关注短期的事。这种状态，就像在走钢丝，随时都有可能跌下来。

写到这里，不禁问自己：我们的企业有积累吗？我们的生意模式有积累价值吗？我们做的工作有积累吗？

衰退期长的技术，是好技术；衰退期长的能力，是好能力。直接一点说：很慢过时的技术是好技术，很慢过时的能力是好能力。对企业来说，技术产品如通信，设计产品如服装，都需要快速迭代，很快就过时，如果学习、进化的能力跟不上，很快就会被市场淘汰。对个人来说，逻辑能力是衰退期很长的能力，背诵课文之类的记忆能力衰退期就短很多。

近些年，数智技术的进步，能让企业生意数据存储下来，为经营所用。数，已经有了，就在那里。企业经营者要做的判断是：应该存下来哪些数？积累这些数之后，怎么去应用分析这些数为生意所用？期望我们都多做长期有积累、有价值的事。

5.3.1 元气森林：积累数字资产做产品

元气森林，从众多饮料中脱颖而出，其中一个竞争优势是互联网特色基因。

数字化精准布局，“趋利避害”式扩张 。以市场数据为基础，找准定位，精准勾勒客户画像。在年轻人健康生活理念逐步加强的背景下，选准属于自身的细分市场，将产品定位为“0糖0脂0卡”的健康饮料。在渠道布局上，选择与其客户画像重合度较高的便利蜂、7-11等新型便利店合作。

凭借着便利店发展的东风，将产品快速打入年轻人的市场。同时，避免了与可口可乐等传统饮料品牌在其优势渠道（KA大卖场、商超等）上正面竞争。在各大社交媒体平台上，抓住客户的“健康”“减脂”需求，围绕着目标客户，开展内容营销。冠名B站跨年晚会，赞助“芒果台”、江苏卫视播放的热门综艺等，意在重点投放，引起更多目标群体的注意。扬长避短，趋利避害，主打便利店和互联网渠道，在众多饮料巨头的夹缝中成长。

数字化口味测试，“选拔高个”式研发。新品研发过程极具互联网特色，利用高效的测试方法和数据指标管理，缩短测试周期。一个新品从想法产生到正式投产，主要经过内部测试—线上测试—线下测试—正式投产—全面推广五个阶段。

内部测试，对象为全公司内部人员，公司内部人员试喝，85%以上的同事认为好喝，即可通过。线上电商测试，通过口味测试之后的新品可挂到电商平台销售。为了资源利用最大化，线上测试又有配备资源和不配备资源之分。内部制定了规模化标准，电商平台后台数据可判断销量是否达到标准，两轮线上测试之

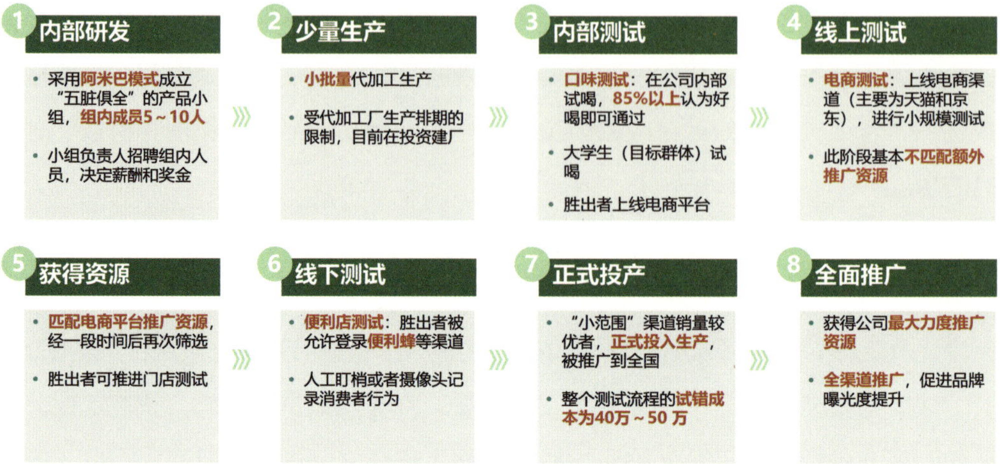

1 内部研发

- 采用阿米巴模式成立“五脏俱全”的产品小组，组内成员5～10人
- 小组负责人招聘组内人员，决定薪酬和奖金

2 少量生产

- 小批量代加工生产
- 受代加工厂生产排期的限制，目前在投资建厂

3 内部测试

- 口味测试：在公司内部试喝，85%以上认为好喝即可通过
- 大学生（目标群体）试喝
- 胜出者上线电商平台

4 线上测试

- 电商测试：上线电商渠道（主要为天猫和京东），进行小规模测试
- 此阶段基本不匹配额外推广资源

5 获得资源

- 匹配电商平台推广资源，经一段时间后再次筛选
- 胜出者可推进门店测试

6 线下测试

- 便利店测试：胜出者被允许登录便利蜂等渠道
- 人工盯梢或者摄像头记录消费者行为

7 正式投产

- “小范围”渠道销量较优者，正式投入生产，被推广到全国
- 整个测试流程的试错成本为40万～50万

8 全面推广

- 获得公司最大力度推广资源
- 全渠道推广，促进品牌曝光度提升

后达标的新品可进入线下测试。线下便利店测试，通过“可乐指数”指标衡量销售情况，同时通过人工盯梢或者摄像头记录消费者行为，为后续改进产品提供依据。

除了以上测试方法，在新品正式投产之前，还会根据情况进行信息流投放测试和DTC测试。在今日头条等平台上投放信息流广告，广告凸显新品的主要卖点，如豆乳主打“低糖低脂”“高蛋白”“高钙”等，客户点击后，跳转到旗舰店，后台监控每个卖点的点击数量，从而得知消费者对哪个卖点感兴趣。用投放信息流的方式测试，成本较低，节约时间，提高效率。

DTC测试指的是在小程序里发布新品测评活动，用户主动申请试喝，运费由用户承担。试喝之后，用户在专门的试吃交流群填写问卷，收集目标用户最真实的反馈。在数字化技术的加持之下，新品经过层层筛选，高个之中选高个，最优者获得最高配置的推广资源推向全国。利用数据驱动的测试方法，新品测试的完整周期为3～6个月，顺利的情况下3个月即可结束测试期。

阿米巴小组式组织、数字化研发体系，充分调动了互联网优势基因，应用数字资产测试、评估的同时，也强化了企业数字资产价值。数字营销智能，在输入、输出、反馈中不断优化。

数字化扁平管理，“增长系数”式赋能。借助数字化技术支持、扁平化管理，赋予员工、经销商>1的增长系数，以幂次函数增长，释放更大的能量。把权力下放给员工，全数字化办公，减少不必要的审批流程。采用阿米巴管理模式，有效激发员工的能动性。例如，销售团队根据区域被拆分成不同的小组，团队经营利润由团队自行负责，10%～15%的经营利润由团队平分，剩下的归公司；产品研发团队被划分为一个个产品小组，采用“赛马机制”，每个小组之间相互独立、相互竞争。为研发同一个新品，多个小组出具方案，在新品测试之中胜出的小组可获得丰厚的奖励，而失败的小组会面临解散甚至被辞退风险。

在经销商管理上也致力于扁平化。开发了经销商可一键订货的小程序，根据后台经销商数据识别，可实现“千人千面”，匹配经销商拿货。另外，还打通终端POS，直获订单数据信息，获取一线情报。除此之外，还启用防窜货系统，打通后能直观地查看订单信息。在发货环节，联动产品二维码和包装箱上的条形码，通过产品物流包装的条形码即可监控对应的物流信息。在终端转移环节，产品上的二维码既承担促销活动，也通过位置等信息管理商品流动情况。

通过数字化精准定位、数字化口味测试研发新品、数字化扁平化管理，在渠道、产品、组织三方面相互协作，为研发出迎合市场需求的新产品提供了强有力的保障。

5.3.2 永旺：激活企业积累的每一位客户

永旺超市，早期进入中国市场的日本零售商。近年，品牌超市致力于成立数字管理中心（DMC），数字化起步不算早，却有迎头赶上之势，甚至已经开始把成熟的数字化经验回流到日本。

提出“经济圈”概念，DMC在其中担任重要角色，提倡线上线下“同一个永旺”。由此，集团成立数字科技公司，上线了整合电子会员、码上购、送货到家等服务的智能手机App，对综合超市和食品超市的客户资产进行统一管理，充分挖掘累积的500多万名客户的价值。

顾客无需来店，通过App了解店铺的商品和活动，在家用手机端轻松操作。购物和“跨境购”结合的方式，智能支付、自助结算、“即扫即购”等多种结算形式，由顺丰同城提供6.3公里范围内配送服务，简化消费者购物流程。根据每位顾客的购买记录，App还会推送优惠券等促销信息。

同时，把商场第三方商户的顾客列入客户管理系统，通过智能软件、面部识别等技术，为商户顾客提供积分、停车、折扣券推送等服务，从而实现客户共享。由此，App作为工具，把数据沉淀到全域数据库，通过数据库了解消费者，获得更全面的用户图像。通过数据库分析对图像、消费动向、天气、交通等数据的分析，提供更为精准的服务。

同时，品牌在社区零售上展开攻势，该店接入了品牌的到家App和京东到家平台所提供的线上到家业务，提供到店自提和1小时送货到家服务。

购物中心内还设置了专用直播间，商户的店员轮流来到直播间推销自己的商品，甚至会把好看的打光方法等直播技巧传授回日本。一年后，永旺线上业务销售额突破百亿元人民币，同比大幅增长近2倍。

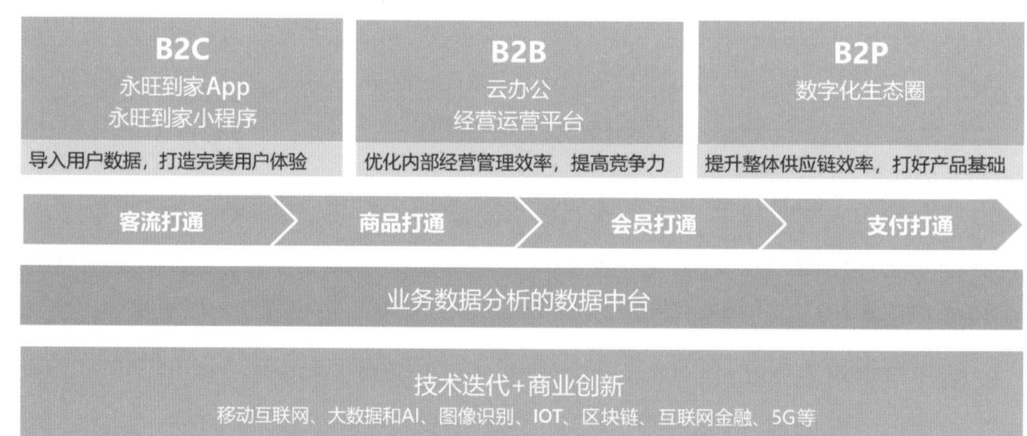

中国出发，辐射全球。集团内部共享DMC在商务模型、软件开发、人才储备和数字化经营探索方面的经验技术，并将其转化为成长的新动力。对基础设施和平台的集中运营减少了开支，体现出成本优势。

品牌在国内培养出的精通零售业的数字化技术人员 、IT人才和数据分析师，转岗到国外市场发挥各自的经验所长，帮助国外市场协同发展数字化，同时国外技术优化后又回流到中国，这都成为企业的隐形资产。

目前，传统百货仍拥有较大的线下客源，但其并未被充分利用，而门店与消费者的关系已经改变，不仅仅是进店、离店、是否消费这几步，而且从氛围营造、品牌接触、提高兴趣点到主动了解、购买，说易行难，其中每个环节通过数字化进行分析，需要公司迅速提升数字化认知和数字化水平。

企业转型，始终要面对原有基因，更要尊重原有基因。传统零售向数字零售转型，更需要不断地融合、激活。融合沉淀的客群，激活积累的客群。融合零售本质和新的数字技术，激活零售服务的每一个细胞，激活企业积累的每一份价值。

5.3.3 乐客通：百万终端，是品牌宽广的护城河

太古可乐，主要采用经销商分销模式，深度分销终端，链接200万+B端零售，服务7亿C端消费者。

关注消费“即得”，建立服务模板。口渴了想喝饮料，饿了想吃方便面，到附近小店一转，买完回家，“即得”非常重要。小店是消费者服务最前沿，公司数千名销售人员推进促销活动、沟通生动化摆放、协助店主下单等，用售点服务平台“乐客通”，维护200万+客户。

“乐客通”小程序可以做什么呢？便捷订：它为小店店主提供便捷订货服务，店主在手机上“一键”订货。随心聊：面向终端店主直播，讲解新品，培训产品陈列和销售技巧。直播人员不是网红，而是最了解客户需求的一线销售、区域经理。直播间也会发红包奖励，拉近与店主的关系。安心签：和客户签约的助

手，过去当面签促销协议，需要第三方去检查，网上签约提高效率，也能确保签约合法安全，对小店店主信息起到保护作用。目前，小程序在终端的渗透率已达8～9成。

小程序解决认知和交易问题，销售则专注客情，提升服务质量和效率，集中销售精力，开拓客户，实现终端信息数据化。

售点评估，“千店千策”，运营差异化。经销商是较难打通的节点，他们或不想共享数据，或没有能力共享数据。数字技术工具能一定程度解决上述问题，借助多源数据共享、校验：系统内客户数据、小程序订货数据、数据生态消费者画像标签等。

不同客户不同标签，同一客户多个标签。200万+客户在系统里，客户归属什么渠道、什么类别，后台清晰可见。比如，老板经常下午在店，那上午不要送货，下午再送；再比如，不同客户对发票和支付有不同要求。通过多维度分类标记，既能做到针对服务，又能根据市场情况调整铺货。

除了自己的后台数据，也链接平台数据生态，做消费者画像。对售点做精细评估，分析售点周边，了解消费者群落。比如，白领较多，那应该多放咖啡，多放奶制品。运动人群较多，就多放运动饮料，多放水。

千人千面，实现消费者“精准触达”。与数据平台合作，不只小程序，还有地图LBS、微信支付、企业微信、智慧零售等。这样，具备了将深度分销从B端门店，延伸到C端消费者，实现B、C一体的效果。比如，消费者买一瓶饮料，扫码得奖励，可以到附近的店做核销兑换。激励消费者去到店里面做核销，可以换取一瓶咖啡，或者一瓶茶。实际上，消费者顺带可能还会买一盒口香糖，买一包面巾纸。既给终端带来客流和销量，也能帮品牌商沉淀消费数据，把消费者纳入私域。

要实现全链条的数字打通，不是每个品牌商都能做到，需要实力，需要前置投入的勇气，需要承担不同战术角色的产品，需要有配合的渠道客户，且最好这些客户大一点，体量大，做数字化的价值也大。

后记 1

Postscript

美人之美，各美其美，美美与共

20世纪90年代初，著名社会学家费孝通先生在谈及如何处理不同文化之间关系时，给出了“各美其美，美人之美，美美与共，天下大同”十六字建议。这里借用费老的说法，分三个部分，谈一谈如何借鉴他人经验。咱们一起来思考一下，我们需要别人的经验吗？别人的经验靠谱吗？如果学，该怎么学？

美人之美：破解成功诅咒，躲开胜任力陷阱

美人之美，是说人家有好东西，我们要学会欣赏，要主动去模仿去借鉴，这有助于多元化发展咱们自家的业务能力，也防止自己落入狭窄的认知框架。

成也由它，败也由它。生意上的每个大招，都可能有两类作用：一类让企业成功，一类消解掉企业的成功。看几个例子：

——靠某头部网红起家，最终因为销量过度集中，业务被MCN

（Muti-Channel Network）控制了；

——靠优质低价起家，最终价格降无可降，不再成为优势，但利润废了；

——靠私域拉各种群起家，以一三五二四六的促销赢得销量增长，这个报应来得更快，实际案例一地鸡毛的俯拾皆是；

——靠社群裂变拉新，快速地积累了人头，也伤害了用户体验，最后企业创业未半，而品牌中道崩殂；

——靠深度分销覆盖起家，大量的自有业务人员主动覆盖百万家小店，品类发展势头减缓，行业开始内卷，利润率快速下降，企业没法再承受渠道费用，但渠道价值链又没法轻易改动，日子艰难，企业像深秋的鸟儿抱着树干取暖，望着月亮流泪，的确是冷啊！

多数事物的基因里，镶嵌着一个悖论：推动你成功的，就是导致你灭亡的；把你捧上去的，就是把你摔下来的。对于企业，这个自我消解的逻辑往往是这样的：

起初，你发现了某种资源、某个做法，在行业中尚未普及，但值得一试，于是试了，真好用，业绩漂移进了快车道，想想那段时间，有一种与天同谋的感觉。一开始，还紧张，觉得不真实，但很快就适应了，一切增长都顺理成章，于是不断加码，给团队提出更高的要求。

由于结果好，经验和能力互相积极反馈，形成了自我强化的增强回路：越擅长的活动，组织越经常去做；越经常去做的事，组织越擅长。组织变得特别精通眼下这个强项——这件事成了你们企业的动力引擎。

企业发展越快，惯性越大，越依赖这个引擎，马力给得足足的，一切为它开道。他们太成功了，以至于看不到成功之外的东西，也容不下别的新东西，不想做、不能做任何干扰引擎的事。他们掉进了企业的“胜任力陷阱”——那项能赢得短期利益的能力，过度发育了，在业务推进中的比重太大，畸形的身体变得笨重且脆弱，最终尾大不掉，一头栽在风险挖出来的陷阱中。

哪来的陷阱？随机性主导着世界，各类问题会按概率轮番上演：

第一种问题，引擎没了。

比如，网红主播翻船之后的MCN（生意大了被税务查这事，不属于黑天鹅，属于灰犀牛，属于概率很大必然要发生的事，要对国家机器保持敬畏之心），与王老吉存在授权之争的加多宝，可能输掉官司的华彬红牛，口香糖品类增长乏力后的箭牌公司，没有了到店客流的大卖场和餐饮。

第二种问题，引擎还在，但没有竞争力了。

网络有30元全套资料，别人家都有这个引擎，秘籍成了标配，很难再靠这个引擎带来增量，比如以内容营销出位的众多新消费、新国潮网红产品。

第三种问题，引擎还在，竞争力也在，但成本增加了。

引擎还有行业竞争力，但点燃这个引擎的成本大大提高，比如人力成本、流量成本、原料成本，让你赢得了竞争，却输掉了损益表。

对策，首先是保持警醒：想清楚自己是靠什么驱动力成功的，这个驱动力在什么情况下可以吞噬掉自己的成功——这类问题特别适合在三年战略研讨会上探讨。但推演如何死在自己的看家本领上，有些企业家不喜欢，可能是担心一语成谶吧。他们也不喜欢查理·芒格的“事前验尸”，觉得不吉利。

红利可能是个诅咒

莎士比亚说："勇气中很大一部分是谨慎小心。"

基业长青的企业家，对增长保持着敬畏，是那种"战战兢兢，如履薄冰"的态度。生意增长，是你凭着你的努力，拿到了一份礼物。茨威格给礼物做了个判断，说："上帝给你的每个礼物，后面都标着价格。"没什么是免费的，或者说，免费的东西是更贵的。

最典型的案例是这一拨新消费浪潮中的企业。和上一代消费品企业相比，他们收到了三份礼物：

——生产上，多数新消费品牌可以便捷地使用代加工服务。

代价是，他们不能掌控上游，于是没有能力把自己打造成"总成本领先型"的企业，他们只好拼差异化，而差异化瞬间又被同质化。

——流通上，互联网销售平台能够前所未有地放大一个品牌、一个导购的力量，让一个初创企业的商品也可以快速、大量地流向消费者。

代价是，他们要依靠某一两个大平台的流量，流量的定价权和分配机制操控在平台手上。平台也要向投资人交业绩，于是流量成本持续走高，最后， 依托线上流量起家的品牌，终究会沦为互联网打工人。疲惫的身躯，拖拽着巨大的、口径模糊的GMV（Gross Merchandise Volume）和令人羞愧的利润率，在鲜花和掌声中，大脑一片空白，BGM（Background Music）配的是"采得百花成蜜后，为谁辛苦为谁忙"。这种瞎忙活的喜悦，营销人在线下体会得不多，毕竟线下的流量太分散，没有谁可以主导定价。

——资金上，大量的资本流入这个领域，让企业有资金来拓展业务。

代价是，资本的意志主导了品牌的行为，退出机制左右了企业发展的思路。和代工厂与平台商不同，代工厂限制了你的可能性，平台商是把你养肥了再熬汤，而资本，要么是买你脚下的影子，要么是做浮士德式的灵魂交易。

这三份礼物，搭建成了一个“两头在外，钱不由己”的既定结构，里面运行着既定的系统。充分供给一定会导致大繁荣，创业者涌向技术门槛低、产能过剩的品类，通过资金打通渠道，快速地激活产能，反正两头在外，又不差钱，可以大进大出，这能够把一个从零起步的小微企业，在几年之间催生成一个销售额几十亿上百亿彪炳史册的创业神话。

礼物的红利，会固化你的路径，绑架你的生意。在这份礼物面前，所有同场竞技的品牌商机会均等，最终盈利的，会是供应链、平台商，或许还有资本。

以色事人者，色衰而爱弛。自古如此，以后也这样。直播带货、新国潮、私域流量、社群裂变、精准营销、私人定制、柔性制造、一物一码、抖音营销、前置仓、线上线下一盘货，所有这些美好的事物都一样，都好用，但基因里也都编制着消解自身的逻辑。

怎么办？有解法吗？有，至少你应该多看看别人是怎么做的。

视野比视力更重要

纳西姆·塔勒布说：“我们一次又一次不考虑那些我们不知道的情况。”

一旦度过生存期，增长就不应该依赖单一引擎，不应该锁定在某一个礼物上。历程大概应该这样：早期，你打造了那个引擎，它把你送上轨道；生意稳定增长，着手第二个引擎，从打磨到上线，而原有的引擎仍然起作用，但比重逐渐减少。现在，这是一个双引擎驱动的公司。接下来，双引擎的核心工作，变成培育与护航第三个引擎……不断升级旧引擎，打造新引擎，形成引擎矩阵。无人机的工作原理之一，就是螺旋桨矩阵，坏了哪个甚至几个都无所谓，其他的也能够提供动力——这就是我心中的“稳定的引擎组合”。“第二曲线”说的也是这个道理。在国内消费品企业中，健合的节奏好，从合生元益生菌，到婴儿奶粉，到保健品，到宠物食品，从母婴店会员制CRM系统到“妈妈100”，升级的过程有商业美感，他的成功是值得深挖一下的。

在中国，消费品的某些领域，进入了无人区。以前，国内企业想突破想成长，看看外企大厂就好。现在，技术脱缰了，资本甲亢了，营销技术的寒武纪，线上线下物种大爆发，对各种创新的业务模式、工具，外资大厂也没见过，也蒙。大家站在同一个起跑线上，眼前是千奇百怪的物种，前方是一片无人区。怎么办？现在拼的是主动性和前瞻性。捷径是——从多看、多研究先入手。

你看，咨询顾问为客户提出了一个想法，客户认为是创新，可咨询顾问自己清楚：他在不同的客户那里，分别见过这个想法的一条胳膊一条腿一张脸——所有的创新，都是旧元素的重新组合——就是见得多一些而已。

比如，你买一本2003年中信出版社出版的《发现利润区》，找到里面的“亚德里安业务设计模型”，再和“组织一致性模型”拼起来，差不多你就看到了IBM的BLM（业务领导力模型）。看过BLM，就不会对华为的DSTE一惊一乍，它更强化了BLM对可执行性的关注而已。后来，又看到企业战略有十种流派，知道了上述的只是计划派，并不是全世界。接着又看到新的“敏捷战略”模型，就会了解在高度云端协作的商业环境下，战略会往创新、持续改进、精益管理方向倾斜。

多数时候，看得不够深，是因为看得不够多；想不明白，是因为见识太少。视力不能自主，但视野是一个选择。在战略决策层面，见识的多少，有时比智力水平更重要。你可以喜欢或不喜欢一样东西，前提是你看过别的东西，在对比、评估、筛选后，你做出了判断——这样的判断就值得尊重。

各美其美：读懂别人经验，做出清醒判断

各美其美，大家都有好东西，但人家的好东西终究是人家的东西，可能是基于人家设定的时空环境和内部条件才生效的东西。看到了流传的“成功经验”，这经验有没有说清楚，说得靠不靠谱，能不能帮到你，都该画个问号。克制热情，不要一上来就张开怀抱，还是先冷眼旁观一下的好。

真的是“成功经验”吗？先说个态度。

盲人脱口秀演员黑灯说：“哈士奇不能做导盲犬。它要是带路，带的是黄泉路。”

经验是一个有用的老师，但不是一个完美的老师，未经审视的经验，还可能是一个蹩脚的老师。现在被判定为成功的新事物，并

不意味着明年再看看，还成功。翻看一下过往的行业点评文章，感觉像看上周的股市大盘预测——大家只是善于解释，和真相关系不大。（我为此特意看了一篇2019年解读完美日记的“小丸子”的成功案例分析文章——《荒唐言，辛酸泪，相留醉，人生长恨水长东》。）那有没有一个可靠的标尺，能客观地衡量这些经验呢？

没有固定的标尺，但可以有个态度。

认知的特性是，你看到一个信息，首先会假设它是可信的。人类进化出这个特点有生物学意义，主要是为大脑节约能量，从而省粮食。但信息多而杂的时候——就是现在——这个特点更像是个bug（故障）。知道自己有这个毛病，就小心点，对自己的、别人的成功经验，最好都心存疑虑，都以批判的眼光先审视一遍，既不轻易接受，也不捍卫任何一个做法，先去除“光环效应”，避免掉“样本偏差”和“描述偏差”，剩下的干货可能多一些。这是实用型的不偏执的态度。

“光环效应”

成功的企业，书写出来自带流量，写书的和出版社都欢迎，这已经足够值得怀疑了。夸联想，夸海尔，夸宝洁，夸苹果，夸阿里，夸华为，机场书店里是一拨一拨的造神运动，后台是出版界的板块轮作，咨询公司炮制新项目的题材。崇拜不是一种好的精神状态，让人在智识上倒退，还搞得很不平等。

人们需要确定性，这是常情。企业成功了，必须总结一下，找出原因，把成功纳入可控制的范畴，让一切都是基于某种理论或模型，像是精心设计出来的，要有宏大叙事——这样心里才舒服。

从成功的企业中走出来的人，见证过那些成功的人，了解过来龙去脉的人，反倒容易心生疑虑：做这事的人，认为这是一个成功吗？结果像传的那么好吗？这个做法真的能被复制吗？真正的核心经验，说出来了吗？说明白了吗？

反倒是，在大厂中，“必须成功”的成功比较多，那不是商业成功的经验，那是职场政治胜利的经验，比如几年前电商大厂拱火新零售的那一拨。一个新想法，人们不熟悉，能不能获得资源，更多地来自管理者的沟通能力，最后获胜的，是善于表达、勇于承诺的人，以及他们带来的那些“远景压倒现实”的项目。这点类似于投资人与被投资人的博弈。

我在老东家时就曾遇到这种事，一开会大家争着发言，好不容易捞到个机会站起来，刚要发言，后面又突兀地站起来一兄弟，说“王烈发言之前，我想先补充两句”——我还没说呢，你补充个啥？你知道啥叫“补充”不？没办法，大家都是“飘柔般的自信”，就喜欢这“Share of Voice”（“声音份额”）。

在企业中，富有侵略性的、过度自信的管理者，喜欢争主导权，也更容易获得资源，资源提升成功的概率，成功强化管理者的自信，自信带来更多的资源——正反馈增强回路。

项目一旦启动、实施，一步步往前推进，困难不可避免，也可能根本进行不下去。为了职场的荣誉和个人的发展，项目必须成功，最常见的行动是追加投入，通过大剂量地注入资源，或者扭曲评价标准，使得项目获得阶段性的“成功”。

这类案例，其实在企业自己出的书里最常见。若干年前，看到一个知名医药企业落地“项目化管理”的案例，厚厚一本书，看着像上苍派来帮我们开启人类企业管理新纪元的，找了身在其中的泛泛之交打听一下，对方说“呦这书你都找来看了”，然后“嘤嘤嘤”不评价，顾左右而言他，只说这是老大的亮点工程。

“光环效应”下的提示：

越是知名大厂的管理经验和成功案例，盛名之下，被过度包装的嫌疑越大，盲目套用，容易打脸。最好找实际参与过、体验过的人聊聊。宁可错过，不要盲动。再说，如果你的企业和案例中的企业规模悬殊，或者行业差异很大，那不参考也罢。

“样本偏差”

样本偏差分两种，一种是数量不够，一种是代表性不对。

先说样本数量。和工程类、技术类案例不同，商业上的成功经验，往往没有大量的样本可学习，它很难全行业大规模地采集某种做法的经验。多数情况，是基于一两次小样本的经验总结，而小样本就容易有误差，对规律的总结就容易跑偏，做统计分析的朋友对此感受更深一些。

再说样本代表性的问题。就是样本适不适合回答这个问题。探讨之前，要先追溯一下，当初怎么提的问题。问题可能有两种提法：

（1）面对这个变化，行业都是怎么应对的？

（2）面对这个变化，行业中的成功经验是什么？

问法不同，交上来的答卷就会有差异。问——行业怎么应对的？各种做法都出来了，没头脑的、不高兴的，成功的、不成功的；问——成功经验是什么？我们看到的就只有成功经验，七个葫芦娃，找的当然是结果好的案例。

于是，当我们把成功做法A摆上台面时，我们同时在犯“幸存者偏差”——把剩下来的成功者当作全部参赛选手。我们只研究成功的做法为什么成功，同时，忽略掉了另外三类信息：

（1）同样是做法A，但结果并不理想的案例——这是同样珍贵的信息。

（2）如果采用做法A，那些没有发生但有可能发生的结果——在风险控制时，这是个重要的思考方向。

（3）尝试过但结果不好的其他做法B、C、D、E、F——通过B、C、D、E、F的不成功，更容易想清楚为什么A会成功。

搞实验发论文，同一个实验做N次，挑一组数据好的放上去，就算成功了。大量的实验不能重现也是这个问题，自然科学领域会把置信度提得很高，尤其物理领域，极高，为的就是避免这些情况。社会科学领域就粗糙起来，商业就会粗糙更多，主要是以观点取胜，看气场，数据只是附庸，这种环境容易出大师，大师也容易变现。

其实失败更有意义。或许在那个领域，尝试者前仆后继，筚路蓝缕，失败后被抛下深谷，你没有机会看到他们。别人的成功经验不一定都可以复制，但坦诚分享失败却可以让每个人都获益——至少你知道了哪里危险，尽量不要去。学校喜欢请成功的师兄师姐回来做讲座，讲成功经验，如果倒过来，请那些失败的人回来，讲讲失败的经验，可能更具有启发性——我毕业后走错了哪几步，导致我现在很惨。失败的师兄师姐可能不容易请到，样本很多，主要是不愿意来，但看到他们，肯定有利于同学们保持清醒。

《大败局》是本经典的书，探讨的就是“不成功”，有意义。美中不足的是，它是企业崩盘后的总结，还是有“盘后小诸葛”的嫌疑，如果那本书是《即将到来的大败局》，那就有意思了。我觉得吴老师不是不能，是情商高，不想伤害当事人的情感。

“样本偏差”下的提示：

看对标，看其他也采取类似做法的公司，他们的表现，他们成功的概率和问题，尤其是那些试图模仿成功经验的公司——他们已经替你做过实验。

“描述偏差”

罗素说：“我绝不会为我的信仰而献身，因为我可能是错的。”

面对成功经验，更值得审视的，是对经验本身的描写、剪裁、总结。

经验，经常是信号弱，噪音大，信噪比不高，对经验的描述可能大大偏离现实，这是认知科学中定义的“叙述性谬误”。

成功是参与者创造的，成功经验是由参与者和观察者共同创造的。据传，温斯顿·丘吉尔曾说过：“历史会对我好的，因为我打算书写历史。”他的确写了，他的《二战史》得过诺贝尔文学奖。从孔子到司马迁、刘义庆、司马光，直到黄仁宇、史景迁，每个写历史的人，都在一边标榜客观，一边打扮历史，丘吉尔只不过狷介了些，说出来了而已。

总结企业的成功经验也一样。观察者收集信息，同时也会补充“很有可能发生但实际上没有发生的信息”；观察者整理信息，深度加工，但同时在按照内心的设定剪裁资料，取舍一下，什么谈，什么不谈，哪段谈，哪段不谈；观察者从更多角度反思、总结，但一定会基于自己设定的假定前提的猜测；

观察者试图表现得客观翔实，但最终一定是“真实”向“易懂”妥协。如此种种。

描述偏差一：信息收集带来的偏差。

同一个案例，人们为了说明经验的成功，收集的多是积极的、正面的信息，都是“上天言好事，下界保平安”的灶王爷的路子。这个不现实，哪个事没点负面的问题呢？是那些“看不到的”和“不愿意看的”负面信息，被有意无意地忽略了。

第一种情况，没有负面的——负面信息被企业自己屏蔽掉了。

王小波讲过“花刺子模信使”的故事，谁通报坏消息国王就杀谁，直到国家灭亡前，都没什么坏消息。在有些企业家的王国里，有一套严密的屏蔽机制，确保组织的高层感受不到坏消息。这时，你看到的成功经验，都是好消息——分享经验的人自己就待在“好消息茧房”里。

第二种情况，只看正面的——为了说明经验的成功，观察者倾向于积极的信息。

很多快速成长的企业、闪电式扩张的独角兽企业，如果从媒体上看，大家都在做积极的解读，都需要蹭热点，也不愿意错过展示洞察的机会。积极正向的数据的背后，那些消极数据被有意或无意地屏蔽、忽略了，这是一种“确认偏误”——我们偏爱那些支持我们观点的事实，对负面信息视而不见，思路越连贯，故事越完美，这个偏误就越严重。

反省是最主要的学习能力之一。企业学习中的反省，首先，要能听到各种各样的坏消息；其次，在坏消息中分辨，哪些是非致命的，哪些是难以避免但在迭代中可以消除的，哪些是致命的、战略性的、结构性的。忽略负面信息，一定会导致缺乏有深度的反省能力。

第三种情况，观察者自己的视野狭窄。

这是观察者的视角和层级的问题，很容易把一个营销事件只当营销事件看——只看到琳琅满目的手段、点子、活动。新颖、热闹、轰动、短期爆量，都重要，但还是要从中长期的财务视角打量一下——应该把它当作一个投资项目去看。如果把它当作一个投资项目，你至少要问几个基本的问题：

（1）要投多少资源进去？——人、财、物，都是资源，组织的时间也是资源。

（2）什么样的投资组合和盈利模式？——资源都投在哪里，什么比例，靠什么带来回报？什么形式的回报？

（3）多长时间，能带来多少回报？——短、中、长期，分别能带来什么形式的多少回报？这样的回报是你想要的吗？

在财务视角的审视下，很多创新并不是自给自足的业务，身后插个管子，要靠企业不断地输入资源来撑着——很多大型企业的创新项目，都是这类插管子项目。他们自己不叫插管，叫战略性亏损。

所谓战略性亏损，是在一个更大的战略框架下的亏，是成长战略本身就包含的阶段性的亏，计划中，它能够逐渐走出亏损，最终实现盈利。

分辨这是“战略的亏损”，还是“亏损的战略”，在于它的收益曲线和成本曲线能不能分叉，怎么分叉。多数新尝试，一开始成本曲线相当陡峭，而收益曲线相对平缓。但是，过了临界点，就会逆转——上扬的收益曲线和下滑的成本曲线之间，形成了一个巨大的利润空间。成了，财务上看，这个模式成功了。如果不能分叉呢？项目的收益增加，成本也会增加，甚至成本增速超过了收入增速，那就意味着你要持续不断地喂奶——喂奶的时间越长，它的规模越大，奶量也越来越大——这只是个巨婴，断不了奶。可是谁家的奶都不富裕。

难的是，真的不好分辨这到底是“战略的亏损”，还是“亏损的战略”，大多数清晰的判断思路都只出现在事后复盘里。

描述偏差二：简化带来的偏差。

尼采说：“片面描述往往胜过全面描述，它简化现实，让观点更好理解，更具说服力。”

一个成功经验，在咨询师手里，浓缩成模型，在培训师手里，被萃取成案例，不管什么形式，都是总结。

人们对经验的总结有两个期望：一方面，尽可能贴合现实，要精妙复杂，显得有趣，彰显人类智慧；另一方面，尽可能简单明了，足以让人理解，理解了才能复用。你看，这很难。学者把对这个矛盾的调和，叫作“最大可理解复杂性”，就是复杂的程度要最大化，但是可理解的程度也要最大化，在它俩之间找一个平衡。

哪那么容易找平衡？复杂系统，内部充满着难以觉察的相互依赖关系、各种非线性反应。一个成功经验，因果关系必定是纵横交织，要是面面俱到地画出来，的确太复杂了，正常人类无法理解。我曾经用关系图谱的形式复现过一份几百页的尽调报告，目的是找出复杂关系网络中的关键节点。那个图谱只有观赏性，完全没有可读性，复杂到让人出现了密集恐惧症。

越准确地反映现实，故事就越不好理解；越抽象和简化，故事就越好理解，但也偏离真相。所以，最后得出来的东西，就是那个平衡后的“最大可理解复杂性”，一定大大偏向“可理解”。一个成功经验被人们接受，不是因为它符合真相人们才相信，多半只是因为它好理解、有启发，人们才能达成共识。

当我们翻看成功案例时，请提醒自己：它有没有可能并不是真相，而只是简化后还上了滤镜的一个美图快照？至少，秉持着这么一种态度，才有可能不被经验束缚，做一个思想上自由的人。

描述偏差三：总结归因带来的偏差。

罗隐说："时来天地皆同力，运去英雄不自由。"

人在总结的时候，会无法控制地调用自身的经验和原则，做类比，做推演，是个人就都这样。于是，什么人总结的经验，相当于什么人翻译的文学作品——同一本《包法利夫人》，李健吾的，许渊冲的，两位大师，如果你对比着看，差异之大，足以令人不知所措。总结成功经验，同样是二次创作。找到这个模式的关键成功因素，这是最难拿捏的地方，太见仁见智了。

概括一下类型，要么找对了，要么找错了找偏了，要么找漏了。

咱们不谈对的，咱们说说错的和偏的。

不熟悉的人，见了我家80岁老母，总要夸一夸，老人家可真年轻，还问老太太，您老都是怎么保养的？老人家说，吃剩饭干家务活早睡早起不和儿媳妇们生气。你如果去看看我姥姥和两个姨，很明显，是——且只是——家族遗传。我问我妈，你为什么不直接跟人说你是家族遗传啊？你这不是误导别人吗？我妈说，你这孩子情商太低，就你这样的怎么给别人做咨询啊？那你不得给人家点希望啊！让人家有个努力的抓手啊！

我跟人家说自己显得年轻是因为遗传，咋的还让人家去转基因啊？锵锵然，说得有道理。

看到别人的好结果，不难；知道为什么会有好结果，怎么能避开坏结果，难。电梯往上升，你是在里面练深蹲，还是背诵企业愿景使命价值观，都能到八楼。深蹲和背诵价值观，都有机会被解读成上楼的成功驱动力，如果这个经验只是个一次性事件，那连个校验的机会都没有，挑档次高的来，就说是价值观的胜利吧。例子就不举了，说电商大厂的例子伤人。

再说漏的。没人喜欢复杂，我们都倾向将好结果简化归因为某种行动，有意无意地忽略其他因素。

某咨询公司，为一家快速成长的消费品企业总结了几个关键成功要素。他们说的那几条也对，但底层的成功因素就一个——他们老板本人。别的都是衍生物，学了也只是皮毛。一个企业、一个新模式的成功，原因很多，被拿出来做重点的，可能是好说的、能说的，于是很可能到皮不到肉。

最普遍被遗漏的、最典型的归因谬误，是把成功都归结为人的因素，仿佛这个成功是被人为地精心规划出来的，事情的发展在人的掌控之中。反正都是后见之明，解释起来不难自圆其说——类似每日收盘后的专家股评，让人产生了“差不多”“几乎”就可以准确预测了的幻觉——多数的预测，都是过度自信的臆想。关键的病因，一是看过的失败案例太少，二是对随机性和概率缺乏了解，这让大家都刻意忽略了运气成分。成功=努力+运气，大成功=更多的努力+很多的连续的好运气。努力的人很多，成功的人不多，差在运气不够多，不够连续。

什么是运气？随机事件中对你有利的那部分，叫作运气。既然运气是随机事件，按概率发生，最终一定会走回到平均水平上，统计学上，这就是“回归均值”。成功企业的总体趋势是回归行业平均水平，不论你早年多猛，早晚是个均值，富不过三代也是同理，不一定是二三代们不努力，而是复杂环境因素的随机性，导致一切都趋向于平庸——想特别坏也不容易。“回归均值”和“边际贡献递减”一样，都应该成为理性人做商业决策的底层代码。

大家总结经验，不谈运气，可以理解，我自己写案例分析也不主动谈运气。

一是不好下笔。“这个新模式的成功，靠的是赶上了疫情，巧的是，当时其他竞争者还在眩晕，没人有行动。如果你想套用这个模式，你要尽量借助疫情，否则还不如不用——你最好祈祷疫情不要结束，而你的同行们一直不清醒。”很难做到这么坦诚，所以真的不好写。

二是得罪人。大家的心理状态是：运气是用来消解别人的成功的，能力是用来评价自己的成功的。“运气”这种削弱主旋律的说法，能不说就不说了。否则，同在行业中，难免哪次会议哪桌饭局就碰上了，尴尬，也不符合“花花轿子众人抬”的基本情商要求。

有些道理说出来还真是煞风景。但是，作为复用成功经验的人，我们还是有些方法来应对经验总结上的偏差，比如：

——请加大“缺乏运气”的权重，多一点风险意识，肯定不是坏事。不考虑运气，人容易得欣快症，或者加剧了人定胜天的过度自信。

——看模型，看总结这个模式的人从什么视角分析整理这个模式。能不能换个角度整理总结？能不能多换几个角度？多几个视角看同一个问题，肯定好过单一视角的总结。

——看评价，看参与者或内部人的评价，尤其是参与过，但现在已经离职的人的观点，这属于典型的“未经过滤的专家意见”——对应的是付费写企业传记——未必中肯，但值得参考。

美美与共：推广适合经验，留出试错空间

美美与共，这里关心的是，怎么能让别人的好东西，花落咱自己家。是扦插还是移植？怎么配型怎么落地生根？该赌一个，还是该多试几个？这里有策略问题，但首先是心理建设问题。

如果我们用挑剔的眼光审视了一个成功经验，还是觉得靠谱，那就可以再进一步了。但还是先别着急动手，你知道的，器官移植前，要先做配型，防止排异反应。

经验适用吗？

黑格尔说：“人类从历史中学到的唯一教训，就是人类无法从历史中学到任何教训。”

不要因为黑格尔的说法就误解人类，政府官员们其实非常重视反思历史，吸取教训。问题不在于我们学，而在于事件的背景一直在变。在不同的背景下，人们从过往历史中吸取的经验教训——往往属于“过拟合”——发挥不了多大作用，甚至没什么作用，但是如果一定要硬套，副作用是肯定会有的。黑格尔其实是这个意思。

每个成功经验，都有时效和场景的限制。

电影《地狱男爵：血皇后崛起》有句台词：“我是天蝎座，而你是精神病，咱俩不合适。”

离开了限制条件谈效果，那是值得怀疑的，类似知乎的“离开

剂量谈作用，都是耍流氓”。“甲之蜜糖，乙之砒霜”是个不错的比喻，古人的“淮南橘子淮北枳”，讲的也是这个事，古今中外，大家都在重复差不多的道理。

在咨询行业多年，最大的收获就是见过好多优秀企业。有段时间，我经常劝那些从宝洁离职的：“第一跳，就跳到民企，通常没啥好结果。在宝洁的年头越久，情况越严重。”不是人家民企有问题，是宝洁的人水土不服，总觉得我这个才对啊，却不太清楚这个“对”是有时间空间限制条件的，大家各有各的对——还是没见识。

时空史观

英国的艺术史学家巴克森德尔，提出过一个概念，叫“时代之眼”，意思是在对绘画进行解读时，首先要还原画家当时所处的政治、经济和人文环境，读懂环境，才能真正读懂作品。这个概念当时震撼了艺术界。其实这在高中历史课里就讲过啊，不就是“时空史观”吗？——要结合事件的时代、地理、史实，这三类信息一起，才能得出靠谱的观点。

“时空史观”这个思路可以借鉴：想象当初，某企业里这位卷了裤脚下地干活的带头人，他不会无缘无故就创新，一定是受了什么刺激。咱们先尝试还原当时的行业、品类、竞争背景、企业内部背景等，在彼时彼地都是怎样的状况。

SCQA是个好工具。

芭芭拉·明托老师的《金字塔原理》是本经典，清晰明了，开卷必有益，值得短时间内连续看几遍。在中国还衍生出了一个培训类目，专门给那些无法自行阅读明托老师著作的职业经理人讲结构化思考，据传收益相当不错。明托老师的书不难读，其实还是自己看原著的好。

书中的SCQA模型是个万能思考模型，这里借用一下，帮我们想清楚怎么样定义问题。简单解释一下：

S：Situation，背景。企业内外都发生了什么事，让企业有了纠结？

C：Complication，纠结。“纠结”这个词是我的翻译，书中翻译成“冲突”。“冲突”不合适，“纠结”更合适。在消费品企业中，纠结主要有两种：要么来自想要恢复原状——比如销量下滑、增速放缓、竞争力下降；要么来自想要挑战更高更快更强的目标——比如想当行业老大挑战百亿销售或者千亿市值，或想抓住某个机遇。

Q：Question，疑问。用问题的形式，把要做的任务说出来。“以问题的形式”是个重要技巧：同一个C，可以变成不同的Q，而Q上的一点偏差，在A上就是巨大的不同。这个Q的技巧光强调不行，要大剂量地练。

A：Answer，方案。别人翻译成“回答”，我这里意译成“方案”，就是你打算借鉴的“成功经验”的具体做法。

你在琢磨的成功经验A（方案），就是为了回答Q（疑问）而出现的，而Q，是为了解决C（纠结），C又来自S（背景），就这么绕了一圈。用SCQA的思路，挖掘一下人家成功经验的底层，理解得就透彻了一些。以前是隔着屏幕看舞蹈，现在咱们把小板凳搬到了排练厅，知道了人家姑娘们是怎么排练的，再看演出就更有滋有味了。

你想明白了人家经验的SCQA，接下来的问题是，你觉得这个经验适合你用吗？适不适合，要看你自己要啥。

你想要什么？

我说过："有一种憋屈的爱情叫削足适履。"

经济学家对"理性"有个非常简单的定义：你知道你想要什么。

人家的经验好，但还真不一定能解决你的问题，往往是企业自己错判了自己的问题，定义错了任务，或者说，没想明白自己要的到底是什么。

捋清楚这件事，用的还是SCQA的思路，但这里的重点在于Q。经验是，别怕麻烦，尽量多换几种不同的疑问句来描述Q——多少个合适？你觉得过分了就是刚刚好。问的Q越多，就越容易想明白自己要的到底是什么，任务就清爽了。

举个例子，客户很愿意探讨的一类典型问题："公司推出跨品类新品，但销售的积极性不高。我考虑想分开两个团队卖？您觉得呢？"

这时候，千万不要跟着去探讨行还是不行，要把重点放到探讨Q上，探讨真正的问题和任务是什么。咱们拿客户原来的说法做个SCQA的拆解：

S：推出跨品类的新品，寻求新的增长点。

C：销售积极性不高。

Q：我是不是应该分开两个团队销售？

A：应该，或不应该。如果应该，借鉴别的公司处理分团队销售新品的经验。

基于S、C，这里的Q至少有十种问法，现在的只是其中一种，比如：

Q1：怎样提高销售团队的积极性？

Q2：怎样提高经销渠道的积极性？

Q3：怎样提高新品推出的成功率？

Q4：怎样判断这个新品是不是有问题？

Q5：怎样处理新老产品之间的竞合关系？

Q6：怎样能发挥老产品的优势带动新品？

Q7：怎样能让新品助力老产品的销售？

Q8：怎样用全新的方式来销售新品？

Q9：如果不通过现有销售团队，我们可以怎么卖新品？

你体会一下，换了不同的Q，这后面借鉴哪种成功经验，差异是不是很大？

你看，自己的问题，别人的经验，套一下SCQA，这样就便于比较了。看看它们有多大程度的重合——重合度越高，适用性越强；有差异，也正常，那差得远不远？会不会影响它的作用？能不能修正后再用？

配型成功，让我们的创新之路，从一开始就清清爽爽。接下来，就可以动手了。

"学我者"和"似我者"

齐白石老人说，"学我者生，似我者死"——你学我的精气神，你有发展；你照猫画虎就是临摹，那就没啥前途了。毕加索的话类似，叫"Good artists copy，great artists steal"（有各种翻译，我喜欢一个有趣的翻译：Copy，摹其形；Steal，摄其魂）。

和毕加索特别像（成就和人品），乔布斯也是个擅长Steal的人，所以他拿毕加索的话替自己解释，他说，Copy，那意味着做同样的事，只是重复；Steal，意味着你认真学习大师的做法，并融入自己的想法，从深层次上去思考“什么才是伟大的设计”。Copy和Steal的分界线，是“使它成为我自己的”。乔布斯一直在“致敬”德国的博朗电器，他说博朗的首席设计师迪特·拉姆斯（Dieter Rams）是他最敬仰的人之一。迪特并没有觉得被冒犯，他在工业设计纪录片*Objectified*中表示：苹果是为数不多遵循他的“好的设计”原则去设计产品的公司。你看，这就是Steal的境界——被抄的人都出来给你站台。

几位大师说得都好，有大师风范，但为了语言效果，话就难免会说得极端。“似”和“学”，Copy和Steal，各有适合的领域，没有对错高低，更没有谁生谁死，只是不同。在商业上，我是这么理解的：

Copy，“似我者”，是“模仿”——人家怎么做我就怎么做，高仿，复刻；

Steal，“学我者”，是“借鉴”——我搞明白了你的意思，我想清楚了做这类事的Underlying Principle（基本原则），然后我自己比画一个，你的神韵，我的身体，属于附体。

所以，面对别人的经验，应该有这么两种思路：要么“复刻”，要么“附体”。

先说“模仿”（Copy）。模仿，向别人的成功学习，在不求理解因果结构的情况下，别人采取了什么行动而成功，那我就采取什么行动。

——直接复制那些与成功相连的行动，回避与失败相连的行动；

——不仅模仿行动，还模仿一切和成功沾边的属性。

比如人家做成这个事，当时遵守了什么规矩，出庙门前先迈的哪只脚，高考那天穿的什么颜色的衣服，不管形式、属性、规则，都模仿。人家西施生得美，胃疼的时候会蹙着眉，那咱家铁梅为了美就也能效个颦。

干吗要学这些没用的？因为没花大价钱做好因果分析，没理清楚背后的道理，弄不清楚哪个做法才是促成这事的核心——有些事你觉得是琐碎的鸡毛蒜皮，或者反直觉反人类，那只是因为你不懂，万一那才是精髓呢？既然认为自己不懂，就虚心地好好地不懂，不要一会懂一会不懂拧巴着。这类似开车去个陌生的地方，要么全靠自己，要么全信导航，别一会信一会不信。不熟，干脆就照单全来，涵盖一切，防止遗漏。

你说那干吗不研究清楚？模仿别人，机械地、照单全收地复制别人的成功，这是我们与这个世界相处的重要方式。鸟儿不需要懂空气动力学，实干家不一定需要都研究清楚机理，况且你所谓的“研究清楚”，也不见得是真清楚。计算机产品中有很多量子力学的应用，但工程师并不需要等理论物理学家争出个定论才干活，没必要。好用不？好用就用，马上用，尽快用。

痛快话说完了，说点谨慎的——有些事不适合单纯地模仿。

再说“借鉴”。借鉴比“模仿”麻烦，不确定性也多。那为什么不直接模仿，做简单的？

有些任务“貌似复杂实际简单”，好像一个深潭，深归深，但清澈见底，这就适合模仿。这些任务的特点包括专业性强、能量化评估，不断重复、影响因素相对少。事乍一看很复杂——实际可能也挺复杂——但不确定性低，影响因素、每个影响因素可能的状态、可能出现的问题、最坏情况，这些都是确定的，就是麻烦、费工而已。

这样的领域，你跟着榜样做，不断地积累经验，做得越多，做出来的东西就越好。这就是成功经验最值得发挥作用的地方。

相对应的，有一些领域，是属于“貌似简单实际复杂”——远看一片浅滩，水下是锋利的礁石、海草和暗流。它们复杂在这五个方面：

非专项技术——没有一个专门的技术领域处理这事，或者里面涉及了好几个技术领域，比如“地方品牌的全国拓展”；

量化评估难——很难找到合适的定量的过程指标，或者有指标也很难获取数据，比如“提升经销客户的忠诚度”；

重复次数少——不怎么经常做这事，很难从反复操作中打磨经验，也很难通过重复去验证，比如“组织绩效评估体系改革”；

影响因素多——影响多个环节，但其中有很多不受控的节点，这些节点要么是外部的，要么是涉及个人或小组织利益的，比如“经销商供货的现代通路和电商，怎么转直供”；

影响有延迟——采取行动后有一堆问题，但不会马上见到成绩，容易因见效心切而用力过猛，或者因迟迟没有预期的反馈，而行百里半九十，比如“业务经营模式的升级”。学会与“延迟”相处，这是管理上的一道坎。

借鉴的关键在于，他也想复制别人的成功，但先分析他成功的原因，想清楚这个小生态，捋清楚因果关系，找到底层代码。掌握了之后，再来按这个思路发展一套自己的方法。比如你生活在汉唐，想弄点不一样的音乐，往北看了看民族兄弟的胡琴，研究了一遍，回来自己发明了个二胡，这就是借鉴。这相当于把别人的成功当作解题思路，而关键是提炼出思路。

各有各的好，各有各的难。

先抛开适用性不看，模仿的好处是快，但存在反噬的可能，快，也会消解掉自己，比如造成“胜任力陷阱”，一门心思发展一项能力；同时，模仿这事，不仅你容易上手，友商也容易上手啊——如果一瓶一码扫二维码抽奖这事好用，你用得好，竞品同样可以用得好，你先用了，那他不会比你晚半年。能模仿的事，都没有什么太高的竞争门槛，自然也很难做护城河。

如果你借鉴的能力强，这本身就是门槛，就像Jonathan Ive（乔纳森·伊夫）为了iMac的外壳去研究果冻，为了造型去研究Cusinart厨具，练就一身先借鉴再内化的能力，这恐怕就是管理者自己的护城河。但是，怎么练啊？怎么发现背后的规律啊？怎么找到正确的因果关系啊？怎么先摄魂后附体啊？

真想避而不答。

类似知乎常见问题：“我觉得我讨论问题的时候总是没什么想法。我怎样能有想法呢？”“我觉得自己经常思路乱了。我怎样可以提高逻辑思维的能力呢？”“我觉得自己很难从一堆事情里找到主线。我怎么才能提高归纳能力呢？”答案是：练啊——大量地、刻意地练啊！如果你在3个月内拆解100个案例，你会觉得，你就是能摄魂能附体的。这类建议不讨好，干瘪，大家更喜欢那些汤汤水水、有花边有励志成分的大处方。没有，就是练，短时间、高强度训练，练到吐就成了。这条道路完全不拥挤，因为这么干的人不多。

当然，即使你训练了，长进了，离在企业中实际应用还很远。想能够尽快地有进展，这躲不掉，是现实的事，还是要给个说法。

说法是，走演化的路线，通过小碎步的迭代，试错，优化，再试错，这就是捷径。

演化思维：漫长的捷径

“物竞天择，适者生存”这话是清末思想家严复翻译的，有争议。原文出自达尔文，是“It is not the strongest of the species that survive, nor the most intelligent, but the one most responsive to change”。直译一下：能活下来的物种，不是最强的，也不是最聪明的，是最能适应的。

从时间的倒视镜回望，生存无非是一场通关游戏：外部环境七扭八歪地设置重重关卡，而那些恰巧过关的生命，用DNA记录下通关密码，传递给后一代。但生存下来的，并没有清晰的演化方向，没有一套计划好的策略，更没有路线图——它们不知道哪种能力能帮助他们生存下去，它们只是碰巧通关的幸存者而已。生命的演化，是一场漫长的幸存竞赛，只有适应的能留下来。

经济学家接过话茬，说经济社会也是一场幸存者的竞赛。经济学家阿门·阿尔奇安（Armen Alchian，一位活了99岁的经济学家，2013年才去世）在《不确定性，进化与经济理论》（*Uncertainty, Evolution and Economic Theory*，是经济学领域被引用最多的论文之一）中，详细解释了为什么经济行为的成败与生命进化几乎是一回事。

他认为，经济圈里忙着争论人是理性还是不理性，却忽略了一个常识，一切经济活动的前提是“存活”，存活下来的那个，就是对的那个。经济学应该关心的是存活的条件：一个人，一个组织，一个制度，有什么条件才能够存活下来？如果条件发生了改变，存活的情况又会发生怎么样的改变？这些条件和改变，背后的规律和模式是什么？

企业在变化下如何存活，必须是重要课题。

企业规模越大，管理者越容易忽视变化。管理者们普遍认为，他们的任务主要是产生利润，而变革和风控这些事，等有时间再说。人们总是系统性地高估自己对未来的判断能力，迟迟不能觉悟，原因之一是事物有“延迟”，“果”离开“因”的时间比较远，淡化了关联。治这个毛病的方法是去股票市场炒短线，专治各种过度自信，看有没有人能说“我的主要任务是赚钱，而避免亏钱这事，以后有时间再说”。

环境变了，存活的条件变了，企业可以选的路很多。当情况复杂、远景斑驳不确定的时候，演化思维，是目前已知的最优思路。你听过很多说法，比如：快速试错、迭代，最小可行性产品（Minimum Viable Product，MVP），要“赛马”不要“相马”，鼓励“内部竞争”……这些做法的底层代码，都是演化思维。

演化思维，就是赋予业务以生命体的特性——数量多、样式多，同时跑，跑赢的、剩下来的，就是对的。用试错来解决问题，这是个聪明的笨办法，是一条漫长的捷径。

在复杂问题的领域中，设计论、规划论是危险的。押宝一个点子，资源匮乏的初创小公司，可以用，当所有的条件都不利于你的时候，可以用——上了规模的公司应该谨慎。

让一个新业务幸存的，不是某一个好点子，是围绕着一个方向的一堆方案；也不是野蛮生长的一堆方案，是一个系统的支持下，主动地试错，不断评估、修正和筛选。这点要向机器猫学习，对同一类问题，有不同的预防措施和后备方案——每次有事的时候就在兜里掏，总有方案A、B、C。

除了机器猫，再举两个例子：

【案例一】某快消大厂，典型的市场导向型企业。在应对市场上各类雨后春笋般的营销新物种时，原则是：你冒出来，我就知道；你稍微一成长，我马上进场；不仅进场，还张罗着赋能你，说要和你一起成长；你成功，我就霸占元老院；你失败，我转身就走，恩怨瞬间看淡，此生再未谋面。这企业常年如此，虽几经风雨起起伏伏，状态一直不错，重要的驱动力之一，就是敢于各种尝试、各种超前投入，或者叫"Category Leadership"（"品类领导"），都跑起来，跑着看。财务导向型的公司不是这个风格，他们一定要等到尘埃落定，格局明确了，才会谨慎投入。顺境中，风口里，很难分别模式的优劣；逆境中，变局里，谁的储备多，谁能讲出利润持续增长的故事，就能腾挪出更大的生存空间。

【案例二】中国服装企业希音（Shein），年流水超过150亿美元，估值超4000亿人民币，超过字节跳动。它静悄悄地窝在广州的城中村里，没什么人知道。这家快时尚企业，每天推出几百个SKU，投放到全球市场里高频试水，它也知道，买一款衣服可以同时买三个号码试穿一下，合适的留下，不合适的退了——它太熟悉演化思维了。同样的思路，它上供应链信息系统的时候，找了三个公司，同时做系统，做好以后都拿来试用，哪个系统更好用就上哪个——不押宝，不捍卫自己的预判，跑赢了算。这肯定增加了系统的投入，可能是三倍，但是换个视角，和系统带来的额外增效相比，多花的钱是分子，是一次性投入，分母是持续的获益，太值了。极少企业会这么做——不是有没有钱的问题，是思路问题，没算明白大账。

失败：摆脱损失厌恶的阴影

丹尼尔·卡尼曼说：“坏事对人的触动远大于好事，失败带来的情绪影响，远大于同样程度的成功。”

只要启动演化的思路，马上就会和失败打交道，它们俩是结伴过来的。要先从树立正确的失败观入手。

大家都差不多，暗暗地做着最好的打算，并希望侥幸逃脱最坏的结果。而新事物，总是拖着条失败的影子，总会带来大量负面结果、一次次的失败——我们不是不喜欢改进和创新，我们是不喜欢失败。失败让我们认知失调，失败带来“损失厌恶”，放大心理阴影。面对失败，怎么都坦然不起来。

这是个心理问题。首先要做的，不是业务上该先迈哪只脚，而是心理上的建设，咱们要先建立一个正确的“失败观”——这个世界的规律是，失败是常态，是大概率，成功是随机的，是小概率。美团王兴的那本传记叫什么来着，《九败一胜》，你并不比王兴特殊。

只要这些失败不动摇生意根基，你就有机会坚持下去，你就能拉长时间尺度——在随机性的世界里，时间越久，被选中的概率越大。一位人生大起大落的前辈说：“你不可能每次都正确，不可能每次都成功，但是，只要不下牌桌，就一直有机会。”正确地面对失败，失败了不输掉裤子，失败了不下牌桌，才是一个有韧性的态度。

心态准备好了。怎样用好失败？怎样避免惨败？这是下一个问题。

纳西姆·塔勒布给了一个判断，他说，“反脆弱性”是所有幸存下来的自然和复杂系统的基本特征。他建议，企业要强化这个特性，要建立一个“反脆弱”的系统，有韧性，从失败中汲取养分，从不确定性中获益，将波动性转化为成长的动力，将恐惧转化为谨慎，将错误转化为启示。这个反脆弱的道路，就像脱敏治疗，常始于一点点的小伤害，最后得到一个大收益。具体的做法呢？建议你试试“主动试错”。

试错：小碎步地迭代

亨利·明茨伯格转述过一个英国学者的实验：实验者把6只蜜蜂和6只苍蝇装进一个没有封口的玻璃啤酒瓶，酒瓶横放，瓶底朝向阳的窗口。2分钟后，苍蝇全部从黑暗的瓶口逃生；蜜蜂，最终都死于光亮的瓶底。蜜蜂有执念，一根筋，而苍蝇在主动试错。

主动试错，是企业给自己打的反脆弱疫苗。如果我们把改变、创新，都理解成试错——带着“会出错”的前提出发思考，人就顺了，就认知协调了，那都是咱们规划之中的，于是不用为这些失败而沮丧了。

既然是试错，是脱敏，是打疫苗，就是要通过犯大量的小错误，避免犯少数的大错误。企业家面对的难题，就是那个“看似简单实际复杂”的任务，各种因素，各种不确定，没有经过试验，你怎么知道哪个做法行得通？憋一个大招，赌哪一个方案会赢，就可能是那个“少数的大错误”。

主动试错要的是，用设计的若干小试验，先跑起来：试验、失败、改进，再试验、再失败、再改进，一次次循环，从失败中吸取教训，发展和完善想法。每一次试验的失败，都能优化下一步的识别过程，都能提供额外的信息，你越来越清楚，哪些方法是无用的，删除失败的选项，一点点靠近成功，这就是让企业的系统从失败中获益。这个策略，看似笨拙，实际清晰高效。

但是要警惕一件事：你要区分什么是迭代，什么是摇摆。迭代，是围绕同一个目标，试错，研究，调整，用错误来学习。摇摆，是做一个业务失败后，马上换另一个业务，接着试。迭代的目的，是要把同一目标下的错误路径识别出来，进而逐渐逼近对的方案；而频繁更换目标，要么是一开始没想清楚，要么是缺乏战略定力，总之，始乱终弃。

容错：安全的“松耦合”

用失败来脱敏，用主动试错来打造反脆弱的系统，这都很好，但是，怎么保证这些失败是小失败，怎么保证不会因为一个错误让自己满盘皆输？

这担心有道理，要给创新以放心，给可能的失败留出空间。最好设计一个体系，设置一个安全容错区，让人们可以在安全空间里悄悄地试错，就算不能静悄悄，至少可以包容失败，可以降低试错带来的连带风险。

建立松耦合的容错体系。可以通过松解内部耦合的方式，把企业打造成这样的体系。

耦合，指的是组织里、系统中，各个模块之间相互关联的紧密程度。如果是耦合得紧密的体系，在体系内，一个动作启动，就很难停下来，甚至不受控制。如果一个模块失败，会快速波及整个系统。多米诺骨牌是一个典型的紧耦合体系，对失败的容错率低，一个局部有失误，全局就会崩溃。按IT的术语说，就是“鲁棒性”不强，不禁折腾，容易挂。

一个禁折腾的系统，得想办法松解系统内的耦合程度——把紧耦合变成松耦合，为失败留出容错空间。

看看多米诺骨牌比赛怎么做的——隔离。搭建好的骨牌，每隔若干长度就建立一个多余的回转，并且在回转里把牌断开，这就把骨牌隔离成了若干个区域，直到表演前的最后一刻，才恢复连接。这个做法，就是在项目筹备期，刻意地把系统变成松耦合，让局部失败的影响可控。

风险投资，制造隔离，创造余闲

为企业创新打造一个容错体系，最好把企业内各种试错当作“风险投资”，主动制造“风险隔离”，最好为这部分业务再创造出“余闲”来。

方法一：风险投资。做VC的，每天要从大量新想法新业务中分辨出稀有的好想法，想看准，难度太大，也没办法很精确。怎么办？大概靠谱就可以，多投几个，做好个体会亏的预期，犯小错博大收益，追求的是整体的胜率。前面提到服装公司Shein的供应链预测体系，同时做三套，做完了用最好的那套，就是风险投资的思路。企业发展第二曲线，希望打入新品类做出爆品，同样的思路，产品经理们赛马，多投几个，做好亏的预期，追求整体的胜率。

方法二：制造隔离。为了做好内部的风险投资，在一个项目领域里，可以组建一个或者几个创新小团队，和公司本体分隔开，保持独立，同步运行。

这个做法，一是刻意摆脱公司原有体系带来的复杂和紧张感，提供更广阔的尝试空间，以多样性换成功的可能性；二是控制失败带来的风险，通过主动的隔离防止业务主体受到冲击。

隔离会遇到的挑战是，作为企业的控制者，你既希望能维持测试团队带来的多样性、隔离带来的安全空间，又希望能有足够的联系，让关键资源共享，不要总是重新发明轮子。

这的确是个挑战。行业中很多公司在这个领域有尝试，各有利弊。近些年经常谈到的“业务中台”，其实也是在落地这类想法：公司向不同的、多元化的业务，提供通用的基础设施和支持，相对成本比较低。比如，集团不断推出新的运动服装品牌，完全独立运作，但总部业务中台提供全套的开店服务，你做你的品牌，但你不必再发明一套SOP去开店。

方法三：创造余闲。做上面这两件事的障碍其实是这件事——余闲。

余闲这个概念来自《稀缺：我们是如何陷入贫穷与忙碌的》，书名有点拗口，但内容很好。企业和人一样，脑子里的带宽被预算和时间表挤满了以后，就没了余闲。没了余闲会怎样？用书中举的医院的例子来说明一下：

圣约翰医疗中心有32间手术室，手术室永远排满，不够用。一旦有什么突发事件，排好的时间就得往后推，医院一直处于紧急的状态。医生长时间加班，身体扛不住，工作效率下降，失误率上升，医院为医生的失误支付高昂的补偿费用。他们请了咨询顾问，结论是留出一间手术室不参与排班，只是备用，专门用来应对突发的手术。医院的领导说别闹，本来手术室就不够用，你这不是浪费吗？好在他还是试了试。真有效。手术的接诊率上涨了5%，下午3点以后接待手术的数量下降了将近一半，手术失误率大幅下降。因为有余闲了嘛，有了腾挪的空间，华容道就解开了呗。

余闲是一切领域的“富人”的特征，由于心态、思想和资源上的宽裕，他们不会过度关注短期利益，愿意为长期的发展下几步闲棋，所以他们成了长期主义者。长期主义者和思想上的穷人，最大的差异是——你是在透支未来，还是在投资未来？（还有一个差异是开车是不是总变道，思想上的穷人喜欢变道。）

可以用三个问题来校验一下，我们是不是在给演化预留出更多的时间和空间：

（1）愿不愿意多花些见不到效益的钱，打造一个容错空间？

（2）能不能接受做内部风险投资的时候，假定这笔是亏损的？

（3）能不能不给创新业务订短期的销量指标？能不能忍一忍不能马上见效益的事？

尤其最后这条，容易让人拧巴。管理者对被隔离出来的新业务，情不自禁地设定了短期量利要求——期望函数决定业务路径——这逼着新业务快速走到短期收益最大化的路上。四下一看，嘿，这不就是公司之前的老路吗？路径依赖，又回来了。老路上跑的可是磨合期的新车——跑不出老车的效益，但心思和资源却消耗得更多，大家众口一词地说“不好不好”，于是这事就废了。不一定是车不好，是你自己把车赶回老路上，把车给跑废了。

概括一下：或许有着长期主义的初心，做着短期主义的逐利工作，拧巴了——拧巴的事通常没有好结果。

王烈

2022年10月10日

后记 2

Postscript

变化，每时每刻在身边

变化，一直在身边。发生在每一个时刻，发生在每一个角落，可能都很微小，但水滴石穿，绳锯木断。

身在其中，不知不觉。回头望去，世事变迁。

1980年，县城乡镇，小卖部都很少，集市一旬三次，能买到的也就柴米油盐那几样。2022年，哪怕身处深山，想要买到稀奇小众的商品，最多几天也就能拿到。

据国家统计局口径，1970年新生儿数量是2774万，1980年是1797万，1990年是2391万，2000年是1771万，2010年是1588万，2020年是1200万。2022年，比2020年存在有感知下跌。

1978年，全国普通高等学校毕业16.5万人，都是有学问的天之骄子。2022年，一个广州大学城几个年级学生加在一起就超过40万，当年全国大学毕业生数量达到1076万。

1990年，全国各地交通工具主要是大巴车，省内一个边远县城到省城需要十几个小时。2022年，出行有安全、快速的高铁、飞机，可能只需要几个小时就能到省城，是以前的三分之一、五分之一，甚至十分之一。

1990年，我们村子里照明主要用煤油灯，为了能用上电，乡贤捐款、全村努力，才能用上2～3元一度的电，当时乡村教师的月工资是大几十元。爷爷给我的憧憬之一就是：等你们这一代生活好了，楼上楼下，电灯电话。现在，是大家看到的灯火辉煌。

2000年，北上广深等一线城市，到处都是工地，房地产甚嚣尘上，热热闹闹。2022年，大量的房企都要破产、重组、并购，需要政府、行业纾困，解决民生交楼诉求。

2000年，毕业找工作有难度的部分大学生，退而求其次去了一些互联网企业。2015年，名校优秀毕业生削尖了脑袋，往这些企业钻。2022年，互联网大厂不断向社会输送从他们那出来的“毕业生”。

2019年，全球各地，大多数地方日子过得红红火火。谁知道，从2020年起，会迎来疫情，怕、乱、闷、躁，秩序全乱。谁又知道，2022年会迎来区域战争？很多事情，谁知道？不管知道不知道，都得过去。

“日出则昃，月盈则食”，有的变化，是周期轮回；“芳林新叶催陈叶，流水前波让后波”，有的变化，是新旧换代；“大鹏一日同风起，扶摇直上九万里”，有的变化，是蜕变突破。

这些变化，在我们身边，是生活的日常，是商业的土壤。本书中二十几条营销洞察，数十个案例，顺应市场变化而生，是承接，是创新，究竟谁能在市场竞争中长存，且看时间给出应答。在此，向敢于在不确定中、在变化中弄潮的营销人致敬，向书中案主们致敬。大浪奔涌，滚滚而来，滚滚而去。我们，后会有期。

陈立才

2022年9月19日

致谢

Acknowledge

阳光温热，岁月静好。感恩相遇，感谢有你。

在这里，衷心感谢为本书出版提供帮助和支持的行业朋友、思码同事和我的家人。

感谢前序作者——思码创始人王烈先生、数说副总裁许志华先生，是你们给予了本书精彩的引子。

感谢编辑案例的伙伴——李富亨、娄新华，是你们给予了本书丰富鲜活的例子。

感谢贡献内容的同事们——刘华明、杨玫、蒋丽怡、李玲玲、周子洋、林沐璇、杨挺、封晔、周丹红、周明欣、马志敏、邱霖，是你们共同创造、提供了丰富的思想、见解。

感谢职能支持的同事们——刘依琳、纪芳娜、林莉婵、黄诗颖，是你们提供了稳定的支持。

特别感谢我的太太丘思依，一路相伴，为养育一双儿女倾注了大量心血，期望孩子健康、快乐成长。

感恩双方父母，感谢四位长辈给予我们小家庭无限的爱。

感恩有缘人相遇，谢谢您一直阅读到了书的最后。祝您平安喜乐、万事如意。